JÉRÔME KERVIEL

NUR EIN RAD IM GETRIEBE
MEMOIREN EINES TRADERS

Copyright © Jérôme Kerviel, 2010.
Die vollständige Originalausgabe erschien 2010 unter dem Titel
»L'Engrenage : mémoires d'un trader« bei Jérôme Kerviel bei Flammarion.
Für die deutsche vollständige Taschenbuch-Originalausgabe
copyright © FinanzBuch Verlag, 2010.

Übersetzung: Isabel Lamberty-Klaas
Lektorat: Marion Reuter
Korrektorat: Christel Dobenecker, Berlin
Satz: BUCH CONCEPT, Berlin
Druck: Konrad Triltsch GmbH, Ochsenfurt

1. Auflage 2010
© 2010 FinanzBuch Verlag GmbH
Nymphenburger Straße 86
80636 München
Tel. 089 651285-0
Fax 089 652096
info@finanzbuchverlag.de

Den Autor erreichen Sie unter:
kerviel@finanzbuchverlag.de

Bibliografische Information der Deutschen Nationalbibliothek: Die Deutsche Nationalbibliothek verzeichnet diese Publikation in der Deutschen Nationalbibliografie;
detaillierte bibliografische Daten sind im Internet über **http://d-nb.de** abrufbar.

ISBN: 978-3-89879-618-7

www.finanzbuchverlag.de
Gerne übersenden wir Ihnen unser Verlagsprogramm!

Jérôme Kerviel

NUR EIN RAD IM GETRIEBE

Memoiren eines Traders

Danksagung

»Der Eigenname eines Menschen ist nicht etwa wie ein Mantel, der bloß um ihn her hängt und an dem man allenfalls noch zupfen und zerren kann, sondern ein vollkommen passendes Kleid, ja wie die Haut selbst ihm über und über angewachsen, an der man nicht schaben und schinden darf, ohne ihn selbst zu verletzen.«

Johann Wolfgang Goethe

Danke
an meine wunderbare, starke und liebende Mutter
an meinen Vater, dessen Andenken mich stets begleitet
an meine Angehörigen, die mich von Anfang an unterstützt haben
an alle Unbekannten, deren ergreifende Worte mir geholfen haben, diese Prüfung durchzustehen.

Inhaltsverzeichnis

Erster Teil
DIE KRISE

Kapitel 1
Die letzten Momente
vor dem Sturm

24. Dezember 2007, 24. Januar 2008. Nie hätte ich mir vorstellen können, dass alles so schnell gehen würde. Ein Monat, auf den Tag genau, hat genügt, um mich aus meiner familiären Geborgenheit in einen absurden Sturm hinauszuschleudern. Schonungslos wurde ich aus dem Schatten ins Scheinwerferlicht der Öffentlichkeit gezerrt, und genauso schonungslos kamen die Brüchigkeit und die Lügen der Finanzwelt ans Tageslicht.

Ich habe nichts geahnt, nichts kommen sehen. Ich war völlig in einer Arbeit aufgegangen, die meine gesamte Zeit verschlang; ich war überzeugt, nur im Interesse der Bank zu handeln, deren Angestellter ich war; und ich war mir meiner Handlungen und meiner Entscheidungen völlig sicher. Der Sturz war umso härter. Bevor ich irgendwelche Erklärungen über meine Arbeit abgebe, bevor ich über meine Entwicklung und meine Jahre bei der Banque Générale spreche, muss ich zuerst von jenen 30 Tagen erzählen, um zu versuchen, die Ereignisse klarer zu sehen, die mir beinahe zum Verhängnis geworden sind, die mein gesamtes Leben und meinen heutigen Blick auf die Welt, in der ich lebe, verändert haben.

Am Abend des 24. Dezember 2007, einem Montag, nahm ich den Zug in die Bretagne, um Weihnachten und Neujahr bei meiner Mutter zu verbringen. Ich fuhr gemeinsam mit meinem Bruder Olivier, seiner Frau und meiner Freundin. Schon seit Jahren war es Tradition, dass wir die Feiertage im Kreis der Familie in dem kleinen bretonischen Haus verbrachten. Es herrschte Festtagsstimmung. Mein Bruder, der ebenfalls im Finanzsektor arbeitet, und ich freuten uns besonders auf ein paar Urlaubstage. Die Atmosphäre war also ruhig und entspannt; wir fühlten uns durch die Erinnerung an unseren Vater zusammengeschweißt, der vor anderthalb Jahren im Alter von 71 gestorben war.

Während unseres Aufenthaltes in Pont-l'Abbé, einem kleinen Ort in der Nähe von Quimper, war es kühl und regnerisch. Aber nichts konnte das Wohlbefinden beeinträchtigen, das ich in dieser Zeit empfand. Während dieser letzten Dezembertage des Jahres 2007, die ich mit den

Menschen verbrachte, die ich liebte, war ich tatsächlich so gut gelaunt und entspannt wie schon lange nicht mehr. Wie hätte ich ahnen können, dass ein paar Tage später ein Sturm über mich hereinbrechen würde, der auch jetzt, zwei Jahre später, noch nicht vorbei ist? Im Gegenteil: Statt Vorboten einer Katastrophe zu sein, waren diese Tage der Gipfel des Erfolgs meines bisherigen Lebens.

Ein besonderes Ereignis verlieh diesem Jahreswechsel seinen außergewöhnlichen Charakter. Abgesehen davon, dass ich die Erholung genoss, die aufgrund der geschlossenen Märkte nicht von beruflichen Telefonaten meiner Kollegen und Vorgesetzten unterbrochen wurde (was ich von der Marktlage halte, ob ich die Positionen glattstelle, ob ich noch abwarte), erfüllte mich ein Gefühl großer Befriedigung. Ich hatte bei meiner Arbeit alle Erwartungen übertroffen und für die Bank beträchtlichen Profit gemacht. Tatsächlich beliefen sich meine Gewinne des gesamten vergangenen Jahres auf eine Summe von anderthalb Milliarden Euro. Ein absoluter Rekord in den Handelsräumen des berühmten Turms von La Défense, wo die wichtigsten Abteilungen der Bank thronten, deren Angestellter ich seit August 2000 war. Noch drei Jahre zuvor hatte nichts darauf hingedeutet, dass ich je für einen solchen Posten infrage käme, und dann war ich zu meinem eigenen Erstaunen in den geschlossenen Kreis der Trader aufgenommen worden. In jenem Dezember gehörte ich zu denen, die von den Kollegen um gute Tipps gebeten werden und deren Gewinnstrategie jeder zu durchschauen versucht.

Diese Gewinnsumme war in verschiedener Hinsicht von Bedeutung. Nicht nur, dass sie bei weitem die sowieso schon hohen Ziele übertraf, die meine Vorgesetzten für mich festgelegt hatten; auch im Vergleich zu den anderen Händlern meiner Gruppe, die pro Jahr höchstens acht bis zehn Millionen Euro Gewinn machten, waren meine Profite in der zweiten Hälfte des Jahres auf mehr als das Hundertfache gestiegen. Und noch etwas trug dazu bei, dass ich so entspannt war: Diese anderthalb Milliarden sicherten mich gegen die Unwägbarkeiten des Marktes ab und bildeten ein Polster für meine zukünftigen Geschäfte. Deswegen wollte ich einen Großteil davon auf das folgende Jahr übertragen. Im Verhältnis zu den Zielen, die mir für das Jahr 2007 gesetzt worden waren, nämlich zehn Millionen Euro, bedeuteten anderthalb Milliarden nicht weniger als 150 Jahresergebnisse … Und noch eine andere Rechnung verschlug mir die Sprache: Allein die jährlichen Zinsen dieser Gewinne beliefen sich bei den aktuellen Zinssätzen des Finanzmarkts auf fast 70 Millionen Euro … Ich hatte also mit einem Betrag zu tun, dessen Erträge allein die Ziele abdecken würden, die mir meine Vorgesetzten bis ans Ende meiner Karriere als Trader setzen konnten!

Aber das waren nur Träume: Genau diese Ziele entwickelten sich nämlich immer weiter nach oben, und sie waren im Verlauf von drei Jahren um 1700 Prozent gestiegen, nämlich von drei Millionen im Jahr 2005 auf 55 Millionen im Jahr 2008 – und das, während mein Tätigkeitsbereich gleichzeitig stark eingeschränkt worden war. Je mehr ich der Bank einbrachte, desto höher waren letztendlich die Leistungsanforderungen, die die Bank an mich stellte. Auf der anderen Seite war mir durchaus bewusst, dass keine buchhalterische Abbildung den Marktbewegungen standhält und dass mein Job nicht darin bestand, Geld für schlechtere Zeiten auf die Seite zu legen. Wie dem auch sei: Auch angesichts einer ungewissen Zukunft bewies ein so beträchtlicher Gewinn, dass meine Risikobereitschaft, zusammen mit den Befugnissen, die man mir übertragen hatte, ihre Früchte trug. Und auch wenn ich nicht gerade ein sparsamer Kleinanleger war, gab mir die Vorstellung, dass meine Gewinne eine Art Sicherheitsnetz für die Zukunft waren, ein gutes Gefühl.

Aber dafür musste erst noch ein Großteil dieser Summe auf das Jahr 2008 übertragen werden. Eine solche Vorgehensweise ist nichts Ungewöhnliches. In den Handelsräumen nennt man sie bezeichnenderweise »unter den Teppich kehren« oder benutzt noch lapidarer den englischen Begriff »carpet«. Sie besteht darin, Ergebnisse zu verschleiern, um sie später, wenn man sie braucht, wieder hervorzuholen. Übrigens hatte mein direkter Vorgesetzter keine Einwände dagegen, auch wenn bei unseren kurzen Gesprächen nie die Rede von der genauen Höhe der involvierten Summe war – was wiederum eine normale Praxis zwischen Tradern und Verantwortlichen ist: ein unausgesprochener Kodex aus Schweigen und knappen Andeutungen, der ein besonders großes Geschäft umgibt, über das alle Bescheid wissen, das aber niemand ausdrücklich erwähnt. Ich erinnere mich an ein Gespräch mit einer Verantwortlichen des Finanzcontrollings über einen Trader, der die Ergebnisse seiner Gruppe verschleiert hatte; sie amüsierte sich über die Standardantwort der Kollegen, die bei einer solchen Praxis »geblitzt« worden waren: »Weil ich konservativ veranlagt bin ...« »Konservativ« im wahrsten Sinn des Wortes, weil es schlicht und einfach darum ging, einen Teil der Ergebnisse für das kommende Jahr zu konservieren – und sei es mittels fiktiver Buchungen im EDV-System.

Die Wahrheit über meine Ergebnisse war ein offenes Geheimnis, denn die Summe, die einen echten und von der Bank realisierten Gewinn darstellte, tauchte sowohl in der Liquiditätsberechnung als auch in der Buchhaltung auf. Diese besagten anderthalb Milliarden, denen ein Gegengeschäft im EDV-System gegenüberstand – ich werde später

Gelegenheit haben, auf die Details dieser Transaktionen zurückzukommen – existierten in den Büchern und auf den Konten der Société Générale tatsächlich. Und trotz seiner enormen Höhe hatte dieser Betrag nicht mehr Aufmerksamkeit erregt als die anderen Überschreitungen, an die ich mich im Lauf des Jahres 2007 schließlich gewöhnt hatte. Warum hätte ich mir Sorgen machen sollen? Keiner meiner Vorgesetzten wies mich zurecht und erst recht keiner warnte mich vor den Risiken, die meine Praktiken für die Bank darstellten. Rund um die Freiheiten, die meine Kollegen und ich uns hinsichtlich der erlaubten Limits nahmen, herrschte ein ungeschriebenes Gesetz des »Nichts gesehen, nichts geschehen«. Was unsere Chefs im Gegenzug nicht daran hinderte, uns zu gratulieren, wenn die Gewinne stiegen: »Na, Cash-Maschine, wie läuft's?« (Soll heißen: »Gewinnst du?«) Woraufhin ich antwortete: »Läuft wie geschmiert.« (Soll heißen: »Und wie ich gewinne.«) Oder sie machten uns ein Kompliment, das noch deutlicher für sich spricht: »Sehr schön, heute hast du aber gut angeschafft.« … Wie oft habe ich diese zweideutige Bemerkung aus dem Mund meiner direkten Vorgesetzten gehört, wenn die Lektüre der täglichen Gewinne sie mit Zufriedenheit erfüllte. Hingegen nie ein einziges Wort der Warnung, keine Erinnerung an die Vorschriften, nicht das geringste Anzeichen von Bedenken angesichts der hohen Risiken, die wir eingingen. Den idealen *Modus Operandi* der Handelsräume kann man in einem Satz zusammenfassen: »Man muss wissen, wie man das größte Risiko eingeht, um der Bank die größtmöglichen Gewinne zu bescheren.« Angesichts dieser Regel wiegen die elementarsten Vorsichtsprinzipien nicht schwer. Bei der großen Geldorgie werden die Trader genauso behandelt wie jede x-beliebige Prostituierte: eine kurze Anerkennung, dass der Tagesumsatz in Ordnung war. »Du hast gut angeschafft.«: Ich war nicht einmal mehr schockiert über diesen Ausdruck, denn es machte mir einfach viel Spaß, der Bank immer bessere Ergebnisse zu liefern.

Daher war ich am Ende dieses Jahres besonders gut aufgelegt. Ich hatte meine Ziele über alle Anforderungen hinaus erfüllt. Natürlich war ich größere Positionen eingegangen, als es den üblichen Limits entsprach. Aber maßregelt man einen Trader, der anderthalb Milliarden gewonnen hat? Einen Trader, der darüber hinaus nicht einmal vorhatte, einen exorbitanten Bonus herauszuhandeln, obwohl seine offiziell deklarierten Gewinne – diejenigen, die in Kürze bei Abschluss des Geschäftsjahres 2007 verbucht werden würden – sich, wenn ich so sagen darf, nur auf 55 Millionen Euro beliefen, was trotz allem mehr als das Fünffache meiner Ziele darstellte. Mein Gewissen war in jeder Hinsicht rein. Ich hatte den Interessen der Bank aufs Beste gedient, ohne auf persönliche Interessen Rücksicht zu nehmen. Denn auch wenn es denjenigen, die mich ein paar Tage später mit Schmutz bewarfen, nicht gefallen mag: Ich hatte in meinem Leben fast nur eine einzige Leidenschaft – meinen Beruf. Eine so große Leidenschaft, dass ich dafür auch im Privatleben den Preis zahlte. Aber das ist eine andere Geschichte ...

So kehrte ich am 1. Januar, einem Dienstag, ausgeruht und guter Dinge nach Paris zurück, um am Mittwochmorgen die Arbeit wieder aufzunehmen. Ich konnte es kaum erwarten, wieder in den Turm von La Défense zu kommen und meine Arbeitskollegen wiederzusehen, vor allem die beiden anderen Trader, die mit denselben Produkten handelten wie ich und die im Lauf der Zeit zu Freunden geworden waren: Ouachel Meskine und Taouffik Zizi, die am selben Handelsdesk wie ich arbeiteten. Vor allem freute ich mich darauf, meine Arbeitsgewohnheiten wieder aufzunehmen. Die Rituale waren eingefahren: Jeden Morgen kam ich gegen sieben Uhr am Sitz der Société Générale an, um mich zunächst über die Entwicklungen der asiatischen Märkte zu informieren und die Schlusskurse verschiedener Produkte des amerikanischen Marktes vom Vorabend zu kontrollieren. Dann studierte ich die Wirtschaftspresse und das Internet, um zu sehen, ob es irgendwelche Nachrichten gab, die einen Einfluss auf die Unternehmen haben könnten, die ich verfolgte. Erst dann begann mein wirklicher Arbeitstag. Wenige Minuten genügten mir, um die verschiedenen Kursparameter in den Handelscomputer einzugeben, den wir »den Automaten« nannten und der das grundlegende EDV-Tool des Traders darstellt; er ist eine interne Entwicklung der Bank und ermöglicht es dem Händler, den ganzen Tag lang im Rahmen der Limits, die von den Verantwortlichen des Tradings festgelegt werden, automatisch Kauf- und Verkaufsaufträge nach bestimmten Kriterien zu platzieren. Der »Automat« ist also gleichzeitig Handwerkszeug und erste Kontrollstufe. Zum Abschluss dieses Arbeitsabschnitts prüfte ich dann sehr aufmerksam die Tendenzen an den europäischen Märkten, die von den ersten Kursen vor der Markteröffnung um neun Uhr widergespiegelt werden. Von diesem Moment an bestand meine Tätigkeit darin, stundenlang die Kauf- und Verkaufskurse der Produkte zu notieren, für die ich zuständig war, und gleichzeitig die Marktentwicklung Sekunde für Sekunde zu verfolgen. Diese Arbeit erfordert Schnelligkeit, Wachsamkeit und Reaktionsvermögen – die elementaren Fähigkeiten eines guten Traders.

Meine Arbeitsbedingungen erleichterten mir die Aufgabe. Die meisten haben ein vom Kino geprägtes Bild der Handelsräume im Kopf; im Film herrschen dort immer eine solche Hektik und ein derartiges Stimmengewirr, dass der Zuschauer sich fragt, wie man in diesem Durcheinander arbeiten kann. Dieses Bild spiegelt die Wirklichkeit nur zum Teil wider; ich hatte sie selbst zu Beginn meiner Tätigkeit als Trader so erlebt. Damals arbeitete ich im sechsten Stock des Turms, in einem riesigen Großraumbüro, in dem sich Schreibtische voller Computer aneinanderreihten. Die Trader, deren Augen auf den Bildschirm fixiert sind und die immer das Mikro an den Lippen haben, verbringen ihre Tage damit, mit ihren Geschäftspartnern zu kommunizieren und gleichzeitig Aufträge am Markt zu platzieren. Der Geräuschpegel ist so hoch und die Aufregung manchmal derart groß, dass es fast unmöglich ist, die Gespräche des Nachbarn am Schreibtisch nebenan zu verstehen. Der Grund dafür liegt darin, dass diese Trader, die Kauf- und Verkaufsaufträge in die Märkte geben, oft mit zahlreichen Personen gleichzeitig in ständigem Kontakt stehen. Aber unter den Händlern gibt es auch solche, deren Aufgabe darin besteht, großen Investoren jene Finanzprodukte zu verkaufen, die von der Bank selbst emittiert werden und die man »Warrants« nennt (das sind nichts anderes als Kauf- und Verkaufsoptionen – ich komme später darauf zurück). Diese sogenannten »Kundenhändler« haben mit dem herkömmlichen Bild des Traders, der das Kapital der Bank investiert, wenig zu tun; sie fühlen sich in dieser elektrisierten Atmosphäre eher verloren. Ich gehörte zu dieser beschränkten Gruppe eher atypischer Fachleute.

Aber zu Beginn des Jahres 2007 war die Abteilung für Finanzderivatprodukte, zu der ich gehörte, derart angewachsen, dass sie in das darüber gelegene Stockwerk umziehen musste, wo ein spezieller Raum zu diesem Zweck eingerichtet worden war. Er bot Platz für an die hundert Personen, hauptsächlich »Eigenhändler«, die Investitionen mit dem Kapital der Bank tätigen, im Unterschied zu meiner Tätigkeit als »Kundenhändler«, der, wie bereits erwähnt, nicht mit Privatkunden, sondern mit institutionellen Investoren in Verbindung steht. Auch dieser Saal war ein riesiges Großraumbüro mit Schreibtischen voller Bildschirme, und selbst die Wände waren mit Monitoren bedeckt; aber hier herrschte fast absolute Stille. Eine bezeichnende Begebenheit: Am ersten Tag in diesem neuen Raum war die Stille so ungewohnt, dass ich die Eröffnung der Märkte verpasste! Ich war so daran gewöhnt, dass die Zeitansage der Händler um mich herum die Sekunden vor dem vierten Zeitzeichen runterzählte, dass ich gar nicht mehr selbst auf die Uhr schaute. Diese Details sind, wie man sehen wird, von Bedeutung. Um mich herum herrschte eine solche Ruhe und Ordnung, dass jeder alles hörte und man jederzeit wusste, was der Nachbar gerade machte.

Abgesehen von der Stille in dem Raum, in dem ich meine Tage verbrachte, gibt es noch andere Faktoren, die die These angeblich geheimer Geschäfte, von der die Société Générale die Justiz und die Öffentlichkeit im Nachhinein überzeugen wollte, ad absurdum führen; diese Faktoren haben mit unserer Sitzordnung zu tun. Die kleine Gruppe von acht Tradern, zu der ich gehörte, saß an einem Tisch, unsere Bildschirme waren weniger als einen Meter voneinander entfernt. Mein direkter Vorgesetzter, Éric Cordelle, »N+1« genannt, arbeitete ungefähr zwei Meter neben mir. Cordelle, 36 Jahre alt, verheiratet, Familienvater, Absolvent der École Polytechnique[1], stets mit korrektem Anzug und weißem Hemd bekleidet, war ein ernster Mann, der nicht weniger als 13 Jahre Berufserfahrung an den Finanzmärkten vorweisen konnte. Er hatte seine Laufbahn im Risikocontrolling begonnen, in dem Team, das dafür zuständig ist, die Inanspruchnahme der Limits durch die Händler zu überwachen; danach hatte er acht Jahre in der Abteilung verbracht, der ich angehörte, vier davon als Leiter eines Finanz-Engineering-Teams in Tokio. Im Jahr 2007 bestand seine Hauptaufgabe im täglichen Reporting, also darin, das Handelsvolumen und unsere Ergebnisse zu bestätigen und mit einem Kommentar zu versehen, wenn die eingesetzten Summen gewisse Schwellen überschritten. Die besagten Kommentare waren immer sehr knapp und eher undurchschaubar, wie zum Beispiel: »laufendes Geschäft« – eine, wie man sieht, sehr vage Aussage – oder »Zockerei« (so wird ein reines Spekulationsgeschäft genannt). Diese Bemerkungen erklärten kaum, wie und mithilfe welcher Strategie das Ergebnis zustande gekommen war. Das Reporting wurde anschließend an die nächsthöheren Verantwortlichen weitergeleitet. Zu diesen gehörte »N+2«, Martial Rouyère, auch er ehemaliger Schüler einer »Grande École«, 37 Jahre alt und mit langjähriger Erfahrung als Trader in den Handelsräumen; sein Äußeres war genauso streng wie das von Eric, obwohl er sich nach angelsächsischer Sitte freitags das Tragen von Jeans und den Verzicht auf eine Krawatte erlaubte. Er hatte die Aufsicht über drei Gruppen von Händlern, die alle im selben Tätigkeitsbereich arbeiteten, und sein Arbeitsplatz war vier oder fünf Meter von unserem Tisch entfernt. Er hatte übergeordnete Kontrollfunktionen. Eric beschränkte sich also auf die rein technischen Aspekte des Handels, während Martial sich mit anderen Parametern befasste, nämlich der Analyse des Risikopotenzials unserer Geschäfte.

---

1 Französische Eliteuniversität (Anm. d. Ü.)

Wie dem auch sei – keiner dieser beiden Verantwortlichen hat mich je darauf hingewiesen, dass ich meine Limits überschritt oder dass die gemeldeten Ergebnisse ein Problem darstellten. Im Gegenteil: Beide waren begeistert, wenn sie übertroffen wurden. Was die Verluste angeht, so waren diese in vielen EDV-Systemen sichtbar, auch wenn sich niemand darüber Gedanken zu machen schien. Wie viele meiner Kollegen konnte ich, in der Erwartung von Kursgewinnen, auf die ich setzte, Verluste leicht verschleiern; und das hatte bis Januar 2008 auch immer funktioniert. Im Verlauf von drei Jahren hatte ich niemals eine Position mit Verlust glattgestellt.

Abgesehen von Anfragen, die ich an Éric Cordelle und Martial Rouyère richtete, oder Informationen, die ich ihnen weiterleitete, sprach ich wenig mit den beiden. Sie unterhielten sich viel öfter mit meinen Kollegen als mit mir. Wollten sie meine Arbeit und meine Methoden nicht so genau in Augenschein nehmen? Die einzige Bemerkung, die mir je zu Ohren gekommen ist, war eine Reaktion von Éric Cordelle:»Jérôme macht eine Menge Kies; wir sollten seine Strategie nächstes Jahr ausbauen.«

So kam es, dass ich im Lauf des Jahres 2007 in eine Schieflage geriet, auf die mich niemand aufmerksam zu machen wagte – Ergebnisse verpflichten! Tatsächlich war ich – das ist mir später klar geworden – zu jener Zeit von entwaffnender Naivität. Ich war davon überzeugt, dass es ausreichen würde, sein Äußerstes für seine Arbeit zu geben und keinen anderen Nutzen daraus zu ziehen als die Befriedigung, sein Bestes getan zu haben. Was in der Folge geschah, hat mir gezeigt, dass ich sowohl in meinen Handlungen als auch in meiner Begeisterung maßvoller hätte sein müssen. Aber damals wurde mein Enthusiasmus noch dadurch gesteigert, dass alle Welt mich ermutigte. Allerdings waren meine Vorgesetzten schon seit April 2007 vom Controlling mehrmals darauf aufmerksam gemacht worden, dass in meinem Tätigkeitsbereich Scheingeschäfte getätigt wurden, aber sie hatten nie von mir gefordert, diese Praktiken einzustellen, noch hatten sie mir dazu je die geringste Frage gestellt.

Mein Fall war keine Ausnahme von der ungeschriebenen Regel der Handelsräume. Alle Händler waren stets im vollen Einsatz. Man gönnte sich pro Tag höchstens eine oder zwei kurze Kaffee- oder Zigarettenpausen unten im Turm, bevor man wieder an seinen Computerbildschirm zurückkehrte. Mittags gab es selten ein Mittagessen. Ein schnell verschlungenes Sandwich am Schreibtisch musste genügen. Der ganze Tagesablauf war von der Arbeit und den mit ihr verbundenen Emotionen bestimmt. Ich verlieh meiner Begeisterung lautstark Ausdruck, wenn ich einen großen Gewinn erzielte, und genauso deutlich reagierte ich mich bei einem Verlust ab – meine Computermaus, die ich in einem solchen Fall wütend auf den Schreibtisch knallte, kann ein Lied davon singen!

Der Schluss der Pariser Märkte um 17.30 Uhr, etwa zehn Stunden nach Arbeitsbeginn, markierte noch nicht das Ende des Arbeitstages, denn die Derivatprodukte, mit denen wir handelten, richteten sich nach den Öffnungszeiten der New Yorker Börse. Wir mussten also unsere Notierungen im nachbörslichen Handel fortsetzen, sodass wir von allen Beschäftigten der Handelsräume am meisten arbeiteten und uns auch von Arbeitstagen mit 13 oder 15 Arbeitsstunden nicht abschrecken ließen. Die ersten Trader schalteten ihre Computer gegen 18 Uhr ab, die meisten anderen gegen 20 Uhr. Ich persönlich arbeitete meistens bis 22 Uhr weiter, wenn auch die Wall Street schloss. Dann traf ich mich mit ein oder zwei Kollegen in einer unserer Lieblingskneipen am Fuß des Turms, wo wir uns mit einem Glas Bier in der Hand entspannten, bevor wir irgendwo anders ein schnelles Abendessen einnahmen.

Ehrlich gesagt eine eigenartige Form der Entspannung: Wir sprachen fast nur über unsere Arbeit, die Kurse unserer Produkte, die Verfassung der Märkte, wir tauschten Anekdoten über die Verluste des einen oder die Gewinne des anderen aus, und wir gingen gemeinsam noch einmal die Ereignisse des Tages durch, der vom hektischen Rhythmus der klickenden Computermäuse und den enormen Summen unserer Geschäfte bestimmt worden war. Jeder von uns war in gewisser Weise vollkommen mit der Société Générale verwachsen. Wir lebten nur durch sie und für sie, und ohne uns dessen bewusst zu sein, ließen wir es sogar zu, dass unser Privatleben ihrer Allmacht zum Opfer fiel. Selbst, wenn wir uns nicht in der Nähe des Turms von La Défense aufhielten, wie beispielsweise während des Urlaubs oder am Wochenende, schien uns ein unsichtbares Band an sie zu binden; eine Art Nabelschnur, eine Verbindung, die uns gleichzeitig in ihrem Schoß festhielt, uns ernährte und uns beschützte.

Ich kam selten vor Mitternacht oder ein Uhr in meine Wohnung in Neuilly, wo ich todmüde auf meinem Bett zusammenbrach. Die Nächte waren kurz, meist schlief ich nur fünf Stunden. Um sechs Uhr morgens stand ich wieder auf, nicht ohne sofort die ersten Nachrichten von den Märkten auf LCI[2] oder dem Display meines Handys aufmerksam zu verfolgen. Dann nahm ich schnellstmöglich die Metro, um wieder nach La Défense zu fahren.

---

2 La Chaîne Info, frz. Radiosender (Anm. d. Ü.)

Ich fuhr immer seltener in die Bretagne, um meine Mutter zu besuchen. Wo hätte ich die Zeit und die Energie für eine fünfstündige Zugfahrt hernehmen sollen? Auch meinen Bruder, der mir sehr nahesteht und der ebenfalls in Paris wohnt, sah ich kaum. Meine familiären Bindungen verloren für mich an Bedeutung. Ohne mir dessen bewusst zu sein, war ich die schlimmste aller Verbindungen eingegangen: mein Privat- und mein Berufsleben waren vollkommen miteinander verschmolzen. Meine gesamte Existenz war zu dieser Zeit rund um die Société Générale aufgebaut. Und es dauerte lange, bis ich eine weitere traurige Feststellung akzeptieren konnte: Viele Menschen, die ich für meine Freunde gehalten hatte, waren es nicht, obwohl ich ihnen viel Zeit und viel Aufmerksamkeit gewidmet hatte. Während dieser Zeit habe ich mich noch mehr als früher mit den Problemen anderer Menschen auseinandergesetzt – vielleicht, um mich nicht mit meinen eigenen beschäftigen zu müssen. Meine Sorge um meine vermeintlichen Freunde nahm mich vollkommen gefangen; ich wollte nützlich sein, ihnen näherkommen, ihnen zuhören, um ihnen bei der Bewältigung ihrer Probleme helfen zu können. Darunter litt meine allerengste Umgebung. Selbst meine Freundin, die ich bei der Société Générale kennengelernt hatte und zu der ich eine sehr enge Gefühlsbindung hatte, spielte nur noch eine Nebenrolle. Wir wohnten nicht zusammen; zum einen, weil wir erst am Beginn unserer Beziehung standen, und zum anderen, weil ich möglichst viel Zeit für meine Arbeit und die besagten Freunde haben wollte. Ich merkte gar nicht, wie sehr ich meine gesamte Persönlichkeit aufgegeben hatte, einschließlich meines eigenen Gefühlslebens.

Der Kontakt zu meinen Jugendfreunden und Studienkollegen war schon seit langem abgebrochen, weil ich von der wahnsinnigen Arbeitsbelastung so erschöpft war, dass ich es nicht einmal mehr schaffte, auf die Nachrichten auf meinem Anrufbeantworter zu reagieren. Ich war mir dessen kaum bewusst, denn andere Freunde, die mir und meiner Beschäftigung näher waren, hatten die vorherigen ersetzt; Freunde, mit denen ich alles teilte: denselben Tagesablauf, dieselben Freuden und dieselben Sorgen, bis hin zu dieser merkwürdigen Sprache aus amerikanischen Abkürzungen, die im Finanzmilieu allgegenwärtig ist: *bull, bear, yours, mine, fat finger* … Während ganzer endloser Abende und monotoner Wochenenden ließen wir die Stunden Revue passieren, die wir in der Höhle der Société Générale verbracht hatten. Ich hatte die Sportarten, die ich jahrelang mit großer Begeisterung getrieben hatte, nämlich Judo und Jogging, aufgegeben. Ich rauchte immer mehr, schlief immer weniger, ernährte mich miserabel und versuchte vergeblich, am

Wochenende den Schlafmangel auszugleichen, der sich im Lauf der Woche angesammelt hatte. Und jeden Montag nahm ich das höllische Tempo der Handelsräume wieder auf.

Erst als der Sturm über mich hereinbrach, verstand ich, wie grundfalsch die Prioritäten gewesen waren, die ich gesetzt hatte. Ich hatte in die falschen Menschen investiert, Leuten zu viel Zeit gewidmet, die es nicht wert waren, und jene vernachlässigt, die mir wirklich nahestehen. Erst da verstand ich, dass ich, wie all die anderen Trader, zu einem Wesen geworden war, das, seiner eigenen Identität beraubt, nur eine kleine Nummer in der großen Masse derer war, von denen es im Viertel La Défense und auf den Gängen der Société Générale wimmelt. Es hat lange gedauert, bis ich wirklich verstand, in welcher persönlichen Verfassung ich mich zu jener Zeit befunden hatte; es ist mir erst ein paar Wochen später in der Stille meiner Zelle gelungen. Die Bank hatte uns so sehr von ihrer Allmacht überzeugt, dass sie gar nicht mehr nachbohren, uns an die Einhaltung irgendwelcher Vorschriften erinnern oder uns eins auf den Deckel geben musste, wenn wir die Regeln nicht beachteten. Unsere Vorgesetzten waren dazu da, uns auf väterliche und vertrauensvolle Art und Weise zu unterstützen und zu ermutigen, aber nicht, um uns zu etwas zu zwingen; darum kümmerten wir uns schon selbst. Jeder hatte die Arbeitsanforderungen verinnerlicht, bis zur Selbstaufgabe, bis zur totalen Abhängigkeit. Und wenn kein Mitglied der Gewerkschaft es je über die Schwelle zu den Handelsräumen geschafft hat, um uns dafür zu sensibilisieren, das Arbeitsrecht zumindest ansatzweise einzuhalten, dann nicht, weil ihn seine Chefs davon abhielten; das übernahmen wir Trader und Assistenten schon selbst, denn wir waren überzeugt davon, dass das Gesetz des Marktes nicht nur im Wirtschaftsleben, sondern auch in den sozialen Beziehungen herrschen sollte. Die Deregulierung war nicht nur zum Gesetz der Weltwirtschaft, sondern auch zu unserem eigenen geworden; man musste uns viel mehr arbeiten lassen, damit wir viel mehr für die Bank verdienen konnten. Und wer weiß? Wenn wir es schaffen würden, rund um die Uhr Kurse zu notieren, zu kaufen und zu verkaufen, vielleicht würden wir dann noch exorbitantere Ergebnisse erzielen. Denn nur zu diesem Preis konnte das System weiter wachsen; aber auch wir glaubten, uns zu diesem Preis selbst verwirklichen zu können – weil wir einerseits blind gegenüber uns selbst und andererseits Sklaven der Bank waren. Ja, der Ausdruck passt genau: Wir »schafften alle gut an«, und wir liebten unsere Hölle.

Kapitel 2
Anderthalb Milliarden –
Die Kehrtwende

Der Januar 2008 begann mit der Wiederaufnahme der alltäglichen Aktivitäten. Am Mittwoch kehrte ich aus dem Urlaub zurück, und die folgenden Tage verliefen im üblichen Arbeitstempo der Handelsräume. Und dann, Mitte Januar, spürte ich eine schleichende Unsicherheit. Schon im Jahr 2007, in dem ich immer dieselbe Strategie verfolgt hatte, hatte ich die kalten Schweißausbrüche und schrecklichen Ungewissheiten kennengelernt: Im Laufe eines Quartals hatten sich bei mir hohe Buchverluste angesammelt, die ich im EDV-System des Front-Office verschleierte, bevor der Markt so weit drehte, dass ich wieder echte Gewinne in beträchtlicher Höhe verzeichnen konnte. Aber zu Beginn dieses Jahres hatte mich eine neue Analyse zum ersten Mal seit Beginn meiner Tätigkeit als Trader dazu bewogen, auf eine Hausse der Märkte zu setzen.

Neben meinen eigenen Berechnungen gab es noch drei weitere Gründe für meine Überzeugung. Zum einen war ich sicher, dass die Zentralbanken und Regierungen angesichts der einsetzenden Finanzkrise nicht zögern würden, massiv Liquidität in die Wirtschaft zu pumpen, was den Märkten das Vertrauen zurückgeben würde. Ich stützte meine Hypothese auf einen bekannten Präzedenzfall – die asiatische Finanzkrise des Jahres 1998; damals hatten die massiven Kapitalspritzen die Wirtschaft letztendlich wieder angekurbelt. Außerdem ist der Januar bekanntlich ein Hausse-Monat, und zwar aufgrund der Anlagestrategie der großen Investmentfonds. Diese verkaufen gewöhnlich im Dezember große Positionen, um ihre Bilanzen zu bereinigen, und sobald sie dann im Januar neue Käufe tätigen, steigen die Märkte wieder. Ich erwartete also große Kurssprünge. Und so ist es letztendlich auch gekommen, allerdings erst viel später, als ich es vorausgesehen hatte. Und zu guter Letzt hatte der Star-Stratege der Société Générale, Alain Bokobza, zu Beginn des Jahres einen eher optimistischen Bericht veröffentlicht, in dem er ankündigte:»Wir stehen *vorläufig* nicht vor einem großen Crash.«

Allerdings weitete die Baisse sich schnell immer stärker aus. Täglich verzeichnete ich neue Buchverluste, die die Gewinne, die ich Ende 2007 gemacht hatte, aufzuzehren begannen. Angesichts dieser Situation gab es nur eine Möglichkeit: Ich musste Ruhe bewahren und darauf warten, dass sich die Konjunktur wieder erholte.

Aber noch etwas anderes bereitete mir Sorgen. Zur selben Zeit, also Mitte Januar, merkte ich zum ersten Mal, dass es den Leuten vom Controlling unbehaglich wurde. Es gab Gerüchte und ich fing hier und da beunruhigende Gesprächsfetzen auf, über deren Bedeutung mir aber niemand Genaueres mitteilte. Bald erfuhr ich aus dem Mund des verantwortlichen Controllers, dass meine Ergebnisse des vergangenen Jahres Probleme aufwarfen, dass man sich aber an höherer Stelle um eine Lösung bemühen würde. Ich fiel aus allen Wolken. Was konnte ein Gewinn von anderthalb Milliarden schon für Probleme verursachen? Aber im Verlauf der nächsten Tage und aufgrund der Fragen, die mir plötzlich gestellt wurden, wurde mir klar, dass es weniger der Gewinn selbst war, der die Bank beunruhigte, sondern die Art und Weise, wie ich ihn »unter den Teppich gekehrt« hatte. Trotzdem blieb ich zuversichtlich. Zwar war der Betrag diesmal erheblich höher, aber im Prinzip unterschieden sich die Geschäfte nicht von denjenigen, die ich seit Anfang 2007 tätigte und über die meine Vorgesetzten regelmäßig unterrichtet worden waren. Damals hatten sie einander E-Mails geschrieben, über die ich zum Teil Bescheid wusste; darin erörterten sie die Probleme, die durch die Überschreitung der Limits verursacht wurden und die in den Büchern irgendwie verschleiert werden mussten – und das galt für meine Geschäfte genauso wie für die meiner Kollegen. Sie hatten immer eine passende Antwort gefunden, und zwar meistens, ohne überhaupt mit mir darüber zu reden. So hatten beispielsweise im Juli 2007 fünf Scheingeschäfte allein einen Gewinn von 790 Millionen Euro gebracht ... Die Zahl erscheint ziemlich unwahrscheinlich – ich hatte also mit nur fünf Geschäften das Quartalsergebnis der ganzen Bank übertroffen –, wurde aber, obwohl sich die zuständigen Abteilungen über die eingesetzten Summen Gedanken machten, von ihnen ohne weitere Nachforschungen geschluckt.[3] Auch dann noch, als das Controlling zwei Monate später den Nominalbetrag von sieben Scheingeschäften mit Finanzprodukten auf fast acht Milliarden Euro bezifferte. Diese Buchungen, die bei Rechnungsabschluss wieder aufgetaucht waren und bei denen es um erhebliche Summen ging, verursachten einiges Kopfzerbrechen, bevor sie schlicht und einfach von den betroffenen Abteilungen storniert wurden, ohne dass man mir die geringste Frage dazu gestellt hätte. Schlimmer noch: Wenn ich die besagte E-Mail richtig interpretiere, wurde regelmäßig so verfahren ...

---

3 Siehe Dokument 1 im Anhang

/fr/socgen
30.05.2007 17:57

An
cc
bcc

/fr/socgen@socgen
/fr/socgen@socgen

Betreff Abgleich U7003-S3384 [C1]

Guten Tag,

wir haben in diesem Monat dasselbe Problem mit den nachstehend aufgeführten Transaktionen. Wir melden gegenüber Clickoptions IFAT Käufe und Verkäufe, obgleich die Einheit keine Forwards verkauft.

Ich habe die betreffenden Transaktionen in Intercos für diesen Abschluss annulliert, aber könnten Sie für den kommenden Monat bitte das Notwendige veranlassen?

Cri Nr.	Konto	Währung	Betrag	Schalter	PTF	Transaktionsnr.	Anfangsdatum	Enddatum	Direkt. Berat.	Norm	Carat IAS
8390519	99949306	EUR	24.109.800,00	7003	WAR2A	TOP1556433	26.04.2007	18.05.2007	S3384	FRA	IH95347
8390523	99949306	EUR	2.648.149.679,09	7003	WAR2A	TOP1556444	26.04.2007	15.06.2007	S3384	FRA	IH95347
8429662	99949306	EUR	568.749.800,00	7003	WAR2A	TOP1562111	24.04.2007	15.06.2007	S3384	FRA	IH95347
8467432	99949306	EUR	914.336.656,50	7003	WAR2A	TOP1480862	03.04.2007	15.06.2007	S3384	FRA	IH95347
8471811	99949306	EUR	864.330.225,00	7003	WAR2A	TOP1491460	05.04.2007	15.06.2007	S3384	FRA	IH95347
8483621	99949306	EUR	819.172.469,75	7003	WAR2A	TOP1531776	20.04.2007	15.06.2007	S3384	FRA	IH95347
8487499	99949306	EUR	1.855.273.187,50	7003	WAR2A	TOP1537673	23.04.2007	15.06.2007	S3384	FRA	IH95347

Im Übrigen haben wir für diese Einheit auch eine Differenz bei den Deals TOP1205684 und TOP1205936 festgestellt, die wir unter der Rubrik »Erträge aus Optionen« erfassen. Die Differenz beläuft sich auf jeweils 1.898.519,99 € je Deal. Clickoptions zufolge ist es sehr unwahrscheinlich, dass sich diese angesichts der hohen Beträge darauf beziehen.

Bei einer Abfrage in der Anwendung Thétys konnte ich feststellen, dass der Status dieser beiden Transaktionen auf »Storniert« steht, mehr konnte ich jedoch nicht herausfinden. Laut Angaben des Thétys-Supports könnte ich nur durch eine Elliot-Anfrage die Stornierungsdaten erfahren. Könnten Sie mich über diese wiederkehrenden Differenzen seit Jahresbeginn informieren, oder könnten Sie mich andernfalls an den richtigen Ansprechpartner verweisen?

Vielen Dank im Voraus.

Mit freundlichen Grüßen

SGCIB Paris
ACFI/ACR/ACT/CNS

Mit diesen Stornos hatte ich nichts zu tun. Im Gegensatz zu dem, was später in den Medien behauptet wurde, habe ich mich nie unerlaubt in einen fremden Computer eingeloggt, genauso wenig wie ich die Möglichkeit hatte, Manipulationen in den Systemen der Buchhaltung oder der Abwicklung (Back-Office) vorzunehmen. Mein einziger Fehler: Ich habe, so wie viele andere Kollegen – wenn auch, wie ich zugeben muss, in wahrscheinlich größerem Umfang, selbst wenn letztendlich niemand jemals näher hingeschaut hat –, falsche Daten in das System eingegeben, zu dem uns die Société Générale die Zugangsrechte erteilt hat. Damit hatten wir zwangsläufig auch die Möglichkeit, dies nach Belieben zu tun, wie verschiedene Personen während des Ermittlungsverfahrens bestätigt haben. Niemals bin ich in die Systeme der Buchhaltung oder des Back-Office eingedrungen, um Daten zu löschen oder einzugeben. Ich nahm nur Transaktionen vor, zu denen ich absolut berechtigt war, deren Risiko ich aber zu Unrecht verschleierte, indem ich in meinem eigenen System gegenläufige Geschäfte mit fiktiven Kontrahenten vornahm. Diese Geschäfte wurden dann automatisch ins Kontrollsystem übernommen, wo sie offenblieben, bis die Identität des Kontrahenten bekannt war. Nach Ablauf einer gewissen Zeitspanne, die bis zu drei Wochen dauern konnte, wurden sie automatisch storniert, ohne dass die Kontrollinstanzen eine Erklärung gefordert hätten. Aber diesmal schien die Situation nicht mehr so einfach zu sein. Ich erfuhr bald, dass die Buchhaltung Mühe hatte, eine Lösung für das Problem zu finden. Ich merkte, dass deshalb die Unruhe bei meinen Vorgesetzten wuchs. Bei einer informellen Unterhaltung mit einigen meiner direkten Vorgesetzten bestätigten sich meine Vorahnungen nur allzu schnell. Da die Konten der Bank zum 31. Dezember abgeschlossen worden waren, hatten die atypischen Transaktionen, die ich erfasst hatte, um das Ergebnis des einen Jahres in das nächste zu verschieben, einen entscheidenden Koeffizienten aus dem Gleichgewicht gebracht, der in Bankkreisen nach seinem Schöpfer als Cooke-Ratio bekannt ist. Dieser verlangt von den Banken, mindestens acht Prozent ihrer risikogewichteten Aktiva mit Eigenkapital abzusichern. Das Ziel war, eine Liquiditätsreserve vorzuhalten, um die Bank vor einem eventuellen Ausfall ihrer Kontrahenten zu schützen. Nun wird dieser Koeffizient aber öffentlich gemacht und sowohl den Wirtschaftsprüfern als auch den staatlichen Kontrollinstanzen unterbreitet. Daher die Panik der Controllingabteilungen ...

Ehrlich gesagt hatte ich nur vage Kenntnisse von diesen Mechanismen und ihren Auswirkungen. Bei Abschluss des Geschäfjahres 2007, Ende Dezember, hatte ich daher wie üblich gehandelt. Abgesehen davon, dass es im Januar 2008 nicht mehr möglich war, in der folgenden Woche »die Scharte auszuwetzen« ... Die betreffenden Abteilungen der Bank steckten also in einer Zwickmühle: Sie konnten entweder die anderthalb Milliarden Euro als Gewinn verbuchen, was mit unangenehmen steuerlichen Auswirkungen verbunden war, oder sie mussten sie auf das nächste Geschäftsjahr übertragen, was wiederum im Hinblick auf die Eigenkapitalvorschriften zu einer unannehmbaren Cooke-Ratio führen würde. Für ein Bankinstitut, dessen ständiges Bestreben auf Gewinnmaximierung bei gleichzeitig größtmöglicher Diskretion ausgerichtet ist, stellte eine solche Summe ein in doppelter Hinsicht störendes Element dar.

Mein Unhagen wurde bald noch durch einen anderen Umstand gesteigert. Durch das Zusammentreffen unglücklicher Umstände, die das Leben eines Händlers zum Albtraum machen, nahmen meine Befürchtungen immer konkretere Formen an: Die Positionen, die ich eingegangen war, rutschten von Tag zu Tag mehr in die Miesen. Ich machte mich auf das Schlimmste gefasst: Meine Gewinne des letzten Jahres würden durch meine aktuellen Verluste aufgezehrt werden, wenn ich meine Positionen überstürzt glattstellen müsste. Und ich hatte keinerlei Handlungsspielraum mehr. Denn beim Versuch, die Situation zu retten, hatte ich immer mehr riskiert und war auf dem Markt riesige Positionen im Umfang von über 50 Milliarden Euro eingegangen – eine von mir nie zuvor erreichte Summe. Ich konnte mir noch so sehr einreden, dass mich ein solches Engagement in Anbetracht der Reserven, über die ich verfügte, vor möglichen Verlusten schützen würde: Ich befand mich in der Situation eines Seiltänzers, der auf einem dünnen Draht über dem Abgrund schwebt – der kleinste Fehltritt, das geringste, unvorhergesehene Ereignis, und mir drohte eine Katastrophe. Ich machte also wieder diese aufreibenden Stressphasen durch, die ich nur zu gut kannte; an den Bildschirm gefesselt versuchte ich um jeden Preis, Gewinne zu erzielen, weil ich über keinerlei Reserven mehr verfügte.

Ich musste mich in Geduld üben und mich gleichzeitig selbst zur Vernunft bringen. Ich war davon überzeugt, dass die Kurse technisch bedingt im Februar wieder steigen würden – was übrigens in der zweiten Hälfte des Monats Februar auch tatsächlich passiert ist, aber da waren meine Positionen von meinem Nachfolger bereits auf die Schnelle glattgestellt worden. Wäre es zur selben Katastrophe gekommen, wenn man mich nicht kaltgestellt hätte? Es ist immer leicht, ein Spiel zu kritisieren, das andere verloren haben; ich werde mich also davor hüten, hier verschiedene Hypothesen durchzuspielen.

Während dieser Zeit, in der ich die Spannung um mich herum immer stärker steigen spürte, quälte mich eine entscheidende Frage. Wie würden sie genau jetzt, da ich mit Fragen zu meinen früheren Gewinnen gelöchert wurde, auf meine derzeitigen potenziellen Verluste reagieren? Ich hatte keine Ahnung. Für den, der Zahlenkolonnen lesen kann, gab es an der Antwort jedoch keinen Zweifel. Meine Scheingeschäfte waren täglich Gegenstand einer Risiko- und Ergebnissteuerung in der sogenannten Puffer-Datenbank, mit der die dafür zuständige Abteilung die besagten laufenden Geschäfte verfolgt und prüft. Diese Abteilung hatte also in dieser Prüf-Datenbank ein Engagement von 50 Milliarden Euro festgestellt, dem ein unbekannter Kontrahent der Bank gegenüberstand und das einen Verlust von rund einer Milliarde Euro generierte. Ich wusste allerdings nicht, bis zu welcher Stufe der Hierarchie diese Ergebnisse weitergegeben wurden. Und da mich niemand über diesen Punkt aufklärte, brachte ich meine Erklärungen mit dem unangenehmen Gefühl vor, nicht zu wissen, über welche Informationen meine Gesprächspartner genau verfügten. Die Lage wurde immer heikler; ich tanzte nicht nur auf einem hauchdünnen Drahtseil, sondern wurde gleichzeitig von allen Seiten von einem immer dichter werdenden Nebel eingehüllt.

Am Donnerstag, dem 17. Januar, wurden die Umrisse plötzlich sehr deutlich. Schon am frühen Morgen erfuhr ich von Besprechungen zwischen den Verantwortlichen für das Controlling im Handelsraum und der Buchhaltung, die nach einer Lösung des Problems suchten – aber mehr wusste ich nicht darüber. Am Abend wurde ich dann vom Verantwortlichen des Controlling zu einem Gespräch gebeten; diesem anerkannten Fachmann, etwa Mitte 40 und sehr dynamisch, erklärte ich, dass ich die anderthalb Milliarden seit zwei Monaten einem an der Transaktion beteiligten Vermittler schuldete: Es handelte sich demnach bei der Summe nicht um einen Gewinn, sondern um eine externe Zahlungsverpflichtung. Im Übrigen erwähnte ich die Identität dieses Vermittlers nicht. Die Mitteilung über ein Soll von über einer Milliarde gegenüber einem Unbekannten, und das alles mitten in einer Finanzkrise, hätte ihn verblüffen müssen, aber er stellte mir keine weiteren Fragen und versicherte mir, trotz offensichtlicher Verlegenheit, dass er »eine Lösung finden würde«. Aus seinem Mund hörte ich an dieser Stelle zum ersten Mal von der Cooke-Ratio und von den Schwierigkeiten, die meine Ergebnisse des Jahresendes 2007 dem Controlling bereiteten. Im ersten Augenblick konnte ich gar nicht verstehen, welches Problem diese Mitarbeiter eigentlich hatten, denn ich hatte schon seit Anfang 2007 mit genau denselben Leuten zu tun gehabt und sie hatten meine Geschäfte bisher gedeckt, ohne mit der Wimper zu zucken. Daraufhin erzählte mir der Verantwortliche vom Solvabilitätskoeffizienten, von der Explosion, die durch die Buchung bewirkt worden war und so weiter. Ich verstand das Problem gut. Aber für mich war es nur eine simple Frage der Datenerfassung, nichts weiter. Wenn es nur die Buchungsvorgänge im System waren, die Fragen aufwarfen, würde es genügen, die Transaktion so zu verändern, dass sie keinen Einfluss mehr auf die Cooke-Ratio hätte – und alles wäre wieder geklärt.

Ansonsten änderte sich nichts an meiner Geisteshaltung. Ich konnte mir noch so sehr das Hirn zermartern, ich wusste nicht, welche Vorwürfe man jemandem machen konnte, der für seinen Arbeitgeber anderthalb Milliarden verdient hatte … »Ja, aber so einfach ist das nicht«, warf mir einer der Controller mit einem verärgerten Kopfnicken vor. Ich erfuhr, dass die Abteilung noch vor einem anderen Problem stand, das ebenfalls fachspezifischer Natur war und dessen Logik sich mir entzog.

Statt zur Ermittlung des Risikoniveaus die Kauf- und Verkaufsaufträge gegeneinander aufzurechnen, setzten die Controller in diesem Fall das Risiko mit der Gesamtsumme der Geschäfte gleich, wodurch die Risiken natürlich sofort ein beeindruckendes Ausmaß annahmen. Wenn mir jemand einen Betrag von 100 Euro schuldet und ich ihm im Gegenzug 80 Euro schuldig bin, beträgt das Risiko bei dieser Sichtweise 180 Euro, und nicht 20 ... Das mag merkwürdig erscheinen, ist aber so. In den Augen der Controller ist nur der Gesamtwert der eingegangenen Transaktionen von Bedeutung, ohne Berücksichtigung der Ausgleichsgeschäfte, die das Risiko begrenzen oder sogar aufheben.

Den Erklärungen des Verantwortlichen entnahm ich somit, dass die Controller zahlreiche Buchungen berichtigen mussten; das war eine machbare Aufgabe, abgesehen davon, dass wir kurz vor Kontenabschluss standen und die Situation sich zuspitzte – vor allem angesichts der enormen eingesetzten Beträge und der Art und Weise der Risikoberechnung, die ich oben geschildert habe. Darüber hinaus waren die Gerüchte um die mysteriösen anderthalb Milliarden in der Hierarchie des Hauses zu weit nach oben gedrungen, um noch erstickt werden zu können.

Um das schon sehr düstere Bild zu komplettieren, erfuhr ich noch am selben Tag eine Neuigkeit, die den Fall noch komplizierter machte: Am folgenden Montag sollten die Wirtschaftsprüfer bei der Bank eintreffen. Wie auch im April 2007, als die Controllingabteilung die ersten Scheingeschäfte entdeckt hatte, hatte sie es eilig, die Probleme zu regeln, damit die Wirtschaftsprüfer sie nicht zu Gesicht bekamen. Die Angelegenheit war zu umfangreich geworden und man hatte zu spät damit begonnen, sich darum zu kümmern. Wer würde am Schluss den Schwarzen Peter in der Hand halten? Denn das Risiko wurde für die Verantwortlichen der Société Générale immer höher: Durch diese Unregelmäßigkeit in der Buchhaltung und das Ungleichgewicht der Cooke-Ratio drohte der Schleier, der über der gesamten Funktionsweise des prestigeträchtigsten Handelsraums der Société Générale lag, an einer Ecke gelüftet zu werden. Das Risiko war nicht gering. Wie würden Medien, Banker und Politiker gegenüber der Öffentlichkeit reagieren, sobald diese erfuhr, was viele wussten, aber geflissentlich negierten – dass der Kaiser keine Kleider trug?

Am nächsten Tag, einem Freitag, wurde die Situation noch brenzliger. Ich war kaum im Handelsraum angekommen, als ich wieder eine Unterredung mit einem der Verantwortlichen des Geschäftsbereichs über mich ergehen lassen musste, der für steuerliche Fragen zuständig ist. Ich hielt mich an dieselbe Verteidigungsstrategie, indem ich ihm gegenüber wiederholte, dass ich die Buchung von Gewinnen mit anderen Engagements ausgeglichen hätte, die aus einem Gegengeschäft mit einem Kontrahenten stammten, über dessen Identität in der Prüfdatenbank gerade nähere Informationen eingeholt würden. Das betretene Schweigen meines Gesprächspartners zeigte mir nur zu deutlich, dass diese Antwort ihn keineswegs zufriedenstellte. Wie hätte sie das übrigens auch tun können? Diese Buchungen waren fiktiv (später wird deutlich werden, dass meine Vorgesetzten darüber Bescheid wussten), und ich konnte mir leicht ausmalen, welche Bedenken die hohen Herren angesichts der Situation überkamen, die ihnen offensichtlich gerade klar wurde – und die sie wahrscheinlich lieber nie kennengelernt hätten ...

Danach beachtete man mich nicht weiter. Ich kehrte an meinen Bildschirm und zu meiner normalen Arbeit zurück. Aber den ganzen Tag über erfuhr ich von Zusammenkünften zwischen immer höher gestellten Verantwortlichen, angefangen von meinem N+2, Martial Rouyère, bis zu N+6, Luc François, dem Chef der Handelsräume, der noch nie zuvor mit mir gesprochen hatte. Im Lauf der Stunden versetzten mich diese Meetings, über die ich keinerlei Informationen erhielt, in immer größere Unruhe. Zu Beginn des Nachmittags befragte mich Martial Rouyère in einem scharfen Tonfall. Er wollte, so seine Worte, wissen, »was hinter diesem Ding steckt«. Am merkwürdigsten war dieses Versteckspiel. Waren die Verantwortlichen nicht mindestens seit vorigem April über die Situation auf dem Laufenden, dem Zeitpunkt, zu dem sein Vorgesetzter und er kurz nacheinander zwei E-Mails von der Buchhaltung und vom Controlling erhalten hatten, die sie davon in Kenntnis setzten, dass ich fiktive Geschäfte getätigt hatte, die zu einem ebenfalls fiktiven Ergebnis von 94 Millionen Euro geführt hatten? Was hatte diese Inszenierung zu bedeuten? Der Tonfall zwischen uns wurde schnell immer schärfer; er stellte mir Fragen, deren Antworten er bereits kannte, ich antwortete mit Ausflüchten, deren Unstimmigkeiten er sehr wohl erkannte ... Außerdem hatte ich am Vortag mit ihm und Éric Cordelle über die Probleme gesprochen, die das Controlling mit einigen meiner Transaktionen und deren Auswirkung auf die Cooke-Ratio hatten. Nur machte die eigentliche Art meiner Transaktionen das Szenario unwahrscheinlich: Ich sollte hauptsächlich auf den organisierten Märkten tätig werden, und nicht im freihändigen Verkauf, der viel größere Kreditrisiken erzeugt.

Daraufhin kam ein Verantwortlicher der Steuerabteilung zu mir, den ich schon am Morgen getroffen hatte, und forderte mich auf, den in der Gegenbuchung genannten Namen, den Makler Baader, zu löschen und durch die Formulierung »ausstehend« zu ersetzen. Ich begriff schnell, dass irgendjemand in der Bank den Makler kontaktiert hatte, um sich zu vergewissern, ob er wirklich mit mir handelte. Da er dies verneinte, forderte man mich auf, seinen Namen aus dem Spiel zu lassen, um jedes Durchsickern von Informationen auf dem Umweg über das Haus Baader zu verhindern. Letztendlich ließ man die Buchung in der Anonymität verschwinden, mehr nicht; das Prinzip der Verschleierung blieb unangetastet und wurde durch die getroffene Entscheidung sogar gutgeheißen.

Der Tag verging mit weiteren Meetings, an denen ich nicht teilnahm, und ich konnte mich ohne weitere Zwischenfälle meinen Handelsaktivitäten widmen, Aktivitäten, die im Übrigen immer schwieriger wurden, weil die Baisse auf den Märkten weiterging. Aber die geheimnisvolle Stimmung um mich herum wurde unerträglich. Daher nahm ich am Ende meines Arbeitstages all meinen Mut zusammen und erkundigte mich bei Éric Cordelle nach den Ereignissen des Tages. Er beruhigte mich – ich könne guten Gewissens ins Wochenende gehen, da man dabei sei, das Problem zu lösen. Diese plötzliche Bestätigung erschien mir merkwürdig, und ich versuchte, mehr darüber in Erfahrung zu bringen. Ich ging zu meinen anderen beiden Vorgesetzten, Martial Rouyère und meinem N+3, Philippe Baboulin. Sie bestätigten mir, dass man oben Probleme mit einigen meiner Geschäfte hätte; sie hatten aber auch eine gute Nachricht für mich: Der Chef des Handelsraums, Luc François, hatte angekündigt, dass die Kontrollverfahren sich auf eine interne Prüfung im Hinblick auf bestimmte Geschäfte beschränken würden – wohlgemerkt jene, die ich Ende 2007 eingegeben hatte, um das Ergebnis von anderthalb Milliarden Euro auf das kommende Jahr zu verschieben. Alle schienen erleichtert. Wenn die Generalinspektion aus dem Spiel blieb, hieß das, dass man das Feuer eingedämmt hatte. Es würde genügen, eine Erklärung für die eingegangenen Positionen zu finden und die Buchungen nach Vorgabe der Wirtschaftsprüfer zu stornieren und zu korrigieren. Die Angelegenheit würde intern geregelt werden. Kein Externer, der nicht zur Abteilung gehörte, würde in den Buchungs- und Kontrollsystemen herumschnüffeln und damit schlafende Hunde wecken.

Bei dieser Nachricht fiel mir ein Stein vom Herzen. Ich hatte keine Ahnung, wie genau die Experten das Problem aus der Welt schaffen wollten, aber nach dem, was ich von meinen Vorgesetzten gehört hatte, war ich davon überzeugt, dass sie die beste Lösung finden würden. Daher war es mir wesentlich leichter ums Herz, als ich nach unten in die Kneipe *La Renaissance* ging, um ein paar Kollegen zu treffen.

Die Atmosphäre war entspannt, man hatte die Arbeitswoche hinter sich, das Wochenende zeichnete sich ab. Wir tauschten die üblichen Geschichten über den Tag aus und sprachen über die Pläne für das kommende Wochenende. Einige der Anwesenden hatten das Kommen und Gehen der Manager während des ganzen Tages mitbekommen und bestätigten mir, dass ich keinen Grund zur Sorge hätte. Daraufhin erzählte ich ihnen voller Begeisterung, dass ich am nächsten Morgen mit meiner Freundin übers Wochenende nach Deauville fahren würde, um dort meinen Geburtstag zu feiern. Wir stießen auf diese gute Nachricht an.

Genau in diesem Augenblick klingelte mein Handy. Martial Rouyère informierte mich, dass Jean-Pierre Mustier persönlich verlangte, den Makler des Kontrahenten anzurufen, um sich die Richtigkeit meiner Buchung bestätigen zu lassen – die besagte Maklerfirma Baader. Ich wurde kreidebleich. Innerhalb von Sekunden überkam mich das unangenehme Gefühl, dass alles wieder von vorne losging und dass alles, was man mir noch vor zwei Stunden zugesagt hatte, durch diese neue Forderung zunichtegemacht wurde. Jean-Pierre Mustier war niemand Geringerer als der oberste Boss der Finanz- und Investitionsbank, der Chef aller Trader, die rechte Hand des Vorstandschefs Daniel Bouton. Ich hatte noch nie mit ihm zu tun gehabt. Aber die Tatsache, dass er die Angelegenheit selbst in die Hand nahm, bedeutete, dass sie bis in die obersten Etagen aufgestiegen war und dass die Bankchefs jetzt darüber Bescheid wussten. »Bist du mit Baader in Kontakt?«, fragte Martial. »Natürlich nicht. Und das weißt du sehr gut«, antwortete ich mit tonloser Stimme. Martials Unbehagen war genauso greifbar wie meines. Ein Moment der Stille, dann sagte er: »Wir werden schon irgendwie damit fertig werden, mach dir keine Sorgen. Schönes Wochenende.«

Ich legte ohne ein weiteres Wort auf. Warum hatten meine direkten Vorgesetzten es zugelassen, dass die Angelegenheit bis ganz nach oben in den Turm durchgedrungen war, wo die hohen Tiere saßen? Welches neue Ereignis hatte dazu geführt, dass sie die Fassung verloren, und das in so kurzer Zeit? So viele Fragen ohne Antworten. Wertvolle Stunden waren bei dem vergeblichen Versuch verstrichen, die Angelegenheit zu vertuschen, bis einer der großen Chefs, ohne Zweifel Jean-Pierre Mustier, zu der Auffassung gelangt war, dass sie zu gewaltig geworden war. Auch wenn ich mir immer noch einzureden versuchte, dass meine direkten Vorgesetzten mich decken würden, wurde es verdammt eng. Die frische Luft von Deauville käme mir gerade recht, um wieder einen klaren Kopf zu bekommen.

Trotzdem beschränkten sich meine Sorgen nicht auf die anderthalb Milliarden vom Jahresende 2007. Den ganzen Tag lang hatte ich auf meinem Bildschirm die starke Baisse der Märkte verfolgen können. Die Auswirkungen der Subprime-Krise griffen allmählich auf die europäischen Finanzinstitutionen über. Diese Kursrückgänge wirkten sich auf meine ohnehin schon schlechten Positionen noch nachteiliger aus. An diesem Freitagabend war die Situation schon äußerst brenzlig geworden. Nicht nur, dass meine Verluste meine bisherigen Gewinne zunichtegemacht hatten, die Positionen waren darüber hinaus stark ins Defizit geraten, was aber niemanden zu bekümmern schien. Neben dem seit zwei Tagen andauernden Spießrutenlaufen und den ständigen Fragen, denen ich ausgesetzt war, und der steigenden Unruhe um mich herum machten mir die Kursverluste sehr zu schaffen; die Märkte hatten innerhalb von vierzehn Tagen sechs bis sieben Prozent eingebüßt – es hatte also praktisch ein Mini-Crash stattgefunden. Meine Aussichten waren also nicht besonders gut, bis auf das romantische Wochenende, das anlässlich meines Geburtstags seit langem geplant war. Ich war am 11. Januar 31 Jahre alt geworden.

Zu diesem Zeitpunkt wusste ich noch nichts über eine Reihe entscheidender Ereignisse, die im Lauf jenes Freitags dazu beigetragen hatten, das Unbehagen der Führungsspitze der Société Générale noch zu steigern – und durch die mein Fall sich noch weiter verschlechterte. Angesichts der stürmischen Zeiten, die den Börsen bevorstanden, und der großen Ungewissheit, inwieweit die französischen Banken davon betroffen sein würden, hatte Christian Noyer, der Gouverneur der französischen Zentralbank, verlangt, dass am kommenden Montagmorgen die Bilanzen aller Banken auf seinem Schreibtisch vorzuliegen hätten. Daraufhin hatte eine Welle der Panik die Bankenwelt ergriffen, und der Markt war noch weiter gefallen. Die Banker hatten in der Tat Angst vor dramatischen Enthüllungen in der eigenen Szene. Das galt vor allem für ein Gerücht, das seit Tagen im Umlauf war und demzufolge die Société Générale mehr als fünf Milliarden Euro mit Kreditderivatprodukten verloren hatte. Später erfuhr ich, dass der Verwaltungsrat der Bank zwei Tage später, also am heiligen Sonntag, eiligst eine Krisensitzung einberufen hatte, um über die Forderung von Christian Noyer zu beraten und die Dokumente zu bestätigen, die der Banque de France am folgenden Tag vorgelegt werden sollten.

Meine anderthalb Milliarden und die damit verbundenen Scheinbuchungen befanden sich also im Auge eines Sturms, der sich gerade erhob. Wenn ich von all diesen Ereignissen gewusst hätte, dann hätte ich die Sorgen von Jean-Pierre Mustier besser verstanden: Der Direktor wollte wegen der Verluste bei den Subprimes unbedingt sicherstellen, dass es diesen Gewinn wirklich gab. Befürchtete er, dass die Zentralbank Scherereien machen würde, oder beabsichtigte er vielleicht, einen Teil der Verluste durch meinen Gewinn von anderthalb Milliarden auszugleichen?

Ich konnte das winterliche Deauville nicht genießen. Obwohl das Wetter für die Jahreszeit sehr mild war, fegten während des ganzen Tages eiskalte Schauer über mich hinweg. Sie begannen schon am frühen Morgen. Kaum war ich in dem kleinen Hotel außerhalb von Deauville angekommen, als ich gegen elf Uhr einen Anruf von Martial Rouyère erhielt. Er verlangte die Passwörter meines PCs von mir, weil Jean-Pierre Mustier die Informationen hinsichtlich der Gegengeschäfte überprüfen wollte. Von dieser Forderung überrascht und erneut sehr beunruhigt über die Dinge, die in Paris im Gange waren, gab ich ihm meinen Zugangscode.

Eine Stunde später ein erneuter Anruf von Martial. Ich konnte ihn kaum verstehen, weil die Verbindung so schlecht war und sagte:»Ich ruf dich zurück. Ich gehe zurück ins Hotel, gib mir eine Nummer, wo ich dich erreichen kann.« Als ich nach wenigen Minuten wieder im Hotel war, rief ich Martial an; er sagte mir, dass er eine Konferenzschaltung mit einigen Vorgesetzten herstellen würde, mit denen ich noch nie gesprochen hatte. Zum x-ten Mal war die Rede von dem Gegengeschäft. Ich wusste nicht, mit wem ich es zu tun hatte, ich tappte im Dunkeln und spürte, dass meine Gesprächspartner äußerst misstrauisch waren: Wie konnte ein kleiner Händler wie ich eine Zahlungsverpflichtung von anderthalb Milliarden eingehen, und mit wem? Aber noch eine andere Frage schien ihnen keine Ruhe zu lassen: Konnten die Verantwortlichen auf der mittleren Ebene ein solches Geschäft decken, und wenn ja, wie? Ich balancierte weiter auf dem Drahtseil. Ein eventuelles Eingeständnis meinerseits würde alle in den Abgrund reißen, in den ich zu stürzen drohte. Es war eine paradoxe Situation: Entweder sagte ich die Wahrheit und war Verbindlichkeiten in unglaublicher Höhe bei einer Partei eingegangen, deren Identität seit zwei Monaten niemand feststellen konnte, oder ich verbarg etwas und hatte einen beträchtlichen Gewinn realisiert!

Meine Schwierigkeiten wurden durch zwei weitere Faktoren vergrößert. Ich ahnte, dass es in Anbetracht der hohen Verluste, die ich auf dem Markt erlitt und von denen in jenem Moment gewisse ranghohe Verantwortliche nichts zu wissen schienen, zu spät war, meine vorherigen Gewinne nachträglich einzubuchen. Ein Vorgesetzter hatte mir gegenüber schon so etwas angedeutet: anderthalb Milliarden gewinnen, um sie 20 Tage später wieder zu verlieren ... wer außerhalb der Finanzwelt würde ein solches Jojo-Spiel verstehen? Und was mich außerdem einschüchterte, war die Vorstellung, dass ich Leuten Rede und Antwort stehen musste, die in der Hierarchie ganz oben standen, von denen einige als »Killer« galten und die ich nicht kannte. Im Fall von Scherereien konnte deren Reaktion sehr heftig ausfallen. Je schlimmer die Angelegenheit wurde, desto mehr entglitt sie mir – sowohl, was meinen Handlungsspielraum anging als auch in Bezug auf mögliche Rechtfertigungen. Daran änderten auch der lockere Umgangston, die Scherze und die freundliche, kollegiale Atmosphäre in den Handelsräumen nichts; die ranghohen Vorgesetzten und die Trader an der Basis leben nicht in derselben Welt. Wenn ich daran Zweifel gehabt hätte, dann hätte mich die trockene Formulierung, mit der dieses zweite Gespräch beendet wurde, eines Besseren belehrt: »Danke für deine Ausführungen. Wir melden uns später«, warf mir Martial Rouyère hin.

Ich brauchte nicht lange zu warten. Wir waren gerade auf dem Weg zum Mittagessen, als mein Handy wieder klingelte. Wieder war es Martial Rouyère. Da mein Akku fast leer war, konnte ich das zweite Konferenztelefonat, das er mir ankündigte, nicht führen. Ich schlug ihm also vor, ins Hotel zurückzugehen, von wo aus ich ihn sofort zurückrufen würde. Aber ich hatte kaum aufgelegt, als es schon wieder klingelte. Diesmal war der Chef der Handelsräume höchstpersönlich am anderen Ende der Leitung. Mein Akku reichte für dieses Telefonat noch aus – es bestand nur aus zwei Sätzen. Das Gegengeschäft war nicht bestätigt worden; ich hatte also gelogen. »Ja, um den Gewinn zu verschleiern«, hatte ich kaum Zeit zu erklären, bevor mir befohlen wurde, sofort nach Paris zurückzukommen. »Wir sitzen mit allen Managern in einem Meeting, du bist so schnell wie möglich hier.« Ich ging ins Hotel zurück, um meine Sachen zu holen und den nächsten Zug nach Paris zu nehmen. Mein Entspannungswochenende war im Begriff, sich in einen Albtraum zu verwandeln.

Im Zug nach Paris ließ ich alle Hypothesen Revue passieren, und die Angst überwältigte mich. Offensichtlich konnten die Bosse der Société Générale nicht glauben, dass ich einen Gewinn verschleiert hatte, und sie suchten weiter nach dem gegenüberstehenden Verlust. Es war eine äußerst delikate Angelegenheit und mir drohten erhebliche Sanktionen, denn die Überschreitung der Limits, die ich mir zur Gewohnheit gemacht hatte, würde ans Tageslicht kommen. Aber komischerweise ging ich nicht so weit, mir über meine Entlassung Gedanken zu machen. Nachdem ich alle Fakten so objektiv wie möglich analysiert hatte, fasste ich nach und nach sogar wieder ein wenig Vertrauen. Man würde immer noch sehen, wie sich die kommenden Unterredungen entwickelten. Ein anderer Umstand trug zu meiner Beruhigung bei: Die zahlreichen Hinweise, die meine Vorgesetzten seit Monaten erhielten, hatten sie auf Scheingeschäfte in meinem Tätigkeitsbereich aufmerksam gemacht. Jedem, der mit dem Marktgeschehen vertraut war, war der Zweck dieser Geschäfte klar, und die Höhe der Engagements war kein Geheimnis. Letzten Endes war alles, was ich getan hatte, durch die heimliche Komplizenschaft möglich geworden, die sich in der Laisser-faire-Haltung meiner Vorgesetzten manifestierte.

Wir kamen am späten Nachmittag am Bahnhof Saint-Lazare an. Ich rief meinen Bruder an, um ihn zu bitten, sich um meine Freundin zu kümmern, deren Unruhe seit Beginn dieses verdorbenen Wochenendes immer stärker geworden war. Es tat mir sehr leid, dass ich ihr dieses Wochenende zu zweit, das sie heimlich vorbereitet hatte, um mich zu überraschen, vollkommen verdorben hatte. Aber sie wollte lieber nach Hause fahren und dort auf mich warten. Wir trennten uns also am Bahnhof; trotz der Beschwichtigungen, mit denen ich sie überschüttete, und der Unbekümmertheit, die ich zur Schau stellte, waren wir beide sehr angespannt. In Wirklichkeit kriegte ich es immer mehr mit der Angst zu tun.

Es war etwa 18 Uhr, als ich den Turm der Société Générale betrat. In der Zwischenzeit hatte mich Martial Rouyère erneut angerufen; so als ob er sich vergewissern wollte, dass ich wirklich unterwegs war. Er kam mich in Begleitung von Luc François, dem Chef der Handelsräume, höchstpersönlich am Eingang des Turms abholen. Ein solches Empfangskomitee ließ ahnen, was mich erwartete. Die Zeit der leisen Gespräche hinter meinem Rücken war vorbei. Es standen offensichtlich Erklärungen von Angesicht zu Angesicht und zweifellos auch Konfrontationen bevor.

Sobald ich den Handelsraum betrat, erblickte ich rund ein Dutzend Personen, die im Halbschatten zusammensaßen, und ich konnte zunächst nicht erkennen, um wen es sich dabei handelte; zweifellos waren es Verantwortliche der Bank, deren Namen und Funktionen ich nicht kannte. Man führte mich sofort in einen kleinen, verglasten Sitzungsraum, der sich in der Mitte des Großraumbüros befindet. Und dann begann ein langes Verhör. Pierre-Yves Morlat, der Chef des Arbitrage-Desks, Martial Rouyère und Luc François stellten mir abwechselnd hartnäckige Fragen über die Geschäfte, die ich getätigt hatte, über die Methoden, mit denen ich meine Ergebnisse verschleiert hatte, über die Identität meines Kontrahenten und so weiter. Ich hatte das Gefühl, mich mitten in einem abgekarteten Spiel der Polizei zu befinden, so sehr erinnerten mich die Befragungsmethoden meiner Gesprächspartner an diejenigen am Quai des Orfèvres[4], wie man sie aus Filmen kennt. Mal blies mir ein kalter Wind ins Gesicht, dann wieder eine freundliche Brise, mal war man komplizenhaft, mal streng, mal entgegenkommend und mal drohend – ständig wurden dieselben Fragen in anderer Form gestellt, weil man herausfinden wollte, ob sich meine Antworten widersprachen. Sie spielten das Spiel wirklich meisterhaft. Was ich damals noch nicht wusste und was ich erst später bei meiner Anhörung durch die Finanzpolizei erfuhr, war die Tatsache, dass unsere Unterhaltung nicht nur Wort für Wort von der Gruppe der Leute draußen im Saal per Kopfhörer mitgehört wurde, sondern dass sie zur Beweisführung dessen, was ich vorbrachte, auch aufgezeichnet wurde.

Ich ließ mich nicht aus der Fassung bringen und legte meine Strategie dar. Ich nahm Martial Rouyère ins Gebet, der behauptete, von nichts eine Ahnung gehabt zu haben. »Das ist ein ganz schön starkes Stück. Du hast nichts gesagt, aber du wusstest genau, was ich tat!« Daraufhin verließ er wortlos den Raum, und ich blieb allein mit Luc François zurück. Er machte stundenlang mit demselben Verhör weiter; manchmal wurde er von anderen abgelöst, zum Beispiel von Jean-Pierre Mustier, unserem Chef – er war das Paradebeispiel einer Führungskraft der Hochfinanz, 48 Jahre alt mit einer brillanten Karriere – oder seinem Büroleiter Slawomir Krupa. Ich wiederholte immer wieder, dass ich im Dezember tatsächlich einen Gewinn von anderthalb Milliarden für die Bank gemacht hatte und dass sie wirklich und wahrhaftig über diese Summe verfügte. Sie tauchte übrigens auch in ihrer Liquiditätsrechnung auf. Aber trotz dieser ständigen Beteuerungen waren meine Gesprächspartner weiterhin davon überzeugt, dass es woanders einen Verlust gab, und sie wollten ihn um jeden Preis ausfindig machen. Der Wortwechsel wurde immer heftiger. Einmal gestand mir Jean-Pierre Mustier, der bei seiner Befragung die Strategie eines Polizeiverhörs verfolgte, indem er zwischen Drohungen und Vertraulichkeiten abwechselte, dass er selbst »bei den Subprimes eine riesige Dummheit« begangen hätte; ich müsste mich deshalb nicht schämen, wenn ich einen Fehler begangen hätte, das würde jedem mal passieren. Das änderte nichts

---

4 Sitz der Pariser Kriminalpolizei (Anm. d. Ü.)

an meiner Antwort, auch wenn ich selbst lauter wurde:»Nein, ich habe nichts gemacht, nur einen Gewinn von anderthalb Milliarden Euro für die Bank, Scheiße noch mal!«

Die Tonlage der Befragung wurde noch härter. Ich war erschöpft. Ich kapierte nichts von dem, was vorging, und ich ließ es mir nicht nehmen, das auch zu sagen.»Was suchen Sie denn eigentlich? Es liegt alles auf dem Tisch, und zwar schon seit Stunden. Also was?« Bald hatte ich nur noch einen Gedanken: Wenn sie mich entlassen wollten, dann nur zu, sie sollten nur endlich mit diesem Theater aufhören. Ich konnte einfach nicht mehr. Ich sagte, ich müsse auf die Toilette. Jean-Pierre Mustier, plötzlich ganz väterlich, begleitete mich. Überrascht musste ich mir anhören,»ich solle keine Dummheiten machen«, weil er, wie er mir denkwürdigerweise im Vertrauen eröffnete,»mich braucht, um in dieser Untersuchung voranzukommen«. Ich beruhigte ihn; ich wäre gar nicht auf die Idee gekommen,»eine Dummheit zu begehen«. Wie zur Unterstützung, mein Versprechen zu halten, tauchte plötzlich eine Frau auf, die sich mir als Arbeitsmedizinerin vorstellte. Sie fragte mich, wie ich mich fühle; sehr gut, danke der Nachfrage. Zweifellos fürchtete man ganz oben, ich könnte mir etwas antun – vor einigen Monaten hatte sich ein Kollege aus einer anderen Abteilung unter ähnlichen Umständen das Leben genommen. Ich hatte allerdings keineswegs die Absicht, obwohl ich zunehmend zu der Überzeugung kam, dass mir die sofortige Kündigung drohte. Aber ich hatte die Nase voll von diesem Zirkus. Diese sich ständig wiederholenden Fragen, diese unbewiesenen Anschuldigungen, diese plötzliche Fürsorge … Wir gingen in das Sitzungszimmer zurück. Und die Fragerei ging wieder von vorn los.

Erst viel später, als der Abend schon weit fortgeschritten war, verstand ich den Hauptgrund für diese Hartnäckigkeit. Jean-Pierre Mustier selbst zog mich ins Vertrauen. Er sagte mir, dass er am Montagmorgen einen großen Verlust der Bank bei den Subprimes bekannt geben müsse, was sich katastrophal auf die Finanzmärkte im Allgemeinen und den Kurs der Société Générale im Besonderen auswirken würde. Er wies mich darauf hin, dass aus diesem Grund am Sonntagnachmittag eine Sitzung des Verwaltungsrats stattfinden würde.»Du verstehst also, dass deinem eventuellen Gewinn von anderthalb Milliarden unter diesen Umständen eine verdammt hohe Bedeutung zukommt …« Er hörte nicht auf nachzubohren: Wo steckte mein Verlust? Ich wiederholte genauso hartnäckig, dass es keinen Verlust gab und dass es der Gewinn selbst war, den ich verschleiert hatte. Übrigens würde es genügen, in meinen Konten die Margin Calls zu prüfen, die auf dem Markt wirklich gezahlt und gutgeschrieben worden waren; dabei würde sich sofort herausstellen, dass dieser Gewinn tatsächlich existierte. Dass man diese Nachschussforderungen überprüfen kann, stellt in der Tat eine ideale Kontrollmöglichkeit dar. In einem Terminmarkt werden dem Margin-Konto nämlich täglich alle Buchgewinne oder -verluste gutgeschrieben oder belastet. Und es handelt sich dabei um ein Namenskonto, sodass die Prüfung es ermöglicht, jede Transaktion zu den Konten der einzelnen Händler zurückzuverfolgen.

Scheinbar hatte mein Vorschlag meine Gesprächspartner endlich auf die richtige Spur gebracht. Nachdem sie meine Angaben überprüft hatten, mussten sie erkennen, dass es keine Verluste gab, was ich seit 24 Stunden vergeblich wiederholt hatte. Das hatte allerdings zur Folge, dass die Verantwortlichen meine Geschäfte des gesamten vergangenen Jahres rekonstruierten, wobei sie entdeckten, wie riesig die Positionen waren, die ich eingegangen war – wobei sie dazu mir gegenüber jedoch genauso wenige Bemerkungen oder Vorwürfe äußerten, wie meine direkten Vorgesetzten selbst es im Lauf der Monate getan hatten.

Auf einen Schlag entspannte sich die Atmosphäre. Alles schien jetzt klar, die Zweifel waren verschwunden, man löcherte mich nicht mehr mit Fragen. Eine surrealistische Szene: Luc François, der Chef der Handelsräume, der meine Erklärungen stundenlang in Zweifel gezogen hatte, schwebte über allen Wolken. »Das ist die außergewöhnlichste Geschichte, die ich je gehört habe«, rief er aus. »Einen Gewinn von anderthalb Milliarden zu verstecken ... das hat's noch nie gegeben!« Fast hätte er eine Flasche Champagner entkorkt. Auf diese Szene folgte eine weitere, ebenso irreale: Meine Vorgesetzten fingen an, mich über meine Handelsstrategie auszufragen, bis sie mich sogar baten, ihnen am kommenden Montag genau zu zeigen, wie ich vorging. Mit einem gemischten Gefühl von Befriedigung und Verblüffung sagte ich es ihnen zu. Der große Schuldige wurde plötzlich damit beauftragt, seinen Vorgesetzten Unterricht zu erteilen ... Alle Welt schien erleichtert. Und der Gipfel des Ganzen war, dass irgendjemand, ich weiß nicht mehr wer, sogar davon sprach, einen Fonds für mich aufzulegen, um eine Struktur zu schaffen, mit der ich meine Strategie weiterentwickeln könnte. Der Typ, dem man stundenlang mit Fragen zugesetzt hatte, war zum Helden des Abends geworden ...

Aber mir war nicht nach Freude zumute; ich spürte selbst die bleierne Müdigkeit kaum noch, sondern wollte nur noch eines: schlafen gehen. Als ich aufbrach, dämpfte Jean-Pierre Mustier allerdings die herrschende Euphorie. Er gab mir zu verstehen, dass es schwierig sein würde, mich im Handelsraum zu behalten, legte aber Wert darauf, in väterlichem Ton hinzuzufügen:»Wenn du 1,4 Milliarden gewonnen hast, wird es schwierig sein, bei der Société Générale weiterzuarbeiten, aber du kannst zu einem Fonds gehen und dort eine Menge Kies verdienen. Wenn du wirklich 1,4 Milliarden gewonnen hast, bist du nämlich echt gut, dann bist du ein verdammt guter Händler. Ab und zu gibt es mal solche. Das musst du dir bewusst machen, und du musst dir auch bewusst machen, dass das, was du getan hast, nicht schlimm ist, es ist ärgerlich, aber es ist nicht schlimm. Du musst mit dir selbst ins Reine kommen.« Und dann stellte er die Frage, die ich lieber nicht gehört hätte:»Sag mal, in diesem Jahr bist du hoffentlich noch nicht so große Positionen eingegangen, oder?« Meine ausweichende Antwort: »Na ja, schon ein bisschen«, schien ihn augenblicklich zu ernüchtern. Die zweite Frage kam wie ein Fallbeil:»Kannst du morgen noch mal herkommen?« Ich machte mir nicht die Mühe zu antworten. Die Verschnaufpause war nur von kurzer Dauer gewesen. Die Bank hatte mich wieder in der Zange.

Die Ärztin verlangte von mir eine schriftliche Bestätigung, dass ich auf eigene Verantwortung nach Hause ging, und gegen drei Uhr morgens verließ ich den Turm völlig erschöpft, um zu meiner Freundin zu fahren. Ich ahnte, dass das, was mich einige Stunden später erwartete, nicht einfach werden würde. Ich ließ die vergangenen Stunden im Kopf Revue passieren. Das Reporting aller Geschäfte war in der Prüfdatenbank gespeichert und offen zu erkennen ... Wie konnte man behaupten, nicht zu wissen, was auf meinem Konto passierte? Die Geheimnistuerei meiner Vorgesetzten über das, was sie wussten, aber nicht wissen wollten, war also offensichtlich noch nicht vorbei.

Als ich am Sonntagmorgen gegen 10 Uhr in den Handelsraum zurückkam, herrschte dort nicht mehr jene fast schon euphorische Atmosphäre, die ich noch ein paar Stunden zuvor erlebt hatte. Vom ersten Augenblick an war mir klar, dass mein gestriger Augenblick des Ruhms von sehr kurzer Dauer gewesen war. Heute Morgen in der Metro, die mich nach La Défense brachte, hatte ich mich noch so sehr meinen Illusionen hingeben, mir noch so sehr einreden können, dass meine Vorgesetzten sich auf 2007 konzentrieren und sich um das Jahr 2008 nicht kümmern würden – es fiel mir schwer, selbst daran zu glauben. Ohne mir genauer vorzustellen, was mich erwartete, hatte ich Angst vor der bevorstehenden eiskalten Dusche, als ich den Weg zum Gebäude der Société Générale einschlug. Und ich hatte mich nicht getäuscht. Nachdem ich gestern Nacht weggegangen war, hatte es nicht lange gedauert, bis meine Vorgesetzten herausfanden, dass meine Gewinne von 2007 schon jetzt durch meine Buchverluste des Jahres 2008 zunichtegemacht worden waren und dass die anderthalb Milliarden, die sie in einen solchen Freudentaumel versetzt hatten, sich in Luft aufgelöst hatten. »Du hast alles verloren, was du gewonnen hattest, mein Junge ...«, warf mir gleich beim Eintreten Christophe Mianné, einer der Chefs der Handelsräume, im Ton freundschaftlicher Komplizenschaft entgegen, der in dieser Branche sogar in den schlimmsten Momenten gebräuchlich ist. Und schon war ich wieder zwei Stunden lang in neue Erklärungen verwickelt, bei denen es diesmal um meine aktuellen Positionen ging, um die von mir gewählte Strategie und um meine Hoffnung, dass der Markt in den kommenden Tagen oder Wochen drehen würde. Aber ich spürte, dass die Sache gelaufen war. Ich hatte die Limits in noch viel höherem Maße überschritten als im vergangenen Jahr. Von dem Moment an war alles klar. Da stillschweigend vereinbart worden war, dass meine direkten Vorgesetzten nicht in den Verdacht geraten sollten, mich gedeckt zu haben, sofern sie überhaupt etwas von meinen Geschäften wussten, konnten die Chefs der Société Générale gar nicht anders, als mich auf dem Altar der Makellosigkeit ihrer Bank zu opfern. Luc François gab mir unmissverständlich zu verstehen, welches Schicksal mich erwartete: »Du kommst am Montag nicht mehr hierher, du nimmst mit keinem deiner Kollegen Kontakt auf, aber du hältst dich zur Verfügung.« Dann verließen die Chefs wortlos den Raum. Martial Rouyère kam wieder rein und fragte mich bitter enttäuscht: »Was wirst du jetzt machen?« Ich antwortete ihm, dass ich nicht die geringste Ahnung hätte, dass mein Kopf vollkommen leer wäre, dass ich überhaupt nicht kapieren würde, was passiert sei. Er schüttelte schweigend den Kopf. Auch für ihn war das keine Stunde des Triumphs. Seine Verteidigungsstrategie – »Ich habe nichts gewusst, ich war nicht auf dem Laufenden, deswegen habe ich auch nichts gedeckt« – konnte ihn nicht schützen. Er drehte sich um und sagte mit matter Stimme: »Ich weiß es auch nicht.« Er ahnte bereits, dass seine Stunden gezählt waren.

Denn er und die anderen Verantwortlichen befanden sich in einem Dilemma, aus dem sie nicht so leicht wieder herauskommen würden. Denn wie kann man eine gute Figur machen, wenn man nur die Wahl hat, entweder seine Inkompetenz oder seine Komplizenschaft einzugestehen? Es gibt für dieses Problem nur eine Lösung, und diese Lösung kennt man in allen Organismen – von den mafiösesten bis zu den ehrenwertesten: Es muss ein Großreinemachen veranstaltet werden, das jegliche Spur einer störenden Vergangenheit tilgt. Einige Monate später bezahlten Martial und meine anderen Vorgesetzten ihr Schweigen mit einer Entlassung. Auch den drei anderen Tradern meiner Gruppe wurde gekündigt. Was die direkt Verantwortlichen anging, so verschwanden sie klammheimlich vom Organigramm; sie wurden mit so geringem Aufsehen wie möglich entlassen oder versetzt. Luc François, der Chef der Handelsräume, kündigte und das tat auch der Chef der Arbitrage-Abteilung; sie sind zweifellos von selbst gegangen, bevor man sie vor die Tür setzen konnte. Aber alle haben wieder gute Jobs gefunden. Weil die Société Générale sich nicht mehr lauthals mit der Effizienz ihrer internen Kontrollen brüsten konnte, hat sie die kranken Äste diskret, effizient und vor allem mit einer Großzügigkeit entfernt, die mich aufs Höchste erstaunte. Obwohl sie wegen beruflichen Fehlverhaltens entlassen worden waren, sackten einige von ihnen eine ansehnliche Summe ein ...

Von da an waren also die Zeiten vorbei, in denen der Vorstandschef Daniel Bouton im Brustton der Überzeugung behaupten konnte:»Die Generalinspektion ist das Rückgrat der Konsequenz, der Organisation und der Werte. Wenn es sie nicht gäbe, würde ich versuchen, sie zu schaffen« – so seine Worte anlässlich eines Internetchats mit den Angestellten der Gesellschaft, der im Februar 2006 stattgefunden hat.

Wollen wir – der Effizienz der Bankensysteme ebenso wie der Achtung der Moral zuliebe – hoffen, dass er sich seitdem für diese so ehrenwerte Aufgabe eingesetzt hat.

Kapitel 3
David gegen Goliath

Ich verließ wortlos den Turm und beeilte mich, zu meiner Freundin zu fahren, denn ich wusste, dass sie voller Unruhe auf mich wartete. Wenn ich heute versuche, mir die Verfassung zu vergegenwärtigen, in der ich mich in den Stunden nach diesen entscheidenden Momenten befand, wundere ich mich immer wieder. Merkwürdigerweise machte ich mir an jenem Sonntagnachmittag nicht allzu große Gedanken über mein Schicksal. Ich war zur *persona non grata* der Société Générale geworden, aber tief im Inneren war ich immer noch fest davon überzeugt, dass mir alles in allem nichts besonders Schlimmes passieren konnte. Ich hatte zweifellos Fehler begangen, mich über die üblichen Limits hinweggesetzt, falsche Informationen ins System eingegeben, um sowohl Gewinne als auch Verluste zu verschleiern – kurz gesagt: Ich hatte mit dem Feuer gespielt, das System so weit ausgereizt, bis es implodierte. Aber was geschah um mich herum? Man konnte die Wirklichkeit in einem Satz ausdrücken: Meine Kollegen taten dasselbe wie ich, und die Verantwortlichen wussten darüber Bescheid. Sowohl unsere Vorgesetzten N + 1, N + 2 und N + 3 als auch die Mitarbeiter, die für die Kontrollen zuständig waren, kannten meine Positionen und deckten sie. Außerdem konnten sie nicht ignorieren, dass ich ausschließlich im Interesse der Bank handelte und keinerlei persönliches Interesse verfolgte. Wie konnte ich unter diesen Umständen daran zweifeln, dass die Wahrheit schließlich ans Licht kommen würde? Zweifellos würde ich die Zeche zahlen müssen, denn es ist ja bekannt, dass die Angestellten in Krisenzeiten gefährdeter sind als die Chefs. Und dann? Wer von der Société Générale würde es wagen, gegenüber der Öffentlichkeit mit offenen Karten zu spielen, die gigantischen Tricksereien aufzudecken, die in allen Handelsräumen der Welt an der Tagesordnung sind, und zuzugeben, dass alles erlaubt ist, solange die Ergebnisse stimmen? Und wer würde es gleichzeitig wagen, sich in die Höhle des Löwen zu begeben, sich mit den Börsenkontrollstellen, dem Finanzministerium, der französischen Zentralbank anzulegen und sich einem allgemeinen öffentlichen Missfallen auszusetzen? Das ganze System stand auf dem Kopf und nicht nur das eine kaputte Zahnrad im gesamten Getriebe war dafür verantwortlich. Aber das Gesetz der Bankenwelt ist einfach: Wer gewinnt, hat immer recht und wird gehätschelt und getätschelt; wer verliert, hat immer unrecht und wird fallengelassen.

Ich war zur Untätigkeit verdammt, verwirrt, erschöpft von den vielen Stunden fruchtloser Erklärungen und dem Wechselbad der Gefühle, das ich in den letzten zwei Tagen durchgemacht hatte. Auf dem Weg zu meiner Freundin fiel mir eine Begebenheit ein, die sich vor vier Monaten, im September 2007, zugetragen hatte. Ein Kollege hatte mir anvertraut, dass einer meiner Vorgesetzten nach eigenem Bekunden vollkommen im Bild über meine Arbeitsmethoden war; wenn allerdings mal etwas schieflaufen würde, so hatte der Vorgesetzte hinzugefügt, dann würde er von nichts gewusst haben. Damals hatte ich der diskreten Warnung meines Kollegen keine Beachtung geschenkt – wie denn auch? Alle meine Geschäfte brachten zu jener Zeit Gewinne; ich hielt mich für unverwundbar – und war es übrigens auch, denn ich verdiente Geld für die Bank. Aber an diesem schwarzen Sonntag quälte mich diese Erinnerung, und ich verfluchte mal wieder meine Naivität. Es gelang mir jedoch, die Fassung wiederzugewinnen. Es gab zahlreiche, schriftliche Belege dafür, dass meine Vorgesetzten von meiner Vorgehensweise wussten, und diese Belege sprachen für sich. Wer hätte angesichts dieser Beweislage gewagt zu behaupten, er habe von nichts gewusst? Ich erinnere mich besonders an eine Bemerkung von Christophe Mianné, die er gegenüber anderen Führungskräften an diesem Wochenende gemacht hatte:»Es wird schwer sein zu erklären, warum man ein ganzes Jahr lang so hohe Margin Calls befriedigt hat.« Die Befürchtungen der Führungsriege der Bank waren berechtigt. Auch wenn die Untersuchungsrichter diesen Aspekt später mit einem Handstreich beiseitefegten, sprechen die Zahlen für sich: Die Société Générale hatte im Zeitraum eines Jahres fast 30 Milliarden Euro an Margin Calls allein für das Konto SF581 gezahlt und erhalten, und auf welchen Namen lief dieses Konto? Jérôme Kerviel ... Das ist der Grund, warum ich mich während des Ermittlungsverfahrens lange gesträubt habe, andere Leute in Schwierigkeiten zu bringen. Die schriftlichen Dokumente sprachen für sich. Es wird sich aber zeigen, dass die Dinge dann anders gelaufen sind. Nicht nur, dass die Société Générale immer wieder eine neue Version der Tatsachen lieferte, was die Untersuchungsrichter eigentlich hätte stutzig machen müssen – aber sie berücksichtigten auch in keinster Weise die Dokumente, die die Stichhaltigkeit meiner Aussagen belegten.

An diesem schwarzen Sonntag waren das aber noch nicht meine größten Bedenken. Ich dachte an die enormen Positionen, die ich auf dem Markt eingegangen war, an die Krise, die den Markt beutelte, an die Buchverluste, die Tag für Tag höher wurden. Wie alle Trader war ich im tiefsten Inneren davon überzeugt, dass mein Handelsbuch nur mir allein gehörte, und ich wollte nicht, dass meine Chefs irgendjemand anderem »mein Baby« anvertrauten. Hinzu kam, dass es mir untersagt worden war, mit jemandem zu sprechen, meine Positionen zu erläutern, die Strategie zu erklären, die ich verfolgt hatte, und über den Zeitplan zu reden, den ich für das Glattstellen der Engagements im Kopf hatte ... All diese Gedanken setzten sich nun in Bewegung, und plötzlich war ich wieder ganz nüchtern. Ich war extreme Risiken eingegangen, meine Positionen waren enorm groß, und ich war dem Rausch der gigantischen Beträge und der Leidenschaft meines Berufes umso mehr erlegen, als kein Sicherheitsgeländer mich in meinen Handlungen gebremst hatte.

Nach einem Gespräch mit meiner Freundin, in dem ich sie so gut wie möglich zu beruhigen versuchte, fuhren wir zu meinem Bruder und seiner Frau, um im Opernviertel etwas trinken zu gehen. Alle drei machten sich große Sorgen über mein Schicksal, über das ich keinen Zweifel offenließ; wenn es nicht eine unerwartete Wendung gab, war meine Karriere bei der Société Générale bereits zu Ende – zumindest hatte man mir das inoffiziell zu verstehen gegeben. Ich konnte nur abwarten, wie es weiterging: der Einschreibebrief, die förmliche Unterredung, die Modalitäten meiner Entlassung. Vielleicht würden sie sich an ihre Versprechungen vom Vorabend erinnern und mir einen Job in einem anderen Unternehmensteil der Bank geben? Ich musste abwarten. Ein Kollege rief mich beunruhigt an, um das Neueste von mir zu erfahren. Seit letztem Donnerstag brodelte die Gerüchteküche über meine Angelegenheit. Ich bewahrte völliges Stillschweigen über die beiden vergangenen Tage und meine Entlassung. Er stellte keine weiteren Fragen, was mir sehr entgegenkam. Je weniger Kontakt ich mit Leuten von der Société Générale hatte, desto weniger Vorwürfe konnte mir deren Führungspersonal machen. Wer weiß? Vielleicht war noch was zu retten. Und was wäre, wenn die Märkte am Montagmorgen steigen würden und meine Positionen in die Gewinnzone kämen? Alle Möglichkeiten waren noch offen.

Danach fuhren wir nach Hause und dort fiel ich in das tiefe Loch, in das man immer nach besonders intensiven Erlebnissen fällt: die Müdigkeit, die Endlosschleife der kürzlich durchlebten Situationen im Kopf, das zermürbende Nachdenken über die Fehler, die man gemacht hat, die Doppelzüngigkeit der Fragen ... Schließlich schlief ich völlig erschöpft ein. Ich hatte das Gefühl, seit Tagen kein Auge mehr zugetan zu haben.

Am Montagmorgen der nächste Schock. Der Pariser Markt eröffnete extrem schwach und der CAC-40-Index fiel im Lauf der Sitzung bis zum

Marktschluss um sechs Prozent. Aus unbekannten Gründen griff eine von Asien ausgehende Panikwelle auf die europäischen Börsen über. Mit der Folge, dass – um den unter Händlern üblichen Jargon zu benutzen – der Markt »krepierte«, »abkackte«, »durchkrachte«. Erneut ergriff mich Panik. Meine Positionen, die sowieso schon in der Verlustzone gewesen waren, wurden katastrophal. Es war klar, dass die Société Générale in große Schwierigkeiten zu geraten drohte, während meine mögliche Begnadigung mit Riesenschritten in weite Ferne rückte. Ein flüchtiger Gedanke kam mir in den Sinn: Könnte die Bank selbst Grund dieser extremen Kursstürze und damit ihrer eigenen Verluste sein? Wenn sie begonnen hatte, meine Positionen auf dem asiatischen Markt überstürzt glattzustellen, beschleunigte sie den Abwärtstrend, und die Verluste drohten immer riesiger zu werden. Ich zog schnell Bilanz. Wenn die Société Générale meine Positionen nicht hielt, würden sich die Verluste auf ungefähr viereinhalb Milliarden Euro belaufen – das machte drei Milliarden, wenn man die anderthalb Milliarden Gewinn des Jahres 2007 berücksichtigte. Das war zumindest das Szenario, wenn alle Positionen auf einen Schlag glattgestellt würden. Jeder kennt das Prinzip: Auf dem Markt verliert man erst dann wirklich, wenn man die Verluste realisiert, denn solange man eine Position nicht glattstellt, handelt es sich um einen Buchverlust. Aber wie ist es überhaupt vorstellbar, dass eine Bank nicht versucht, den Schaden zu begrenzen, indem sie ihre Verluste nicht realisiert und damit neue Kursstürze verhindert? Denn es gibt noch ein anderes, unantastbares Prinzip: Auf den Märkten führt jede Anwendung des Vorsichtsprinzips zu einer weiteren Verschlechterung; eine Baisse nährt nur die nächste. Vor allem, wenn es darum geht, zur Vermeidung eines großen Verlusts Produkte im Nominalwert von etlichen Milliarden Euro überstürzt auf den Markt zu werfen, wie es hier der Fall war. All das ging mir durch den Kopf, als ich wie ein Tiger im Käfig herumlief und zwischen France Info und LCI hin- und herwechselte.

Momentweise klammerte ich mich an eine letzte Hoffnung. An diesem Montag war die Wall Street geschlossen. Das Handelsvolumen würde daher gering sein. Die Société Générale konnte unmöglich den größen Irrtum begangen haben, die Positionen glattzustellen, denn wenn man in einem engen Markt große Aktienmengen verkauft, bewirkt man damit buchstäblich einen Zusammenbruch der Kurse. Es sei denn, die Panik treibt einen dazu, völlig den Kopf zu verlieren … Man kann sich vorstellen, dass ich in dieser Nacht kaum ein Auge zutat.

Die Wahrheit erfuhr ich dann später während des Ermittlungsverfahrens. Derjenige, der die Positionen aufgelöst hatte, gab in seiner Aussage zu Protokoll, dass die Glattstellungen »im Schweinsgalopp, egal wie« erfolgt waren. Und als ich dem Trader, der für die Glattstellung zuständig war, gegenübergestellt wurde, hatte ich aus verschiedenen Gründen das Gefühl, dass sich die Bank ihr eigenes Grab gegraben hatte. Die Société Générale hatte zwar sorgfältig darauf hingewiesen, dass die Positionen vom Star-Händler der Bank, dem Profi aller Profis, aufgelöst worden waren, was auch den Tatsachen entsprach. Dieser äußerst erfahrene Mann zählte wahrscheinlich zu den besten Händlern vor Ort. Das einzige Problem bestand darin, und das gab er auch zu, dass er nicht wusste, welche Art von Geschäft er da machte; er dachte sogar, dass er den Auftrag eines großen Kunden ausführte. Außerdem gab er gegenüber dem Richter zu, dass er »im Verlauf von drei Tagen die Limits mindestens fünf Mal überschritten hatte«. Ich war vollkommen überrascht, als ich das hörte. Wer so handelt, schüttet Öl ins Feuer – die sicherste Methode, einen ohnehin schon vorsichtigen Markt zum Einsturz zu bringen.

Darüber hinaus erfuhr ich mit großem Erstaunen, dass die Société Générale bei ihrer öffentlichen Mitteilung vom Donnerstag gelogen hatte. Die Glattstellung war nämlich nicht so diskret erfolgt, wie die Société Générale und der Gouverneur der Zentralbank es lauthals beteuert hatten. Der Star-Händler hatte zu Beginn der Transaktionen mehrere Stunden lang inmitten der anderen Trader Positionen verkauft, bevor er in einen anderen Raum versetzt worden war. Wer sich in den Handelsräumen ein bisschen auskennt, weiß, dass solche Geschäfte nicht länger als ein oder zwei Minuten geheim bleiben. Es ist üblich, die anderen davon zu verständigen, dass man im Begriff ist, eine große Order reinzugeben, die sich auf den Markt auswirken wird, um die anderen vorzuwarnen.

Und noch etwas versetzte mich in Erstaunen: die Dauer der ganzen Angelegenheit. Am Donnerstag, dem 24. Januar, gab der Vorstandschef Daniel Bouton bekannt, dass alle Positionen glattgestellt seien. Nur stimmte das nicht. Bei der Gegenüberstellung mit dem Star-Händler erfuhr ich, dass die Glattstellung fünf Tage gedauert hatte, nicht drei. Das bedeutet, dass die Bank bei der Bekanntgabe ihrer Verluste deren genaue Höhe noch gar nicht angeben konnte, weil noch nicht alle Positionen glattgestellt waren.

Am Dienstag eröffneten die Märkte wieder schwach. Aus meinen Befürchtungen wurde eiskalte Angst. Ich wagte es nicht einmal mehr, die Höhe der Verluste zu berechnen. Wie hätte ich das auch tun können? Ich wusste überhaupt nicht, was in der Société Générale vorging – hatten sie glattgestellt, hatten sie gewartet? Ich erging mich in Mutmaßun-

gen. Als dann die amerikanische Zentralbank eine Senkung ihrer Leit-
zinsen ankündigte, stiegen die Kurse im Verlauf des Tages ein wenig.
Aber die Atempause war von kurzer Dauer. Ich blies weiter Trübsal. Am
Nachmittag erhielt ich eine SMS von einem Trader, der zu meiner Abteilung gehörte:»Hab gehört, was passiert ist. Viel Glück.« Das war das
erste Zeichen, das ich von einem meiner Kollegen erhielt; ich schloss
daraus, dass alle über mein Schicksal Bescheid wussten. Später erfuhr
ich, dass meine Vorgesetzten schon am Montagmorgen angekündigt
hatten, dass »Jérôme in den nächsten Tagen nicht da sein wird« und
dass man überlegen müsse,»wer für ihn einspringt«. Jeder hatte kapiert, dass die Lage ernst war und man, wie dieser Formulierung zu
entnehmen war, Stillschweigen zu bewahren hatte. Die EDV-Abteilung
war informiert; sie hatte auf Anweisung meiner Vorgesetzten meine
sämtlichen Handelslizenzen deaktiviert.
    Auch am Mittwochmorgen fielen die Kurse weiter, wenn auch nur
mäßig. Auf jeden Fall war klar, dass sich die Erholung, auf die ich
zählte, nicht an diesem Tag durchsetzen würde. Wie schon die zwei
Tage zuvor konnte ich den Blick nicht vom Fernsehbildschirm lösen,
um nur ja keine Wirtschaftsnachricht zu verpassen; gleichzeitig tigerte
ich in der Wohnung herum und rauchte eine Zigarette nach der anderen. Ohne jegliche Information von der Bank und ohne den geringsten
Kontakt zu den Menschen, die noch vor kurzem das tägliche Netz meines gesellschaftlichen Lebens gebildet hatten, fühlte ich mich schrecklich allein; meine Angst vor der Zukunft wuchs von Minute zu Minute.
    Dann erhielt ich den soundsovielten Anruf der Arbeitsmedizinerin.
Seit ich nicht mehr in die Bank ging, rief sie mich ein oder zwei Mal
pro Tag an, um mich zu fragen, wie es mir ginge, und um mir ihre Hilfe
anzubieten, was ich kategorisch ablehnte. Ich hatte das unangenehme
Gefühl, dass sich meine Chefs nur deshalb um mich Sorgen machten,
weil sie sich vor einer weiteren Katastrophe schützen wollten. Dass ein
Trader, den man ins Abseits befördert hatte, einen Selbstmordversuch
beging, würde in der Öffentlichkeit keinen guten Eindruck machen ...
Also beauftragten sie jemanden, mich regelmäßig anzurufen und sich
zu vergewissern, dass es mir gut ging. Die Ärztin bot mir auch an, sich
mit mir zu treffen, um mit mir zu sprechen und meinen Gesundheitszustand zu untersuchen. Aber dieser Anruf um acht Uhr morgens war
anders als die vorangegangenen. Die Stimme war nicht mehr dieselbe;
sie klang hastig, beunruhigt, gestresst.»Die Bank wird morgen etwas
bekannt geben, was Sie betrifft«, vertraute mir die Frau an, die sich
sichtlich unwohl fühlte.»Sie sollten Paris verlassen, wegfahren, sich

ein neues Handy zulegen, damit man Sie nicht mehr erreichen kann. Man wird Ihnen die Zugfahrkarte bezahlen ...« Sie fragte nach meinem momentanen Aufenthaltsort, wollte mich sehen und mit mir sprechen, riet mir, wie ich mich verhalten sollte. Ich lehnte ab und beendete das Gespräch so schnell wie möglich. Ich war wie betäubt. Was hatte diese Suada zu bedeuten? Warum eine öffentliche Ankündigung, wo ich doch nicht mehr den geringsten Kontakt zu den Leuten der Société Générale hatte? Wieder einmal zermarterte ich mir das Gehirn und versuchte, Rückschlüsse zu ziehen, und stellte tausenderlei Hypothesen auf.

Ich rief sofort meinen Bruder an, um ihm von dem merkwürdigen Anruf zu erzählen, den ich soeben erhalten hatte. Er empfahl mir, mich so schnell wie möglich nach London zu begeben, wo sein Schwager wohnte. Sein Vorschlag wirkte auf mich wie ein Elektroschock. Wegzufahren, weil mein Arbeitgeber es von mir verlangte, das ergab keinerlei Sinn. Es sei denn, es käme einigen Leuten sehr zupass, wenn sie behaupten könnten, ich sei auf der Flucht. Auf einen Schlag wurde mir die Logik dieser Schlussfolgerung bewusst. Ich wusste noch nicht, welche Ankündigung die Société Générale machen würde, aber ich begann, ihr Spiel zu durchschauen. Mein Tod würde sie in Verlegenheit bringen, aber mein Verschwinden würde ihre These zweifellos stützen. Ein Verantwortlicher, der flüchtet, ist bereits ein Schuldiger; eine Flucht wog schwerer als jegliche Anschuldigung. Ich fasste mich wieder und erklärte meinem Bruder, dass ich weder nach London noch sonst wohin fahren würde. Genau das wollte die Société Générale erreichen, also würde ich es auf keinen Fall tun. Ich musste nicht unverzüglich fliehen, sondern vielmehr etwas unternehmen, indem ich alle möglichen Kräfte mobilisierte.

Ich brauchte einen Anwalt.

Ich fragte meinen Bruder, ob ich den Rest des Tages und die Nacht bei ihm verbringen könnte. Ich musste mich unbedingt mit ihm austauschen, der Einsamkeit entfliehen, in der ich die vergangenen 48 Stunden verbracht hatte. Sofort im Anschluss rief ich meine Mutter an, um sie zu bitten, am nächsten Tag, einem Donnerstag, zu uns nach Paris zu kommen. Ich konnte mir nicht vorstellen, dass ihr der Ernst der Lage, von der sie nichts wusste, durch eine einfache Nachricht klarwerden würde. Ich selbst konnte mir die Tragweite des Geschehens nicht vorstellen und noch weniger die Härte, mit der sie uns treffen würde.

Mein Bruder riet mir, Kontakt mit einer Anwältin aufzunehmen, die er kannte, Élisabeth Meyer, eine Expertin in Arbeitsrecht. Ich versuchte vergeblich, sie telefonisch zu erreichen. Ihre Assistentin schlug mir vor, ihr eine E-Mail zu schicken, um ihr mein Problem zu schildern. Ich verfasste sofort ein Schreiben. Am frühen Abend rief Madame Meyer mich an. Ihre Analyse war zugleich eindeutig und beruhigend. Anhand der Fakten, die ich ihr geliefert hatte, war offensichtlich, dass man mich entlassen würde. Sie schlug mir also vor, wieder Kontakt mit ihr aufzunehmen, sobald ich das Kündigungsschreiben erhalten hatte, um den Widerspruch vorzubereiten und das Arbeitsgericht anzurufen. Ich dankte ihr und legte mit gemischten Gefühlen auf. Nach dem mysteriösen und dramatischen Anruf, den ich am Nachmittag von der Arbeitsmedizinerin erhalten hatte, schien die Angelegenheit jetzt wieder nur auf eine simple Entlassung hinauszulaufen. Wem sollte ich glauben?

Gegen acht Uhr abends schlugen mein Bruder und seine Frau mir vor, mit meiner Freundin essen zu gehen, damit ich auf andere Gedanken käme. Wir gingen in ein Restaurant in der Nähe ihrer Wohnung. Es war ein merkwürdiger Moment, als ich, am Tisch sitzend und völlig in Gedanken versunken, die Leute um mich herum betrachtete und dabei das Stimmengewirr in dem vollbesetzten Lokal gar nicht mehr zur Kenntnis nahm. Ich erinnere mich daran, mir in diesem Augenblick gesagt zu haben, dass dies vielleicht für lange Zeit mein letztes ruhiges Abendessen wäre und dass ich es genießen sollte. Aber unablässig versuchte ich, mir vorzustellen, was es mit dieser mysteriösen Ankündigung am folgenden Tag auf sich haben könnte. Bisher hatte mir hauptsächlich die Entwicklung der Märkte Sorgen bereitet. Aber jetzt kam die Sorge um mein Schicksal und um den Inhalt der morgigen Ankündigung dazu; mein Stresspegel schoss in die Höhe und wieder konnte ich in der Nacht kein Auge zutun.

Am nächsten Morgen gegen neun Uhr kündigte der Piepton meines Handys den Eingang einer wichtigen Nachricht an. Zunächst fiel es mir schwer, den Sinn der Worte zu erfassen, die auf dem Display erschienen, so explosiv war die Neuigkeit. Eine SMS des *News*-Dienstes meines Mobilfunkanbieters SFR meldete, dass bei der Société Générale ein riesiger Betrug aufgedeckt worden war, dessen Gesamtsumme sich auf nie dagewesene 4,9 Milliarden Euro beliefe. Die besagte Pressemitteilung der Bank war also eingeschlagen. Die Société Générale bezeichnete mich als größten Finanzbetrüger aller Zeiten; ihr zufolge hatte ich auf eigene Faust agiert und meinem Arbeitgeber einen immensen Verlust zugefügt. Ich blickte auf mein Display und war wie vor den Kopf gestoßen. Dieser Abgrund konnte sich nur in den drei Tagen meiner Abwesenheit aufgetan haben, denn ich hatte niemals einen Mausklick getan, der zu vergleichbaren Verlusten geführt hätte. Alles in allem waren meine Positionen am 18. Januar, dem Tag vor meinem missglückten

Wochenende in Deauville, unter Berücksichtigung der Gewinne des Jahres 2007 ausgeglichen. Und noch am Sonntag waren die Leute von der Société Générale selbst nur von geringfügigen Verlusten von – schlimmstenfalls – 200 Millionen Euro ausgegangen, ein Betrag, den ich im Übrigen anzweifelte. Aber die Nachricht, die heute die Runde machte, hatte eine ganz andere Größenordnung; wenn man der Bank glauben konnte, hatte sie zwischen dem 1. und dem 24. Januar bis zu 6,3 Milliarden verloren ... Der Saldo: 6,3 Milliarden minus 1,5 Milliarden vorheriger Gewinn ergibt eine Differenz von 4,9 Milliarden. In Anbetracht der Krise, die gerade um sich griff, würde eine solche Summe in der Öffentlichkeit sicher Bestürzung hervorrufen. Mir kam sofort eine Frage in den Sinn. Wie hatte die Bank, abgesehen von den Kurseinbrüchen, so viel Geld verlieren können? Bei den Berechnungen, die ich seit drei Tagen anstellte, war ich nicht auf diese Beträge gekommen, es sei denn, man hätte die Kursverluste kumuliert, indem man alle Positionen auf einen Schlag vollständig glattgestellt hätte, was – wie ich bereits sagte – darauf hinauslief, die Panik an der Börse noch zu nähren. Außerdem hatte die Société Générale nicht einmal versucht, die Positionen mit Abschlag zu verkaufen, wie es eigentlich jede Bank praktiziert, wenn sich die Situation zu überhitzen droht. Mit einem Wort: Ich verstand nicht, wie krisenerprobte Finanzexperten in einem so kurzen Zeitraum so falsch agieren konnten. Aber das Ergebnis war unbestreitbar: fast fünf Milliarden Euro Verlust – ein wahrer Albtraum. Ich hatte drei Tage damit zugebracht, mir alle möglichen Hypothesen auszumalen, und die schlimmste von allen war eingetreten.

Mir blieb keine Zeit, mich in Spekulationen zu ergehen. Ich schaltete den Fernseher an, um mehr zu erfahren. Nicht nur, dass die Sensationsmeldung in einer Endlosschleife auf allen Kanälen gesendet wurde, auch mein Bild wurde überall gezeigt. Es war das Foto von meinem ID-Ausweis, eine schon etwas ältere Aufnahme, auf der man mich zum Glück nicht besonders gut erkannte. Ich ging sofort ins Internet, um die verschiedenen Presseseiten zu lesen. Ein Artikel im Figaro deckte angeblich sämtliche Mechanismen des Finanzsystems auf. Ich las ihn mit einer Mischung aus Ungläubigkeit und Wut. Nichts von dem, was da stand, hatte nur das Geringste mit der Wirklichkeit zu tun. Eine Sache erregte in der endlosen Nachrichtenflut jedoch meine Aufmerksamkeit. Neben den Verlusten durch den »Betrug«, den die Bank mir anlastete, gab sie auch die Summe ihrer Verluste durch die Subprimes bekannt; diese belief sich auf mehr als zwei Milliarden. Nun hatten die Führungskräfte der Société Générale sich aber vor zwei Monaten nicht davor gescheut zu melden, dass sie von den besagten Hypothekenkrediten nur minimal betroffen seien und sich die Verluste der Bank schlimmstenfalls auf rund 200 Millionen Euro belaufen würden. Tatsächlich war die endgültige Summe aber zehn Mal höher ... Der Mitnahmeeffekt: Diese Tatsache ging neben der Aufregung, die mein Fall verursachte, fast unter. Ich hatte das Gefühl, als Blitzableiter zu dienen.

Panik überwältigte mich angesichts dieses entfesselten Sturms. Ich rief die Rechtsanwältin Élisabeth Meyer an, die von dem Medienrummel ebenfalls vollkommen überrascht war. Sie gab sogar zu, dass sie im ersten Augenblick gar keine Verbindung zwischen den Dingen, die ich ihr geschildert hatte, und den Informationen von heute Morgen hergestellt hatte. Leider aber war tatsächlich ich mit dem betrügerischen Trader gemeint. Sie bat mich, sofort in ihre Kanzlei in der Avenue Foch zu kommen. Und das tat ich auf der Stelle.

Ich versuchte, ihr die Angelegenheit zu erklären. Das war nicht einfach, weil sie sich im Finanzmilieu überhaupt nicht auskannte und es mir auf der anderen Seite nicht gelang, mich innerlich von den unsinnigen Informationen zu lösen, die jetzt im Umlauf waren. Denn im Lauf der Stunden war aus dem Sturm ein Orkan geworden. Die Nachrichten wurden von Mal zu Mal verrückter. Ich war angeblich auf der Flucht, hatte vielleicht Selbstmord begangen, und Daniel Bouton begnügte sich nicht mehr damit, mich als »Betrugsgenie« zu bezeichnen; er benutzte den Begriff »Terrorist«, wenn er von mir sprach. Die anderen Verantwortlichen der Bank ließen unterdessen die These der persönlichen Bereicherung anklingen, die durch eine ganze Bandbreite verschiedenster Faktoren möglich geworden war, und zwar durch eine Manipulation der EDV-Systeme, die mir aufgrund meiner außerordentlichen Fähigkeit, die internen Kontrollen auszuhebeln, möglich gewesen war, wobei diese Kontrollen allerdings im Ruf standen, zu den besten der Welt zu gehören. Das war eine so allgemein anerkannte Tatsache, dass die Société Générale von allen Seiten Auszeichnungen für die Qualität ihres internen Kontrollsystems erhielt und ihre Führungskräfte sogar so weit gingen, Konferenzen über dieses Thema zu veranstalten, um die Frohe Botschaft zu verkünden.

Auf der Suche nach einer Möglichkeit, den Brand so rasch wie möglich zu löschen, ließen Madame Meyer und ich schnell den Crashkurs in Sachen Börsenhandel hinter uns. Sie empfahl mir, noch einmal meine Gesprächspartnerin in der Bank, die Arbeitsmedizinerin, anzurufen, um meine Flucht zu dementieren. Aber als ich sie am anderen Ende der Leitung hatte, begriff ich, dass sie ebenfalls von der allgemein grassierenden Hysterie angesteckt war. »Das ist hier der totale Irrwitz, Sie müssen selbst sehen, wie Sie zurechtkommen. Wir werden das Dementi nicht für Sie bringen« – mit diesen schroffen Worten beendete sie das Gespräch. Madame Meyer beschloss daraufhin, die Journalisten in ihre Kanzlei zu bestellen, um ihnen die Situation darzulegen und die Angriffe der Société Générale zu parieren. Schon bald füllte sich die Kanzlei mit Journalisten, Mikrofonen und Kameras. Von einem benachbarten Büroraum aus hörte ich, wie meine Anwältin kategorisch jegliches Gerücht über eine Flucht dementierte; ich hatte Paris zu keinem Zeitpunkt verlassen, ich befand mich an einem Ort, dessen Adresse man nicht publik machen würde, die Behauptungen der Bank entsprachen nicht der Wahrheit und waren verleumderisch, und sie, Élisabeth Meyer, war damit beauftragt, meine Verteidigung zu organisieren. Nach dieser Klarstellung und dem üblichen Frage- und Antwortspiel verließen die Journalisten die Kanzlei. Viele von ihnen parkten ihre Autos draußen auf den Gehsteigen, weil sie darauf warteten, dass sich etwas ereignete – zum Beispiel, dass ich die Kanzlei verlassen würde. Madame Meyer und ich vereinbarten ein Treffen für den nächsten Tag, und es gelang mir, das Gebäude durch einen Hintereingang ungesehen zu verlassen. Um meinen Bruder und einen Freund zu treffen, die in einer Seitenstraße auf mich warteten, musste ich ganz dicht an den Journalisten vorbeigehen – eine harte Prüfung. Aber es beruhigte mich zu wissen, dass meine Ähnlichkeit mit dem veröffentlichten Foto gering war; ich ging um die Menschenansammlung herum, ohne erkannt zu werden. Wir fuhren in Richtung Bahnhof Montparnasse, wo meine Mutter in Kürze ankommen sollte.

Ich sehe uns wieder vor mir, während das Auto die Champs-Élysées hinunterfuhr; wir klebten am Radio und hörten uns die ständigen Erklärungen von diesem und jenem an. Die meisten waren völlig irrwitzig. Christian Noyer, der Gouverneur der Zentralbank, eilte der Société Générale zu Hilfe, schrie Zeter und Mordio und schimpfte auf den »Finanzgangster«. Die Wirtschafts- und Finanzministerin Christine Lagarde, sonst eher gemäßigt, trat ohne Kenntnis der näheren Umstände für meinen Arbeitgeber ein. Ich war von dem, was ich hörte, von den geäußerten Übertreibungen, dem Blödsinn, der verbreitet wurde (ich sei psychisch labil, durch den Tod meines Vaters, dessen Kleidung ich im Übrigen trug, aus dem Gleichgewicht gebracht), und den unbegründeten Kommentaren vollkommen überfordert und entmutigt. Derjenige, von dem dort gesprochen wurde, war nicht ich. Als einsame Inseln der Vernunft in einem Ozean des Unsinns äußerten nur wenige Wirtschaftsfachleute, Journalisten und Finanzexperten, unter ihnen Élie Cohen, ihre Skepsis. Wie konnte ein einzelner Mensch in einem so mächtigen, strukturierten und kontrollierten Organismus wie der Société Générale mehr als ein Jahr lang jenseits aller Regeln agieren?

Diese klarsichtigen Analysen beruhigten mich eine Zeitlang; aber sie kamen nicht an gegen die Dampfwalze der verleumderischen Angriffe und Lügen, mit denen mich die Medien überzogen. Eine Woche später erschien in einer Zeitschrift, die man kaum der Polemik verdächtigen kann, *Les Échos*, ein Artikel, der immerhin Wasser auf meine Mühlen goss. Er stammte von keinem Geringeren als Maxime Legrand, einem ehemaligen Prüfer der Société Générale, der wusste, wovon er sprach. Unter dem vielsagenden Titel *Société Générale: Die große Scheinheiligkeit der internen Kontrolle* nahm der Autor ein System auseinander, das er in- und auswendig kannte, das System der verschiedenen Ebenen der internen Kontrolle – Middle-Office, Back-Office, Prüfer –, bevor er bestätigte, dass »mindestens hundert Personen zwangsläufig damit befasst waren, die Geschäfte dieses Traders zu verfolgen, zu kontrollieren, zu bestätigen«. Maxime Legrand stellte sich daher folgende Frage: War es geheimes Einverständnis oder war es die Unfähigkeit der verschiedenen Abteilungen der Bank – wobei die zweite Hypothese als »fundamentales Versagen des internen Kontrollsystems« bezeichnet wurde. Er gab eine Antwort, die einem unwiderruflichen Urteil gleichkam: »Es ist seit langem die Regel, dass gezockt wird, dass Wetten abgeschlossen und Risiken eingegangen werden und dass man die Controller austrickst, die als *unproduktive Kostenverursacher* bezeichnet werden.« In meiner großen Bedrängnis erhielt ich durch die Lektüre dieses und einiger anderer Artikel eine wichtige Bestätigung: Trotz der Vernebelungstaktik, derer sich die Société Générale gegenüber der Medienwelt bediente, war ich nicht der Einzige, der die geheimen Spielregeln der Handelsräume durchschaute.

Wir kamen zu früh am Bahnhof Montparnasse an. Mein Bruder schlug vor, in einer der Kneipen in der Nähe etwas zu trinken. In dem Augenblick, als ich aus dem Auto ausstieg, erlitt ich einen Anfall von Verfolgungswahn. Ich hatte das Gefühl, dass mich alle Menschen um uns herum anstarrten. Ich verbarg mich einigermaßen, indem ich den Kopf einzog, und es gelang mir in der Dämmerung, die Kneipe unerkannt zu erreichen. Pech gehabt: Der Fernseher über der Theke zeigte dieselben Bilder von der Société Générale, von Daniel Bouton, vom Foto meines ID-Ausweises. Der Albtraum begann von vorn. Dieser Mann, der von den Medien gelyncht wurde, war ich. Der Fernsehsprecher sagte, dass ich aktiv gesucht würde. Man sah Bilder von dem Haus, in dem ich wohnte, mit irgendwelchen auf mich wartenden Leuten davor, sowie Bilder von der Kanzlei meiner Rechtsanwältin und wieder vom Turm in La Défense. Man sah dieselben Interviews, man hörte Madame Meyer wiederholen, dass ich nicht auf der Flucht sei, sondern mich für die Justiz zur Verfügung hielte, man hörte die Reaktionen aller möglichen Leute, ein endloser Wortschwall, der in keinem Zusammenhang mit den wirklichen Tatsachen stand. Ich hörte kaum zu. Mich beherrschte nur die bange Frage, was passieren würde, wenn mich jemand erkannte. Ich wollte es mir lieber nicht ausmalen. Vor allem dachte ich an meine Mutter. Diese Medienschlacht musste ihr völlig unverständlich sein; wie würde sie reagieren? Heute Morgen, als wir telefoniert hatten und ich ihr geraten hatte, nicht zu viel auf das Radio und das Fernsehen zu achten, hatten ihre ersten Worte mich beruhigt:»Ich kenne meinen Jungen, ich weiß, dass du das, was die erzählen, nicht gemacht haben kannst«, hatte sie ganz ruhig erklärt. Meine Mutter war damals 68 Jahre alt, sie hatte nie im Überfluss gelebt und ihr Leben war nicht leicht gewesen; jetzt war sie Witwe und stolz auf ihre beiden Söhne, auf deren Ausbildung, auf deren Erfolg. Die Werte, die sie uns vermittelt hatte, waren genauso unerschütterlich wie die Liebe, die uns miteinander verband. Es war Balsam für meine Seele, dass sie sich nicht von den Lügen beeinflussen ließ, die die Medien über mich verbreiteten.

Am Abend saßen wir alle gemeinsam bei meinem Bruder an einem Tisch, wie wir es auf den Tag genau vor einem Monat getan hatten, als wir uns an Silvester in der Bretagne getroffen hatten. Ein Monat, und alles war anders. Meine berufliche Karriere hatte sich so vollkommen in Luft aufgelöst, dass ich nicht mehr wusste, was morgen sein würde und welche Katastrophe mich erwartete. Im Fernsehen lief eine Endlosschleife der bekannten Informationen. Und es kamen neue dazu. Die Bank kündigte an, dass sie Klage gegen mich erheben würde. Ich versuchte, mir nichts anmerken zu lassen, aber man konnte mir ansehen, was für ein harter Schlag dies für mich war. Die Polizei, der Gewahrsam, so viele Schocks, die mich Lichtjahre von meinem bisherigen Leben entfernten – erst das Leben eines fleißigen Studenten, dann jenes eines engagierten Angestellten, der stolz auf seinen beruflichen Einsatz war. Meine Mutter sagte kein Wort. Sie war von dem, was wir hörten, vollkommen niedergeschlagen. Ich versuchte, die Atmosphäre, so gut es ging, aufzulockern, indem ich Gelassenheit vortäuschte und sogar Witze machte. In Wirklichkeit war ich mit den Nerven am Ende, ich bemühte mich durchzuhalten, während ich eine Zigarette nach der anderen rauchte und versuchte, einen klaren Kopf zu behalten.

Ich verstand es erst im Nachhinein: In dem Augenblick, als die Société Générale meine Verluste bekannt gab, musste sie dem Markt und den Fachleuten eine möglichst glaubhafte Version vorlegen. Demnach soll ich Positionen an der Buchhaltung der Bank vorbei aufgebaut und mich in fremde Computer eingeloggt haben, um meine Scheingeschäfte selbst zu bestätigen, bevor ich sie ein paar Tage oder Wochen später in allen Systemen wieder stornierte. Aber nichts davon entsprach der Wahrheit. Ich wiederhole es noch einmal: Alle meine Aktionen und Handlungen waren sichtbar und wurden kontrolliert, meine Gewinne erschienen genauso wie die Verluste in den Aufstellungen und waren von den entsprechenden Personen zur Kenntnis genommen und bestätigt worden. Auch wenn es der Société Générale nicht gefällt: Ich habe außer meinem eigenen niemals fremde Computerzugänge benutzt und auch nie richtige oder falsche Daten in ein System eingegeben, zu dem ich kein Zugangsrecht hatte.

Möchte jemand einen Beweis dafür, dass meine Aktivitäten kontrollierbar waren? Schon am 18. Januar 2008 erhielt mein Vorgesetzter Martial Rouyère auf eigene Anfrage die unten stehende Antwort der zuständigen Buchhaltungsabteilung. Es war der Freitag vor meiner Abreise nach Deauville. Martial hatte mir, wie bereits erwähnt, ein paar Fragen gestellt und mir ein schönes Wochenende gewünscht. Er hatte also am selben Tag »wie vereinbart« das folgende Dokument erhalten.

 18.01.2007 17:29

An	Martial Royere/fr/socgen
cc	/fr/socgen@socgen, socgen@socgen
Betreff	CPM auf Futures von 2A + XE + WU + WV seit Jahresbeginn [C1]

Hallo Martial,
wie vereinbart anbei die CPM seit Jahresbeginn auf Index-Futures, wie in unserem Tool Rubis Passerelle aufgeführt.

CPM seit Jahresbeginn in CV in Euro auf Index-Futures

	zum 30. Juni 2007	zum 31. Juli 2007	zum 31. Dezember 2007	30. Juni - 31. Dezember
2A	- 2.127.305.024,53	- 320.546.843.85	1.554.419.019,58	3.681.724.044,11
WU	1.097.813,84	1.124.400,72	10.765.267,37	9.667.453,52
WV	- 109.388,53	- 183.167,85	818.416,29	927.804,82
XE	0,00	0,00	0,00	0,00
	2.126.316.599,21	319.605.610,98	1.566.002.703,24	

CPM seit Jahresbeginn in CV in Euro auf Index-Futures			
zum 30. Juni 2007	zum 31. Juli 2007	zum 31. Dezember 2007	30. Juni - 31. Dezember
2A	- 2.127.305.024,53	- 320.546.843.85	1.554.419.019,58	3.681.724.044,11
WU	1.097.813,84	1.124.400,72	10.765.267,37	9.667.453,52
WV	- 109.388,53	- 183.167,85	818.416,29	927.804,82
XE	0,00	0,00	0,00	0,00

Der Inhalt dieser E-Mail beschäftigt mich in mehr als einer Hinsicht. Auch wenn sie ein wenig fachspezifisch erscheinen mag, lohnt es sich, sie etwas genauer unter die Lupe zu nehmen. Man kann hier die Ergebnisse des Teams ablesen, zu dem ich gehörte. Ich selbst werde mit der Kennzeichnung 2A bezeichnet. Das Erste, was auffällt, ist zunächst das offensichtliche Missverhältnis zwischen den anderen Tradern (WU und WV) und mir. Wenn man die Spalte des Jahresergebnisses betrachtet (»zum 31. Dezember 2007«), sieht man eindeutig den Gewinn von 1,5 Milliarden, der mir zugeschrieben wird, und den meiner Kollegen, der 150 bis fast 2000 Mal geringer ist als meiner. Es ist zumindest merkwürdig, dass niemandem diese ungewöhnliche Diskrepanz aufgefallen sein soll. Außerdem ist die zeitliche Aufteilung sehr vielsagend. Sie entspricht nicht den üblichen Gepflogenheiten der Bank: Diese Art von Aufstellung erfolgt nämlich monatlich oder quartalsweise, manchmal auch halbjährlich. Wohingegen dieses Dokument offenbar rein zufällig die Schlüsselperioden meiner Positionen betont: im Minus bis Ende Juli und in der Folge im Plus. Durch welches Wunder war Martial darüber informiert gewesen, dass genau diese Zeitpunkte die aussagekräftigsten waren?

Da dieses Dokument unbestreitbar aus der Buchhaltung der Bank stammt, zeigt es deutlich, dass im Verlauf des gesamten Jahres 2007 die Gewinne und Verluste für die verschiedenen Kontrollinstanzen sichtbar waren. Es zeigt auch, dass ich schon hohe Buchverluste erfahren hatte (mehr als zwei Milliarden am 30. Juni), ohne dass jemand alarmiert gewesen wäre. Warum also hat mich Martial an jenem berühmten Freitag, dem 18. Januar, angesichts dieser Zahlen nicht frank und frei zur Rede gestellt und mich stattdessen mit den Worten aus dem Turm gehen lassen, wir würden »schon damit fertig werden«?

Es gelang mir erst erheblich später, den Mechanismus dieses fatalen Räderwerks zu demontieren. Damals standen mir die schwierigsten Augenblicke meines Lebens bevor. An jenem Abend gingen wir sehr spät schlafen. Es war die dritte Nacht hintereinander, in der es mir nicht gelang, ein Auge zuzutun, und ich zwang mich, mich innerlich auf die Prüfungen vorzubereiten, die mir bevorstanden. Ab und zu fasste ich wieder ein wenig Mut und dachte, wenn ich der Polizei die Entwicklung der Geschehnisse von Anfang an erklären würde, käme alles wieder in Ordnung. Ich würde der Wahrheit ohne Schwierigkeiten zu ihrem Recht verhelfen. Es würde genügen, in aller Ehrlichkeit über alles zu sprechen. Natürlich hatte ich falsch gehandelt und Übertretungen oder sogar Fehler begangen, aber ich hatte meine Arbeit ernsthaft und effektiv erledigt, was sich auch an der Protektion meiner Chefs und den Beförderungen ablesen ließ, die ich in meiner kurzen Laufbahn genossen hatte. Und außerdem hatte ich keinen Pfennig veruntreut. Welches Vergehen konnte man mir also vorwerfen? Keines. Die Anwälte, die die Société Générale engagiert hatte, versuchten offensichtlich, meinen Fall zu »kriminalisieren«, wie mir meine Anwältin erklärt hatte. Sie war der Meinung, dass die Angelegenheit nur auf eine Einstellung des Verfahrens und einen eventuellen Prozess vor dem Arbeitsgericht hinauslaufen konnte. Stundenlang drehte sich also alles in meinem Kopf. Ich war gleichzeitig niedergeschlagen, überrascht und zuversichtlich. Aber vor allem hatte ich Angst. Angst vor allem Möglichen, vor unbedeutenden Einzelheiten – ob morgen früh die Journalisten die Wohnung meines Bruders belagern würden –, Angst vor den demütigenden Erklärungen, die die Leute von der Bank immer weiter über mich verbreiteten, Angst vor den kommenden Tagen. Die Aussicht auf den Polizeigewahrsam, mit all den Bildern, die ich aus dem Kino oder dem Fernsehen im Kopf hatte, erschienen mir entsetzlich.

Im gesamten Verlauf des Tages und der Nacht vom 24. Januar hatte ich das Gefühl, dass die Maschinerie in mir und um mich immer mehr auf Touren kam. Ich war verloren, das war sicher, aber auch diejenigen, die mir gegenüberstanden, dürften sich nicht besonders gut gefühlt haben. Die Führungsriege der Société Générale, die vor Angst gelähmt war und mit dem Rücken zur Wand stand, hatte zur Rettung eines waghalsigen und riskanten Systems keinen anderen Ausweg gehabt, als mich der Öffentlichkeit zum Fraß vorzuwerfen. Mit offenen Augen lag ich in der Dunkelheit der Nacht und fand keinen Schlaf; in diesen Stunden verstand ich, dass gerade die Affäre Kerviel geboren wurde und dass ihre Tragweite weit über das Schicksal meiner eigenen Person hinausging. Sie entwickelte sich auf dem schmalen Grat, der die Fehler, die ein Mensch begehen konnte, von einem System trennt, das nur durch Lügen und Betrügereien funktioniert.

Und sie war noch längst nicht zu Ende.

Zweiter Teil
DER TURM

Kapitel 4
Hinter den Kulissen
eines Handelsraums

Anfang August 2000 trat ich zum ersten Mal durch die Eingangstür der zwei berühmten Türme der Société Générale. Damals hatte ich nur eine vage Vorstellung davon, welche Tätigkeit mich bei der Stellung als »Mitarbeiter im Middle-Office« erwartete. Ich wusste nur, dass sich das Middle-Office in der Nähe des Front-Office befand, wo die Trader arbeiteten, und dass es dafür zuständig war, die Geschäfte zu erfassen, die von den Händlern getätigt wurden. Ich sollte Mitglied eines Teams sein und die Aufgabe übernehmen, die Daten in der Datenbank zu erfassen, die zur Abwicklung der Finanzgeschäfte notwendig waren. Ich hatte keinerlei Erfahrung in diesem Job und meine EDV-Kenntnisse waren eher mittelmäßig. Die Fähigkeiten und Kenntnisse, die ich im Lauf meines fünfjährigen Studiums erworben hatte, in dem es vor allem um Finanzthemen ging, hatten mich kaum auf diese erste Anstellung vorbereitet. An sich war das kein Problem, denn dieser Job lief im Grunde auf »Sekretariatsarbeiten« hinaus: Man würde Informationen an mich weiterleiten und ich sollte diese einfach im EDV-System erfassen.

Die Welt der Banken und besonders die der Finanzmärkte hatte aus mehreren Gründen schon immer eine besondere Anziehung auf mich ausgeübt. Ich war in einer Familie aufgewachsen, in der tagesaktuelle Informationen einen hohen Stellenwert hatten. Mein Vater verfolgte die Nachrichten im Radio und im Fernsehen, las Tageszeitungen, und beim gemeinsamen Essen drehten sich die Gespräche oft um wirtschaftliche und soziale Fragen. Als eingefleischter Gaullist hatte mein Vater strikte politische Überzeugungen und interessierte sich leidenschaftlich für die aktuelle Politik. Und im Lauf der Jahre erweiterte sich der Themenbereich unserer erhitzten und leidenschaftlichen Diskussionen. Ich war noch in der Sekundarstufe, während mein Bruder, der sieben Jahre älter war als ich, ein Jurastudium begann. Somit wurde im Kreis der Familie auch über neue Themen gesprochen. Ich hörte meinem Bruder mit steigendem Interesse zu. Am Gymnasium wählte ich dann voller Begeisterung den Wirtschaftszweig, und als ich das Abitur in der Tasche hatte, war es keine Frage, welche Richtung ich einschlagen würde: Ich wollte Wirtschaft und Finanzen studieren. Diese beiden Themen vereinten die zwei Leidenschaften, die ich während meiner Gymnasialzeit entwickelt hatte: Wirtschaft und Mathematik. Ich hatte nie in Betracht gezogen, einen Studiengang an einer Handelshochschule zu wählen, denn ich wollte die Welt der Universitäten kennenlernen. Nachdem ich in Quimper ein Jahr lang Wirtschaft studiert hatte, konkretisierten sich meine Pläne. Dieses Fach erschien mir zu theoretisch und zu abstrakt; ich wollte lieber etwas studieren, was einen praktischen Bezug hatte – einen Studiengang, der Betriebspraktika einschloss und der zugleich praxisorientierter und spezialisierter war. Ich bestand die Aufnahmeprüfung für die IUP[5] in Nantes, wo ich drei Jahre später den Magister in Finanzwirtschaft erhielt.

An diese Jahre habe ich die besten Erinnerungen. Ich war voll und ganz in meinem Element, da es sowohl theoretische als auch praktische Seminare gab; besonders begeistert war ich von dem zweimonatigen Praktikum bei der Société Générale in Nantes. Es war mein erster Kontakt mit einem Unternehmen des Bankensektors. Ich war der Aktienabteilung zugeteilt worden, wo ich als Verwaltungsangestellter die Aufgabe hatte, einen Multi-Manager-Fonds zu betreuen, der von der Société Générale in Zusammenarbeit mit Frank Russell aufgelegt worden war, einer amerikanischen Gesellschaft, die auf die Auswahl von Fondsmanagern spezialisiert ist.

Ein Multi-Manager-Fonds weist eine spezielle Struktur auf; er umfasst mehrere Abteilungen, wie Aktien, Anleihen, Hypothekenkredite, die aus derselben Familie stammen wie die berühmten Subprimes, oder andere Finanzprodukte, und an der Spitze steht immer der Starmanager der betreffenden Abteilung. Um eine optimale Fondsverwaltung zu gewährleisten, suchen diejenigen, die für den Fonds verantwortlich sind, in allen Banken den jeweils kompetentesten Manager jeder Abteilung. Schon bei diesem ersten Praktikum tauchte ich also mitten ins Herz eines komplexen Finanzmechanismus ein und kam mit den unterschiedlichsten Dingen in Berührung, die mir bis zu diesem Zeitpunkt völlig unbekannt gewesen waren und die meine Neugier schürten. Ich konnte nicht im Geringsten ahnen, dass mir einige dieser besagten Produkte etliche Jahre später im Zuge einer nie dagewesenen Krise wiederbegegnen würden; natürlich meine ich damit die Subprime-Krise. Ich interessierte mich vor allem für eine besondere Klasse von Finanzinstrumenten des amerikanischen Marktes, die »Asset Ba-

---

5 Institut universitaire professionnalisé (Anm. d. Ü.)

cked Securities« (ABS) und andere »Mortgages« (»Hypotheken«)[6], und schrieb darüber auch meinen Praktikumsbericht. Aufgrund der Erfahrungen, die ich während dieses Praktikums machte, beschloss ich, sofort nach seinem Ende ins Berufsleben einzutreten. Nur der Druck, den meine Praktikumsbeauftragte auf mich ausübte, bewirkte, dass ich mein Studium schließlich doch abschloss. »Sonst lasse ich dich bei deiner abschließenden Praktikumsarbeit durchrasseln!«, hielt sie mir entgegen, um mich zu überzeugen. Sie wollte nicht, dass ich mich im Bankenmilieu unter Wert verkaufte. Ich beschloss also, mich für einen Aufbaustudiengang an der Universität von Lyon zu bewerben, deren DESS[7] in Finanzwirtschaft auf dem Arbeitsmarkt sehr angesehen war.

Und noch eine andere, unvorhersehbare Verbindung mit der Zukunft stammt aus dieser Zeit: Im Rahmen einer Arbeit für das Seminar über Kommunikation musste ich eine kurze Abhandlung über Symbolfiguren unserer Gesellschaft verfassen. Ich wählte zwei Richter, die meiner Auffassung nach echte moralische Instanzen darstellten, Renaud Van Ruymbeke und Eva Joly. Die Verbindungen zwischen Politik und Wirtschaft wurden in den Medien immer mehr thematisiert, und ich fand das Thema faszinierend. Im gesamten Verlauf der 1990er-Jahre hatten diese beiden Persönlichkeiten es geschafft, sich von jeglichem Druck freizumachen und die Verstrickungen von Politik und Wirtschaft aus der Grauzone zu holen und in die Schlagzeilen der Tageszeitungen zu bringen. Meine Arbeit trug den Titel *Die Richter gegen die Eliten.* Ich war besonders von Renaud Van Ruymbeke fasziniert, der als Arbeitstier und Freigeist galt. Er war für mich der Prototyp eines unabhängigen Menschen und ein Vorbild für moralische Stärke. Nachdem ich heute das Ermittlungsverfahren hinter mir habe, dessen Ausgang ich genau diesem Renaud Van Ruymbeke verdanke, hätte ich ehrlich gesagt Vorbehalte, denselben Text noch einmal zu schreiben ... Unser Leben lässt uns zu dem werden, was wir sind, und manchmal zahlen wir einen hohen Preis: den herben Verlust unserer Illusionen.

Im September 1999 erhielt ich die Zulassung für die Universität von Lyon, wo ich ein Jahr lang studierte. Auf Rat meiner Praktikumsbeauftragten in Nantes hatte ich mich für ein DESS in Finanzwirtschaft entschieden, und ich bereute diese Entscheidung später nicht. Ich fand dort genau das, was ich suchte: praxisbezogene, von Profis betreute Seminare und zahlreiche Kontakte zur Welt der Wirtschaft. Ein nicht un-

---

6 Die ABS (Asset Backed Securities) sind Wertpapiere, die im Rahmen einer Verbriefung von Schulden emittiert werden. Eine Bank überlässt einer SPV (Special Purpose Vehicle) genannten Zweckgesellschaft einen Teil ihrer Zahlungsansprüche, welche den Kauf durch die Emission von ABS an Investoren finanzieren.

7 Diplôme d'études supérieures specialisées – Hochschulabschluss (Anm. d. Ü.)

wesentliches Kriterium hatte dazu beigetragen, dass ich mich für diesen Aufbaustudiengang beworben hatte: Er beinhaltete die Verpflichtung, zwei dreimonatige Praktika bei einer Bank zu absolvieren. Ich machte sie bei der BNP Arbitrage in Paris. Dabei entdeckte ich eine andere Tätigkeit, über die ich bisher nichts gewusst hatte: das Projektmanagement.

Dabei ging es nicht mehr darum, sich mit der Funktionsweise der Märkte vertraut zu machen, wie ich es ein Jahr zuvor bei der Société Générale getan hatte, sondern mittelfristig zu arbeiten. Die Verantwortlichen der BNP Arbitrage wollten ein EDV-System testen, mit dessen Hilfe Informationen über die im Portfolio befindlichen Werte gesammelt wurden. Erst da wurde mir bewusst, welche Bedeutung Informationen in einem Handelsraum haben. Eine nicht erhaltene oder ungenügend verarbeitete Information kann eine Bank enorme Summen kosten – bis zu mehreren Millionen Euro. Ein wie in diesem Fall von einer externen Firma entwickeltes EDV-System übernahm also eine Reihe von Parametern, um die vielfältigen Interaktionen zu verfolgen, die Auswirkungen auf den Aktienhandel haben. Das Ziel dabei war, eine zuverlässigere Vorhersage der Kursentwicklung von Aktien zu gewährleisten und den Tradern die notwendigen Korrekturen an ihren Positionen zu ermöglichen. Diese Recherchen mobilisierten also viele Kräfte im Inneren der Finanzwelt. Angesichts des Zustroms immer komplexerer Derivatprodukte, die den Markt zu überschwemmen begannen, ging es darum, die Zukunft zu meistern, kein Geld bei Geschäften zu verlieren, die sich als unsinnig erwiesen, und möglichst hohe Gewinne zu machen.

Während dieses Praktikums kam ich in Kontakt mit den Leuten vom Front-Office der BNP, die mir die näheren Umstände der Problematik erklärten, mit der ich mich befasste. Diese Unterhaltungen waren faszinierend. Ich lernte eine Menge dazu und wurde mir dabei der finanziellen Einsätze bewusst, die mit diesem Projekt verbunden waren. Auch wenn das Thema sehr interessant war, vermisste ich dabei aber etwas; mir fehlte die operative Seite, die mir bei meinem Praktikum in Nantes so viel Spaß gemacht hatte und die bei dieser Aufgabe überhaupt nicht gegeben war. Man lebte nicht mehr im Augenblick, sondern hatte eine mittelfristige Perspektive. Bei den Kursen hatte mich der operative Aspekt fasziniert, weil er sowohl gute Kenntnisse der Produkte als auch mathematische Fähigkeiten erforderte und dadurch geistig anspruchsvoll war; dieser Aspekt fehlte mir hier.

Nichtsdestoweniger machte ich bei diesem Praktikum durch Gespräche mit einigen Tradern eine weitere Entdeckung. Ich wusste, dass sehr gute mathematische Kenntnisse nötig waren, um Einlass in die Finanzwelt zu erhalten, aber ich hatte nicht geahnt, wie wichtig diese Disziplin für die Bankberufe geworden war. Später lernte ich in den Handelsräumen viele Absolventen der Eliteuniversitäten kennen, der École Polytechnique, der Écoles Centrales, der Écoles des Mines. Die Vielschichtigkeit dieses Berufs erfordert die Ausarbeitung hoch entwickelter formalisierter Strategien, selbst bei relativ einfachen Produkten. Ausgeklügelte mathematische Modelle tragen dazu bei, Aktien mit Überperformance von solchen mit Unterperformance zu unterscheiden, und ermöglichen das heute sogenannte »quantitative Trading«, auch »automatisierter« oder »algorithmischer Handel« genannt. Ein anderes Beispiel für komplexe Finanzprodukte, bei denen der Einsatz mathematischer Schemata auffällt und die zu trauriger Berühmtheit gelangten, sind die besagten amerikanischen Subprimes. Diese zu Beginn noch klassischen Hypothekenkredite wurden in Wertpapiere umgewandelt (»verbrieft«, wie es im Börsenjargon heißt) und anschließend tranchiert, bevor die Tranchen an Fonds oder andere Banken verkauft wurden. Man kennt die Auswirkungen: die völlige Abspaltung zwischen dem Darlehen und dem Risiko, das ein Darlehensgeber eingeht, der eifrig darum bemüht ist, die Forderungen aus seiner Bilanz zu tilgen und sie in einer Gesamtheit von Produkten zu verstecken, die an andere Finanzorganismen weitergereicht werden. Aber der Zusammenbruch des amerikanischen Immobilienmarkts, der mit der Unfähigkeit der Privatleute zusammenfiel, ihre steigenden Hypotheken zurückzuzahlen, hat in der Folge zu einer weltweiten Finanzkrise geführt. Und daraus wurde die Weltwirtschaftskrise, vor der einige hochkarätige und aufmerksame Beobachter gewarnt hatten, die aber von den Banken und Investoren nicht eingedämmt werden konnte. Ein paar Jahre zuvor, während meines Praktikums bei der Société Générale, in Nantes hatte allerdings ein Fondsverwalter, der für diese Produkte zuständig war und den ich für meinen Praktikumsbericht interviewt hatte, mir gegenüber folgenden Satz geäußert:»Eines Tages werden uns diese Dinger um die Ohren fliegen; das ist ein einziges Pulverfass. Man weiß nicht einmal genau, was man gekauft hat.« Erst ein paar Jahre später erfasste ich die gesamte Tragweite dieser Aussage, die mir damals eher abstrakt erschienen war.

Meine Arbeit bei der BNP Arbitrage hatte darin bestanden, Tests mit einer Software durchzuführen, die Prognosezwecken diente. Ich kam zu dem Schluss, dass sie interessante Analysen erstellte, die zuverlässige Informationen lieferten, dass ihre Anwendung sich allerdings als sehr komplex erwies. Meine Vorgesetzten schienen mit dieser Arbeit sehr zufrieden zu sein, denn sie boten mir eine feste Stelle an, sobald ich mein Diplom hätte. Ich hatte es mit einer Zusage nicht eilig. Im Jahr 2000 stellten die Banken jede Menge Leute ein und ich wusste, dass ich noch andere Gelegenheiten haben würde, eine Stelle zu finden, die mehr operativ ausgerichtet und näher am Markt war – kurz gesagt, eine Arbeit mit mehr »Action«. Mich interessierte das Finanzgeschäft und das Leben der Märkte, ohne dass ich eine genauere Vorstellung davon gehabt hätte, welchen Beruf genau ich ausüben wollte.

Eines Tages rief mich die Personalabteilung der Société Générale an. Man schätzte die Ausbildung, die ich am DESS in Lyon erhalten hatte, und bot mir einen leitenden Posten im Middle-Office an. Ich zögerte keine Sekunde. Es hatte mir bei der BNP Arbitrage gut gefallen, ich mochte die Leute, die ich dort kennengelernt und mit denen ich mich in den sechs Monaten angefreundet hatte; aber das Angebot der Société Générale brachte mich näher an die Welt der Märkte. Das war für meine Entscheidung ausschlaggebend. Ich wurde also mit einem Jahresgehalt von knapp unter 30.000 Euro brutto als Angestellter im für Referenzbercchnungen zuständigen Middle-Office eingestellt, ich komme später noch mal darauf zurück. Es erfüllte mich mit Stolz, als ich in diesem Sommer 2000 Teil der Belegschaft der angesehenen Société Générale wurde, noch dazu in der begehrtesten Abteilung: der Abteilung DAI[8]. In allen Handelsräumen der Société Générale hingen Poster an den Wänden, die die zahlreichen Auszeichnungen betonten, die dem Flaggschiff der Bank, der Abteilung DAI, verliehen worden waren: »Weltmarktführer bei Derivatprodukten«, »die Nummer 1« konnte man in roten und schwarzen Buchstaben lesen, die die Farben der Bank aufnahmen. Ich war endlich im Herzen der »Zentrale zum Kohlemachen« angekommen, um die Worte des Verantwortlichen der Société Générale aufzunehmen, der den anderen Neuankömmlingen und mir die Handelsräume zeigte. Das Middle-Office umfasste mehrere Abteilungen, darunter das Team, dem ich angehörte: das für Referenzberechnungen zuständige Middle-Office, welches wiederum in zwei Untergruppen aufgeteilt war: die der »Warrants«, ein allgemeiner Begriff, der die Gesamtheit aller von der Bank emittierten und notierten Optionen bezeichnet, und die der »Aktien und OGAW[9]«, die sich

---

8 DAI = Derivés Actions et Indices = Aktien- und Indexderivate (Anm. d. Ü.)
9 OGAW = Organismus für gemeinsame Anlagen in Wertpapieren (Anm. d. Ü.)

mit allem befasst, was auf den sogenannten organisierten Märkten (Aktien, Futures, Optionen)[10] notiert wird.

Gemeinsam mit einer Kollegin war ich hier für die OGAWs oder »Organismen für gemeinsame Anlagen in Wertpapieren« zuständig, die gemeinhin als »Fonds« bezeichnet werden. Sie umfassen verschiedene Produkte und haben nichts mit denjenigen zu tun, mit denen ich vier Jahre später handelte, nachdem ich Trader geworden war. Die ganze Abteilung für gelistete Produkte stand unter der Aufsicht einer sympathischen und dynamischen Frau namens Christine Rodriguez. Sie war eine Portugiesin von Mitte 30 und hatte die Verantwortung für ein Team von fünf Leuten. Das Durchschnittsalter war niedrig, alle waren so um die 30. Im Team herrschte immer gute Laune und eine kameradschaftliche Stimmung.

Meine Ausbildung erfolgte direkt am Arbeitsplatz; sie stellte mich vor keine besonders großen Herausforderungen, denn meine Aufgaben waren einfach und monoton. Und außerdem war meine Begeisterung darüber, einem so angesehenen Unternehmen wie der Société Générale anzugehören, für einen jungen Universitätsabsolventen wie mich außerordentlich motivierend. Mein Job war einfach: Ein Trader lieferte mir Parameter über einen bestimmten Typ von Produkten, und ich gab sie in das »Eliot« genannte Informatiktool des Front-Office ein, wodurch die Referenzgrößen entstanden, mit denen die neuen Finanzinstrumente und die mit ihnen getätigten Geschäfte verfolgt werden konnten. Ein weiterer Aspekt meiner Arbeit bestand darin, mich jeden Abend bei Börsenschluss zu vergewissern, dass die Kurse, die das EDV-Tool anzeigte, wirklich aktuell waren. Erfassung der Parameter, die mir übermittelt wurden, Überprüfung, dass die aktuellen Kurse im EDV-Tool mit denen übereinstimmten, die von der Börse übertragen wurden – nur das und nichts anderes wurde von mir erwartet. Ich übte keinerlei Kontrolle über die Geschäfte aus, so wie die Société Générale später erklären sollte, die außerdem behauptete, ich hätte im Back-Office gearbeitet, also in der Abteilung, die für die Kontrolle und Abwicklung aller Geschäfte zuständig ist. An meinem Arbeitsplatz hätte ich nicht lernen können, wie die internen Kontrollen des Back-Office funktionieren, weil ich keinerlei Kontakt mit dieser Abteilung hatte. Was den Handel anging, so war er Teil eines anderen Universums, dem des Front-Office, das ebenfalls von dem abgetrennt war, in dem ich mich bewegte. Meine

---

10 »Futures« ist an der Börse die Bezeichnung für Terminkontrakte. Ein Terminkontrakt ist ein auf einem organisierten Markt (der Börse) ausgehandelter Vertrag, mit dem der Käufer (Verkäufer) sich verpflichtet, in der Zukunft ein bestimmtes Produkt zu einem vorher festgelegten Preis zu kaufen (verkaufen). Der Käufer eines Futures erhält die Differenz, wenn der Kurs des Produkts bei Ablauf der Frist am Markt höher ist als der vorher vereinbarte Preis; im umgekehrten Fall zahlt er die Differenz.

Abteilung befand sich im Übrigen in einer anderen Etage als die der Trader, mit denen ich nur durch kurze Telefonate in Verbindung stand.

Wegen der Beschaffenheit der Produkte, mit denen ich mich beschäftigte, und wegen der verschiedenen Börsenplätze, an denen sie notiert wurden, hatte ich von Anfang an sehr lange Arbeitszeiten. Der Arbeitstag fing gegen 8 Uhr an und endete nie vor 20 Uhr, wenn nicht sogar 21 Uhr. Bei dieser Tätigkeit begann ich, mich mit den verschiedenen Finanzprodukten vertraut zu machen, mit der eine große Bank wie die Société Générale handelt. Ihre Anzahl ist beträchtlich und steigt ständig weiter. Die verschiedenen Banken bieten ihren Kunden täglich neue Produkte an; manche sind einfach, wie die Warrants, andere dagegen sehr komplex, so wie die sogenannten »Strukturprodukte«. Es gibt davon so viele verschiedene, dass ich nicht die geringste Ahnung habe, wie viele es genau sind. Meine Kollegen und ich beschäftigten uns beispielsweise mit 500 unterschiedlichen OGAWs. Es ist schwindelerregend, wenn man bedenkt, dass unsere Tätigkeit nur einen winzigen Anteil der Produkte betraf, mit denen sich die Société Générale insgesamt befasste.

Bei meinem Eintritt in das Unternehmen war ich sehr davon überrascht, wie automatisiert die Abwicklung war. Seit dem Jahr 2000 waren die von der Bank entwickelten EDV-Tools schon so effizient, dass sie im gesamten Finanzsektor gerühmt wurden. Es hieß überall, dass die Société Générale an der Spitze der Entwicklung stand. Und das aus gutem Grund: Die geringste Abweichung zwischen Informationen in zwei Systemen wurden vom Controlling am nächsten oder übernächsten Tag automatisch festgestellt. Es gab nur wenige manuelle Eingriffe durch die Mitarbeiter, die für die Kontrollen zuständig waren, und die automatischen Reportings wurden an die betreffenden Personen weitergeleitet. Dieses Vorgehen unterschied sich in angenehmer Weise von der Situation, die ich bei der BNP kennengelernt hatte, wo die Prozeduren und die Kontrollen erheblich weniger automatisiert gewesen waren.

In der ersten Zeit hatte ich nur eine vage Vorstellung vom allgemeinen Aufbau einer Bank. Da ich mich ganz auf die Erfassung von Daten konzentrierte, wusste ich nichts von den Finanzstrategien, die sich oberhalb des Middle-Office abspielten. Ohne Wechsel in eine andere Abteilung hätte ich auch Jahre später nicht mehr darüber erfahren, denn die Geheimniskrämerei rund um die Tradingstrategien der Händlerteams war enorm. Dass nichts nach außen drang, wurde durch eine vom Management sorgfältig arrangierte Abschottung der Handelsräume gewährleistet. Ebenso wenig durchschaute ich die Komplexität der vielfältigen internen Kontrollen. Aus diesem Grund wurde mir ziemlich bald langweilig. Nach einem Jahr kannte ich die monotone und wenig anspruchsvolle Tätigkeit, die ich zu erledigen hatte, in- und auswendig. Dagegen gab es einen Aspekt meiner Arbeit, der mich faszinierte. Mir kam die Idee, in Excel einige Tools zu entwickeln, die bestimmte Aufgaben automatisierten, sowohl meine eigenen als auch die der anderen Teammitglieder, zum Beispiel bei der Datenerfassung, beim Reporting usw. Bald widmete ich dieser Tätigkeit einen Großteil meiner Arbeitstage und die neuen Verfahren, die ich ausarbeitete, hatten in meinen Augen einen doppelten Vorteil: Die Entwicklung dieser Tools forderte mich intellektuell und half mir gleichzeitig, bei meinen täglichen Aufgaben Zeit zu sparen.

Das war zweifellos der Ursprung der Legende, aus der die Société Générale zu Beginn der Affäre meine angeblichen Fähigkeiten im Bereich der Informatik herausdestillierte ... Was ist in den Augen der Öffentlichkeit glaubwürdiger, als von einem Hackergenie ausgetrickst worden zu sein? Die Wahrheit sieht völlig anders aus. Das einzige EDV-Tool, das ich beherrschte, war ein Excel-Sheet, das von 99,9 Prozent aller Personen im Finanzwesen benutzt wird; die Erstellung von »Macros« in Excel erfordert nur elementare geistige Fähigkeiten. Allerdings muss man sich die Zeit nehmen, sich der Sache zu widmen, und ich war einer der wenigen, wenn nicht sogar der Einzige in unserem sechsköpfigen Team, der das tat.

Nach und nach schlugen mir einige Händler vor, Reportingtools für sie zu automatisieren, weil ihnen die Zeit fehlte, es selbst zu tun. Bei dieser Gelegenheit ergab sich der erste Kontakt mit einem Beruf, mit dem ich nie zuvor zu tun gehabt hatte: dem des Traders. Damals war ich Lichtjahre von der Vorstellung entfernt, dass ich eines Tages selbst diesen Job machen würde.

Im Jahr 2002 eröffnete sich mir jedoch eine Gelegenheit, denn der Assistent eines Traders gab seine Stelle in der Abteilung DAI im Arbitragehandel auf. Ich war absolut begeistert, tatsächlich Zutritt zu einem der angesehensten Handelsräume der Bank zu erhalten und Assistant Trader zu werden. Damit rückte ich noch näher an die besagte »Zentrale zum Kohlemachen« heran. Seit zwei Jahren arbeitete ich bei der Société Générale, und mir wurde immer bewusster, dass die Leistungskultur allgegenwärtig war. Ich spürte in dieser verdeckten Hierarchie den unterschiedlichen Stellenwert der »Kosten-Center«, also aller unterstützenden Funktionen – das Back- und das Middle-Office –, und der »Profit-Center«, also der Mitarbeiter des Front-Office – die Trader und die sales (die Produktverkäufer). Kosten-Center, Profit-Center ... ich weiß nicht, wie oft ich diese Begriffe gehört habe; sie hatten Eingang in jedermanns Sprache und ins kollektive Unterbewusstsein gefunden. Bei meinem Wechsel in das neue Universum versetzte mich noch etwas anderes in Erstaunen. Die Leute, die beispielsweise in der EDV-Abteilung arbeiteten, nannten uns nicht beim Namen oder beim Vornamen, sondern bezeichneten uns als »Kunden« – so als ob man in verschiedenen Unternehmen arbeiten würde ... Als ich noch jünger war, hatte ich während der Ferien im Friseursalon meiner Mutter ausgeholfen, wo alle Angestellten ein echtes Team bildeten; daher kam mir diese Unterscheidung zumindest etwas merkwürdig vor.

Ich wurde also Assistant Trader im Arbitragehandel der Abteilung GEDS[11] (so hatte man die Abteilung DAI umbenannt) und entdeckte somit einen neuen Aspekt der Finanzwelt. Vereinfacht ausgedrückt besteht die Tätigkeit des Arbitragehändlers darin, ohne Risiko Gewinne zu machen, indem man gleichzeitig auf verschiedenen Märkten tätig wird. Ein Wertpapier, das in verschiedenen Ländern notiert wird, hat nicht überall denselben Wert. Die Arbitrage besteht darin, dort zu kaufen, wo das Papier am billigsten ist, um es dort wieder zu verkaufen, wo es zum höchsten Kurs gehandelt wird. Durch die Koppelung von Kauf und Verkauf wird das eingegangene Risiko also äußerst gering. Die Erträge sind minimal und entstehen durch das jeweilige Handelsvolumen.

Diese neue Tätigkeit rief andere Emotionen hervor als die vorherige. Das Tagesgeschäft bestand für mich darin, die Transaktionen im EDV-System zu erfassen – im Front-Office der Société Générale hat es, wie bereits erwähnt, den Namen Eliot –, die Ergebnisse auszuwerten, im Fall einer Unregelmäßigkeit deren Ursprung zu suchen, die Risiko-Indizes in den Portfolios der Händler zu veröffentlichen – im Fachjargon heißt das »die Risikoanalysen rauslassen«, sie an die Händler weiterzuleiten und die Verbindung zum Back-Office zu gewährleisten. Ein Assistant Trader erledigt also gleichzeitig sowohl die Erfassung als auch die Zusammenstellung der täglichen Transaktionen, hat aber im Gegenzug keinerlei Entscheidungsbefugnis über die zugrunde liegenden Geschäfte. Dafür ist allein der Trader zuständig, der die Dokumente, die ihm sein Assistent jeden Abend vorlegt, abzeichnet und seine Strategie so verfolgt, wie er es für richtig hält. Anders ausgedrückt übernimmt der Assistant Trader Verwaltungsaufgaben, aber keinerlei Kontrollfunktionen (denn eines der grundlegenden Prinzipien besagt, dass

---

11 Global Equity Derivatives Solutions, Abteilung für den Handel mit Aktienderivaten (Anm. d. Ü.)

diejenigen, die im Finanzwesen für die Kontrolle verantwortlich sind, immer vom Front-Office völlig unabhängig sein müssen), er erleichtert den Tradern ihre Tätigkeit und verfolgt deren Geschäfte – in meinem Fall war das ein knappes Dutzend Händler. Daher die verrückten Arbeitszeiten, die gewöhnlich von 7 Uhr bis 22 Uhr oder sogar bis Mitternacht gingen.

Durch diese besondere Nähe zu den Tradern kennt ein Assistent die Transaktionen derjenigen sehr genau, die er betreut, auch wenn er die Motive und Strategien nicht kennt. Sehr schnell konnte ich feststellen, welche der erfassten Geschäfte noch »offen« waren (mit diesem Status kann ein Scheingeschäft verschleiert werden), welche Ergebnisse »unter den Teppich gekehrt« wurden und mithilfe welcher Technik dies erfolgte, welchen Umfang gewöhnliche Arbitragebewegungen hatten und wann »gezockt«, also reine Spekulation betrieben wurde.

Da im EDV-Tool alles nachvollziehbar war, im Guten wie im Schlechten, war es einfach, die Herkunft der Gewinne zu überprüfen, sich eingehender mit dem Handelsbuch eines Traders zu befassen und es genau unter die Lupe zu nehmen. Im Lauf von sechs Monaten konnte ich so all die verschiedenen Methoden kennenlernen, die die Händler einsetzten. Ich kapierte schnell, dass der Spielraum zwischen dem Ausgesprochenen und dem Unausgesprochenen, zwischen offiziellen und weniger offiziellen Vorgehensweisen, sehr eng, die Toleranz der Verantwortlichen allerdings sehr hoch ist. Nur das Ergebnis zählt, also die Gewinne, die zugunsten der Bank erzielt werden und auf die die Trader und Manager sich stützen, um ihre Boni auszuhandeln und ihren beruflichen Bekanntheitsgrad zu erhöhen. In den Handelsräumen regiert ein einfaches Prinzip: Man ist da, um Geld zu verdienen … und zwar möglichst haufenweise. Jeder Trader hat ein individuell festgelegtes Ziel, das er erreichen muss. Je besser das Jahr war, desto höher werden die Ziele. Wenn man am 31. Dezember seine Ziele nicht erreicht hat, bekommt man das mit Sicherheit an den Kopf geworfen, ganz abgesehen von den Lästereien der anderen Teams, weil man sich »eine eingefangen« hat. Ich erinnere mich, welche schwierige Aufgabe einer der Bereichsleiter bei der jährlichen Seminarveranstaltung hatte. Er musste sich vor versammelter Mannschaft und in Anwesenheit zahlreicher Führungskräfte rechtfertigen, warum er seine Ziele nicht erreicht hatte, wobei erschwerend hinzukam, dass das Scheitern seines Teams den Gesamtbonus des ganzen Geschäftsbereichs schmälerte. So hörte ich beim Verlassen des Seminars folgenden Satz: »Für diese Wichtigtuer mit ihren Scheiß-Blackberrys müssen wir jetzt die Zeche zahlen.« Was bedeutete: »Weil einige Aktivitäten zu keiner guten Performance geführt haben, wird man uns sagen, dass wir solidarisch sein und eine Senkung unserer eigenen Boni akzeptieren müssten.« Dabei hatten diese Leute allerdings vergessen, dass sie im Vorjahr in derselben Situation gewesen waren.

Damals war ich 27 Jahre alt. Die meisten Trader und Assistenten sind kaum älter als 30. 90 Prozent von ihnen waren Männer, wodurch im Raum ein Tonfall von Machos und Pennälern herrschte. Aber es wurden keine Äpfel mit Birnen verwechselt; die Trader machten ihre Witze untereinander, ohne sich mit ihren Assistenten einzulassen. Da ich dieses Gehabe zurückgebliebener Spätpubertierender sowieso nie besonders mochte, machte es mir nichts aus, so auf Distanz gehalten zu werden. Auch wenn die meisten Händler von den Grandes Écoles kamen, war das allgemeine Niveau der Witze weit unter der Gürtellinie. Ich erinnere mich, wie eines Tages zwei junge Praktikantinnen vorbeigingen und einer der Trader in völlig normalem Tonfall fragte, wer denn »die beiden Nutten« bestellt hätte … Auch bescheuerte Wetten waren an der Tagesordnung: 500 oder 1000 Euro für den, der die Anzahl der PCs im Raum richtig schätzte, ein paar Ohrfeigen für denjenigen, der ein falsches Ergebnis von sich gab … Einer der Trader, Raphaël, war der Prügelknabe des ganzen Handelsdesks. Jede Gelegenheit wurde genutzt, den armen Kerl, der aus unbekannten Gründen Lulu genannt wurde, auf die Palme zu bringen.»Na Lulu, werden sich die amerikanischen Beschäftigungszahlen deiner Meinung nach heute *bullish* (steigende Kurse) oder *bearish* (fallende Kurse) auf den amerikanischen Markt auswirken?« – »Ich hab keine Ahnung«, antwortete der arme Lulu, »lass mich in Frieden.« Weil er aber immer weiter bedrängt wurde, gab Raphaël schließlich eine Prognose von sich:»Ich bin *bearish*.« – »Um was wetten wir? Um eine Ohrfeige? Ja, um eine Ohrfeige«, forderte der Chor der Trader. Unglücklicherweise war der Markt nach Bekanntgabe der Beschäftigungszahlen *bullish*. Ich höre noch die schallende Ohrfeige, die ein Kollege Lulu unter dem Gelächter aller Umstehenden gab …

Nach einem Jahr hatte ich die Geheimnisse des Jobs durchschaut und begann mich zu langweilen, weil meine Arbeit größtenteils aus Datenerfassung bestand. Wie würde es mit meiner Karriere weitergehen? Ich hatte nicht die geringste Ahnung. Ich dachte keinen Augenblick lang daran, Trader zu werden. Ich wagte nicht einmal, daran zu denken, denn das war absolut unrealistisch. Außerdem fühlte ich mich in diesem Milieu nicht besonders wohl und hatte gar nicht das dringende Bedürfnis, dazuzugehören. Man schlug mir vor, eine Stelle bei einer Auslandsniederlassung anzunehmen, aber von dieser Vorstellung war ich nicht sonderlich begeistert. Meine damalige Freundin und ich hatten gerade eine Wohnung in Levallois gekauft und hatten nicht vor, Paris zu verlassen. Und dann eröffnete sich eine andere Gelegenheit. Im Lauf des Jahres 2004 hatte einer der Bereiche, für den ich als Assistent zuständig war, stark expandiert: der Markt der »Turbo-Warrants«. Ich habe den Begriff »Warrant« schon einmal erklärt. Einfach ausgedrückt handelt es sich dabei um Derivatprodukte, die die Banken für Privatkunden und Finanzprofis geschaffen haben. Es handelt sich um Kaufoptionen (»Calls«) oder Verkaufsoptionen (»Puts«) auf die verschiedensten zugrunde liegenden Produkte: Aktien, Börsenindizes, Wechselkurse, Rohstoffe ... Ihre Funktionsweise ist einfach und ähnelt einer Wette: Ich erwerbe eine Kaufoption auf eine bestimmte Aktie zu einem vorher vereinbarten Preis, weil ich denke, dass der Kurs dieser Aktie steigen wird. Bei Fälligkeit erziele ich einen Gewinn, wenn der Kurs gestiegen ist, und ich kassiere die Differenz zwischen dem aktuellen Kurs und dem zu Beginn vereinbarten Preis, den man Ausübungspreis nennt. Wenn der Kurs gefallen ist, verliere ich nur den Preis des Warrants.

Diese Warrants, die in ihrer aktuellen Form Mitte der 1980er-Jahre auf den Markt gekommen waren, hatten von Anfang an eine große Anziehungskraft auf die Kunden, und zwar aus einem Grund, der die eigentliche Basis aller Finanzanlagen ist: Die Anfangsinvestition ist geringer als für ein traditionelles Produkt, aber die Gewinnchancen sind gleich hoch. Die Rendite pro investiertem Euro ist daher höher: die berühmte »Hebelwirkung«.

Die Einführung der Turbo-Warrants im Jahr 2004 brachte eine interessante Neuheit mit sich: Ihre Funktionsweise war in der Kalkulation dank der Existenz einer »Knock-out-Schwelle« einfacher und sicherer geworden. Wenn der Kurs des Basiswertes diese Schwelle erreicht oder über- bzw. unterschreitet, verfällt der Warrant. Das Risiko eines Totalverlusts wurde dadurch entsprechend geringer und schützte auf diese Weise einen Teil des investierten Kapitals. Die Kalkulation dieses Produkttyps war extrem leicht, denn sie bestand in einer einfachen Subtraktion. Aus diesem Grund brachten die französischen Banken sie nur widerwillig auf den Markt. Die traditionellen Warrants waren bei den Kunden sehr erfolgreich und erlaubten den Banken höhere Gewinnspannen; warum sich also mit den Turbo-Warrants ins eigene Fleisch schneiden und den Produkten Konkurrenz machen, die gut laufen und Geld bringen? Das waren die Diskussionen unter den Bankern. Aber einige ausländische Kunden waren damit ganz und gar nicht einverstanden; vor allem die Deutschen, deren Finanzkultur höher entwickelt ist als unsere. Sie begannen, sich vom Markt der Warrants abzuwenden, weil sie der Ansicht waren, dass die Banken sich hier den Löwenanteil sicherten und die Kunden nur »abspeisten«. Sie hatten damit nicht ganz unrecht.

Ich erinnere mich, dass ich zu Beginn meiner Tätigkeit als Assistent mit dem internen System der Bank den Wert evaluiert hatte, den ein Warrant haben sollte und den man als »Fair Value« oder »beizulegender Zeitwert« bezeichnet. Als ich dann den Preis sah, den der Trader, der einige Tische weiter saß, den Bankkunden anbot, fiel ich fast vom Stuhl ... Er war um 50 Prozent höher. Ich ging völlig unbedarft zu ihm, um ihn im guten Glauben darauf hinzuweisen, dass an dem Preis, den er seinem Kunden gab, etwas nicht stimmen könnte. Er brach in lautes Gelächter aus und sagte: »Erste Lektion des Tradings: die Marge.« Immer noch ganz unbedarft fragte ich ihn: »Aber kannst du denn zu dem Preis verkaufen?« Durch seine Antwort verstand ich, dass ich in ein anderes Universum eingetreten war, und endlich erfasste ich den Sinn des Ausdrucks »Zentrale zum Kohlemachen«: »Na klar. Und solange es nette Kunden gibt, die mir diese Marge zahlen, werde ich nicht darauf verzichten.«

Zuerst begannen die Finnen, dann die Schweden, auf den Märkten nach verfügbaren Turbo-Warrants zu suchen. Obwohl sie sich weiterhin weigerten, den französischen Markt zu öffnen, beschlossen unsere Banken daher, ihr neues Produkt im Ausland anzubieten. In Frankreich selbst kamen sie erst sehr viel später auf den Markt, und anfangs auch noch sehr zurückhaltend. Da ich selbst mit diesen Produkten im Ausland zu tun hatte, war ich sauer, dass ich den französischen Markt nicht explorieren konnte, aber sosehr ich das Management auch darum bat, mich in dieser Hinsicht zu unterstützen: Die Antwort war jedes Mal ablehnend. Die französischen Banken hatten sich untereinander abgesprochen, keine Turbo-Warrants auf Aktien zu emittieren, um den klassischen Warrant-Markt nicht kaputtzumachen, der von allen Märkten der profitabelste war.

Der Geschäftszweig mit den Warrants wuchs so stark an, dass das Team in der zweiten Hälfte des Jahres 2004 geteilt wurde. Das neue Team, das auf den Namen »Deltaone« getauft wurde, handelte nur mit Kundenprodukten, und einer der Senior-Händler, Alain Declerck, stellte bald fest, dass sie einen »engagierten Assistant Trader« brauchten, also einen, der seine ganze Arbeitszeit diesem neuen, kleinen Team widmete. Er schlug mich für diesen Posten vor, und die Vorgesetzten waren einverstanden. Ich fand mich also bald darauf am Trading Desk zwischen den Händlern wieder; jetzt war ich mitten im Geschehen und nicht so weit davon entfernt wie die übrigen Assistenten, die in einem anderen Teil des Raums saßen. Die Erfahrungen, die ich dort machte, waren faszinierend: Ich verfolgte die Geschäfte mit den neuen Produkten, beobachtete, wie sie gehandelt und wie ihre Kauf- und Verkaufskurse festgelegt wurden. Es war die Gelegenheit, eine neue Tätigkeit zu lernen – nicht die des Arbitrageurs, sondern die des »Market-Makers«, denn der Market-Maker ist derjenige, der den Kunden die Kauf- und Verkaufspreise für verschiedene Produkte liefert. Deswegen sagt man von ihm, dass er die Kurse »notiert«. Der Gewinn, den er erwirtschaftet, ist die Spanne zwischen dem Kurs, den der Käufer zahlt, und dem, den der Verkäufer erhält.

Arbitrage, Market-Making – ich bekam zwar einen Einblick in den Beruf des Traders, aber meine Verantwortlichkeiten waren davon nicht betroffen. Ich war immer noch Assistent, war also weiterhin für die Datenerfassung zuständig, fuhr dabei aber fort, EDV-Tools zu entwickeln, um das Reporting zu vereinfachen. Nach und nach übertrug man mir die Aufgabe, das Handelssystem, den »Automaten«, zu beaufsichtigen, der die Kurse für die Produkte notierte, die auf dem deutschen Markt ausgegeben wurden. Mit diesem grundlegenden EDV-Tool kann man Orders direkt auf dem Markt platzieren; nach ihrer Ausführung werden sie automatisch in der Eliot-Datenbank erfasst, wo sie bleiben, bis sie von den Leuten des Back-Office kontrolliert worden sind.

Dieser neue Job machte mir Spaß, und obwohl mein Gehalt nicht erheblich gestiegen war, strengte ich mich noch mehr an als vorher. Alain Declerck und die anderen Trader des Teams hatten mir unmissverständlich klargemacht, dass ich »keinen Fehler machen dürfte«, dass sie sich auf mich verlassen würden und dass ich mir, wie einer von ihnen es ausdrückte, »den Arsch aufreißen« müsse, um zu beweisen, dass ich diese »Vorzugsbehandlung« verdient hätte. Viele der anderen Assistenten hätten meinen Job am Handelsdesk auch gern gehabt, wo man zwischen den Tradern saß und nicht vier Tische weiter weg, abseits des Geschehens. Obwohl ich viel zu tun hatte und meine Aufgaben sehr zeitraubend waren, fand ich Spaß daran, die Mechanismen zu durchschauen und die verschiedenen Strategien zu analysieren, die den Geschäften zugrunde lagen. Ich blieb zwar Assistent, wurde aber im Lauf der Wochen eine Art Praktikant im Trading. Ich hielt mich auch nicht mit Fragen an Alain Declerck zurück, der ein passionierter Trader war und mit dem ich gelegentlich nach Arbeitsschluss gegen 22 oder 23 Uhr noch etwas trinken ging. Ich nutzte diese Augenblicke der Entspannung, um ihm Fragen über den vergangenen Tag zu stellen: »Warum gab's Krach mit dem Schweizer Verkäufer?« »Warum bist du zu diesem Zeitpunkt diese Position eingegangen?« … Declerck war ein sympathischer Typ. Er war ein Jahr älter als ich und hatte den typischen beruf-

lichen Werdegang absolviert. Er hatte erst an der HEC und anschließend an der Arts-et-Métiers[12] studiert, dann ein Praktikum im Trading
gemacht und schon bald einen unbefristeten Vertrag als Trader bekommen; schon kurz darauf war er zum wichtigsten Trader dieses neuen
Produkts, der Turbo-Warrants, aufgestiegen. Er machte seinen Job mit
einem gemischten Gefühl von Begeisterung und Angst. Er sprach offen
über seine Zweifel, äußerte sich gelegentlich mit einem Hauch von Ironie über seine Vorgesetzten, regte sich bei schlechten Geschäften oft
auf und war häufig sehr gestresst. Dann murmelte er:»Das wird nicht
mehr lange gut gehen, das wird nicht mehr lange gut gehen …«, um mit
zehnfacher Energie wieder in den Kampf zu ziehen.

Wir verstanden uns gut. Er war es, der mir alles über den Handel bei-
brachte, indem er mich über die Techniken aufklärte und mit seinen
präzisen Antworten die undurchsichtigen Bereiche des Geschäfts auf-
hellte. Aber er ließ auch keinen Zweifel an meiner Zukunft:»Du wirst
nie Trader werden«, sagte er mir,»du hast weder die entsprechende
Ausbildung noch bist du der Typ dafür. Man muss hungrig sein, um
diesen Job zu machen.« Ich hatte keinerlei Zweifel daran; ich hatte verstanden, wie groß der Abstand zwischen einem Händler und einem Assistenten ist. Aber die Finanztechniken als solche interessierten mich,
unabhängig von meinen Karriereplänen.

Alain Declerck war mein hauptsächlicher Gesprächspartner im Handelsraum. Über ihm begann eine geheimnisvolle Welt, von der ich
nichts mitbekam. Unser Vorgesetzter N + 3, Pierre-Yves Morlat, Chef des
Arbitragehandels, dem ich jeden Tag begegnete, richtete nie das Wort
an mich. Daher erfuhr ich Ende 2004 aus dem Mund eines seiner Mitarbeiter die Neuigkeit:»Glückwunsch, du wirst nächstes Jahr Trader.«
Angesichts meines ungläubigen Staunens fügte er hinzu:»Das ist kein
Witz. Ich hab die Mail gesehen.« Alain Declerck, derselbe Mann, der
mich seit Wochen vor jeder unrealistischen Hoffnung warnte, hatte es
tatsächlich unter der Hand geschafft, die Verantwortlichen von meinen
Fähigkeiten zu überzeugen! Er schätzte meine Arbeit, meine intellektu-
elle Neugierde und zweifellos auch meine rasche Auffassungsgabe. Das
Merkwürdige an der Geschichte war, dass ich die E-Mail, die meinen
Aufstieg ins Front-Office besiegelte und in der Pierre-Yves Morlat den
Chef des Handels, Luc François, um die Genehmigung bat, mich zum
Trader zu befördern, erst im Rahmen meines Ermittlungsverfahrens zu
Gesicht bekam.

---

12 Die École des Hautes Études Commerciales und die École Nationale Supérieure d'Arts et Métiers zählen zu den französischen Eliteuniversitäten. (Anm. d. Ü.)

Dank Alain Declerck wurde ich also 2005 Junior Trader. So etwas passiert in den Handelsräumen, vor allem in denen der Société Générale, nur sehr selten. Die Welt des Trading ist derart in sich abgeschlossen, dass der Aufstieg eines Assistenten ins Herz eines Handelsraums etwas Außergewöhnliches ist. Während meiner Zeit bei der Société Générale gab es, glaube ich, keinen Fall, der mit meinem vergleichbar war. Im Übrigen war mit meiner Beförderung zum Junior Trader keinerlei besondere Ausbildung verbunden. Die Arbeit an der Börse ähnelt Gesellenjahren: Ein Junior Trader wird einem Senior Trader zur Seite gestellt, beobachtet dessen Arbeitsweise und sammelt so lange Erfahrung, bis er autonom wird und eigene Initiativen ergreift. Das Leben der Märkte kennenzulernen und zu verstehen hat sehr wenig mit Theorie zu tun. Kenntnisse und Fähigkeiten bekommt man nur in der Praxis.

Für mich begann ein neues Leben. Es sollte die unterschiedlichsten Gefühle mit sich bringen, viele positive und einige negative; und es sollte schließlich zu meinem Sturz führen.

Kapitel 5
Verantwortlicher Trader

Der Wechsel vom Assistenten zum Trader bewirkte bei mir große Veränderungen. Ich lernte andere Menschen kennen, erlernte andere Praktiken, entdeckte die Alltagsrealität einer großen Bank mit ihren Licht- und Schattenseiten. Meine Arbeitstage, die vorher schon stressig gewesen waren, wurden noch hektischer. Schon bald gewöhnte ich mich daran, täglich Hunderte von Aufträgen zu platzieren, für deren Höhe mir nach und nach das Bewusstsein verloren ging. Ich eignete mir den Jargon, der in den Handelsräumen herrscht und der in einer merkwürdigen Mischung aus Amerikanisch und Französisch besteht, so sehr an, dass er Teil meiner eigenen Sprache wurde; ich ertappte mich dabei, dass ich nicht mehr sagte, jemand habe ein Auto verkauft, sondern er sei »*short gegangen*«, und ich kaufte keine DVD mehr, sondern ich »*ging long*«. Ich merkte es selbst nicht sofort, aber an diesem Januarmorgen des Jahres 2005 landete ich in einer Welt, die ihre eigene Sprache, ihre eigenen Gesetze und ihre eigenen Sitten hat, ihre Helden und ihre Vertriebenen, ihre Herren und ihre Diener, und natürlich ihre Währung: Zahlen, die auf einem Bildschirm erscheinen und sich mit Lichtgeschwindigkeit über dem Planeten verbreiten – und einige Millisekunden können alles verändern. Im Nachhinein bin ich froh, dass ich nicht mehr zu den Bewohnern dieser Welt gehöre, selbst ohne die Ereignisse zu berücksichtigen, die zu meinem Ausschluss aus ihr geführt haben.

Ich verbrachte mehr Zeit als meine Kollegen vor dem Computer, weil ich alles verstehen, meine Sache gut machen und keine Gelegenheit verpassen wollte. Und mir war klar, dass ich in der wenigen Zeit, die mir darüber hinaus blieb, Kontakt zu den anderen suchen und mit ihnen ausgehen musste, um mich ins Team zu integrieren. Auch das bisschen Privatleben, das ich vorher noch hatte, war damit schnell verschwunden. Meine Zeit, die schon zuvor zum größten Teil der Société Générale gewidmet war, wurde jetzt vollständig von ihr aufgefressen. Ich wäre aber nicht auf die Idee gekommen, mich zu beschweren, weil ich ja selbst so interessiert an dem Job und glücklich über meinen Erfolg war. Mein Privatleben trug die Konsequenzen. Durch meine neue Arbeit entfernten sich meine Freundin und ich voneinander, was schließlich zu unserer Trennung führte, ohne dass es einen konkreten Anlass oder einen großen Streit gegeben hätte. Nur dass die Frau, die mich geliebt und die ich geliebt hatte, mich nicht mehr wiedererkannte, so wie auch sie selbst mir fremd geworden war. Ich spürte, dass ich in etwas hineinrutschte, was nicht zu mir passte – aber ich konnte es nicht verhindern.

Ich organisierte mein Leben neu. Ich mietete eine kleine Wohnung in Neuilly und richtete mich sehr bald dort ein. Ein Bett, ein Sofa, ein Fernsehgerät, sehr wenige Möbel, das absolute Minimum, was man zum Leben braucht; die Einrichtung war auch äußerst spärlich, weil ich dort nur sehr wenig Zeit verbrachte. Nie nahm ich meine Mahlzeiten in meiner Wohnung ein, nicht einmal das Frühstück. Ich kam spätabends heim, um am nächsten Morgen in aller Frühe wieder aufzubrechen, und am Wochenende, wenn ich nicht ausging, reichte mir der Fernseher, um nach einer anstrengenden Woche abzuschalten. Um das Putzen kümmerte sich eine Haushälterin, die auch einmal in der Woche meine Sachen bügelte. Mein Privatleben war auf das absolute Minimum reduziert, weil alles andere vollkommen von meinem Arbeitsleben aufgefressen wurde. Das Komische dabei ist, dass mir das gar nicht auffiel. Ich blickte nicht mehr in die Zukunft, entwickelte keine beruflichen Perspektiven mehr, dachte nicht darüber nach, was mir zustoßen könnte. Ich lernte eine neue Frau kennen und bemerkte schnell, dass ich sie sehr mochte, ohne allerdings deswegen mein Leben zu ändern. Ich beließ alles beim Alten: das Ausgehen mit den Kollegen, die kurzen Nächte und endlosen Tage, die allgegenwärtige Arbeit. Als meine Affäre aufflog, war ich sehr davon berührt, wie stark und präsent meine Freundin war und welche Sorgen sie sich um mich machte. Als ich ihr das sagte, war ihre Antwort zugleich der schönste Liebesbeweis, den man mir machen konnte, und die bittersüße Wahrheit dessen, was sie mir zuliebe durchmachte:»Ich habe das, was du mir in den letzten zwei Jahren zugemutet hast, nicht ertragen, um dich jetzt fallenzulassen«, flüsterte sie mir lächelnd zu.

Zu Beginn dieses Jahres 2005 gab ich mehrere Wochen lang am Platz und mit der Lizenz meines Senior Traders, Alain Declerck, Aufträge in die Märkte. Danach erhielt ich die Lizenzen, die von den verschiedenen Börsenplätzen ausgestellt werden und mit denen man im eigenen Namen handeln darf. Die Prüfungen, die man dazu ablegen muss, sind nicht schwierig; man muss nachweisen, dass man die Grundregeln der Börse kennt, und sich verpflichten, sie zu beachten. Dieser Punkt der Compliance-Regeln der Börse ist wichtig: Er garantiert, dass die Geschäfte zurückverfolgt werden können, und ermöglicht es, gegebenenfalls einen Verantwortlichen ausfindig zu machen. So erhielt ich die Lizenz für unseren wichtigsten Markt, Deutschland, dann eine weitere für die skandinavischen Länder und schließlich diejenigen, die mir Zugang zu den meisten anderen Ländern gewährten. Da meine Rechtsposition geklärt war, erhielt ich den Status als Trader.

Aber wie so oft im Bankwesen unterscheidet sich die Praxis von der Theorie, und unter dem Deckmantel, den die Lizenzen darstellen, verstecken sich oft unorthodoxe Gewohnheiten. Da gibt ein Trader Aufträge mit der Lizenz eines anderen ein, so wie ich es selbst gemacht habe – das ist oft bei Junior Tradern und Praktikanten der Fall. Der andere Händler handelt im Buch eines Kollegen, der im Urlaub ist, was aus jedem Platz ein Mini-Imperium macht, in dem die Sonne nie untergeht. Natürlich geschieht dies alles nicht nur mit dem Segen der Manager, sondern auch dem der Compliance-Abteilung. So habe ich zum Beispiel auch die denkwürdige Situation miterlebt, dass ein Trader die Lizenz eines Kollegen benutzte, der drei oder vier Monate zuvor gekündigt hatte! Normalerweise bringt diese Vorgehensweise keinerlei Schwierigkeiten mit sich. Aber es kommt vor, dass eine Börse, die den Verdacht auf eine Unregelmäßigkeit hegt, telefonisch nachfragt. Ohne sich aus der Fassung bringen zu lassen, liefert der Gesprächspartner dann eine schnelle Erklärung: Der Inhaber der Lizenz ist gerade auf der Toilette, er kommt gleich wieder … Im Normalfall begnügt sich der Fragesteller damit. Aber manchmal kommt es auch zu Nachforschungen, und dann kann es für die Bank heikel werden. Die Schweizer Börse ist in dieser Hinsicht am aufmerksamsten. Im Mai 2008 musste die Société Générale eine Strafe von 24.664 Euro zahlen, weil sie Aufträge mit Phantomnamen erteilt hatte. Und ich habe erfahren, dass das Unternehmen nach meiner »Affäre« eine groß angelegte Reinigungsaktion im Hinblick auf zweifelhafte Lizenzpraktiken durchgeführt hat, weil es fürchtete, dass die verschiedenen Börsen Kontrollen veranlassen könnten, die es meiner Meinung nach nicht unbeschadet überstanden hätte. Später brachte mich diese Nachricht, die von den Medien weitergegeben wurde, während die Ermittlungen zu meinem Fall im vollen Gange waren, zum Lächeln. Während die Société Générale mich beschuldigte, gefälschte Daten in das EDV-System eingegeben zu haben, wurde sie von der Schweizer Börse für ihre Phantomhändler angeprangert …

Ich platzierte meine Aufträge also von nun an selbstständig mit meiner eigenen Lizenz und immer seltener nach Weisung von Alain Declerck. Ich legte weiterhin Wert darauf, gewisse Assistenzaufgaben zu übernehmen, zweifellos um mich psychologisch sicherer zu fühlen. Denn bald empfand ich eine unbestimmte Angst. Nicht, weil die Produkte, mit denen ich zu tun hatte, sehr komplex waren; es waren die einfachsten des Marktes und man musste keine Formeln mit verschiedensten Parametern verstehen – ein einfacher Dreisatz genügte. Aber der Moment der entscheidenden Erkenntnis war gekommen. Nach einigen Tagen in meiner neuen Tätigkeit musste ich meinen ersten großen Auftrag erteilen, dessen Summe sich auf etwa 200.000 Euro belief. Meine Hand auf der Maus zitterte, ich zögerte, ich war dabei, eine wichtige Entscheidung zu treffen, mir wurde plötzlich die Realität der Situation bewusst; 200.000 Euro war etwa die Summe, die die kleine Wohnung in Levallois gekostet hatte, die meine Freundin und ich gerade gekauft hatten, und mit einem Mausklick würde ich einen Auftrag in dieser Höhe auf dem Markt platzieren ... Ich hatte Angst, einen Fehler zu begehen, ich überprüfte zum dritten oder vierten Mal die drei Bestandteile meines Geschäfts: den Preis des Produkts, die Richtung der Transaktion – Kauf oder Verkauf –, die Anzahl ... Alain Declerck gab mir einen Schubs und schimpfte:»Du musst schneller sein, viel schneller! Jetzt mach schon!«Ich zögerte noch einige Sekunden lang, dann klickte ich mit der Maus, und der Auftrag ging in den Markt. Zwei Jahre später gab ich täglich Hunderte von Aufträgen ein, von denen sich einige auf Hunderte Millionen Euro beliefen und deren Gesamtbeträge sich auf mehrere Milliarden summierten; aber das Bewusstsein dessen, was ich tat, war nie mehr so stark wie bei diesem ersten Klick.

Den zweiten Schock erlitt ich einige Tage später bei meinem ersten Verlust; ich war sicher, dass er das Ende meiner Karriere als Trader einläuten würde. Aufgrund eines Bugs in einem Excel-Sheet hatte das Handelssystem einen Preis falsch berechnet. Bis ich den Fehler bemerkte, also innerhalb von Sekunden, hatte ich mit einer einzigen Position 45.000 Euro verloren. Mehr als mein Jahreseinkommen; der Gegenwert des Gewinns von zwei oder drei guten Handelstagen. Ich fühlte mich elend, ich war entsetzt über meinen Fehler, mir war schlecht. Ich ließ Alains Ärger, der mich mit allen möglichen Schimpfwörtern bedachte und mir das baldige Ende meiner Karriere vorhersagte, wortlos über mich ergehen. Am Abend relativierte er seine Aussagen; diese Art von Zwischenfällen konnte jedem passieren. Aber ich war stundenlang fest davon überzeugt, dass das Trading für einen sensiblen Typen wie mich nicht das Richtige war.

Außerdem musste ich mich an die psychische Belastung meiner neuen Tätigkeit gewöhnen. In einem Handelsraum bleibt nichts verborgen. Wenn einem Trader ein gutes Geschäft gelingt, hebt er die Arme in einer Siegerpose und lässt alle an seiner Freude teilhaben. Dann wird von allen Seiten laut applaudiert, der Vorgesetzte kommt herbeigeeilt und gibt die Information nach oben weiter. Genauso versteht jeder, wenn ein Kollege sich »eine einfängt«. Ärger, Verwünschungen, Wutausbrüche. Ich weiß nicht, wie viele Mäuse ich zerschmettert habe, wenn die Dinge schlecht für mich liefen. Auch das erleben die anderen aus nächster Nähe; aber eine kurze Bemerkung hilft einem, zur Tagesordnung zurückzukehren:»Das passiert jedem« oder »Reg dich nicht auf, das holst du wieder rein.« Das Mitgefühl hat seine Grenzen. Es bleibt die Goldene Regel eines Handelsraums, sich nicht in die Probleme eines Kollegen einzumischen. Eine gute Nachricht zu teilen, einverstanden – unter der Voraussetzung, dass die schlechte beim Nachbarn bleibt. Das ist seine Angelegenheit, Pech für ihn. Er hat Mist gebaut, er tut mir leid, aber gleichzeitig bete ich zum Himmel, dass ich nicht dasselbe Schicksal erleide. Denn ganz egal, was auf dem Bildschirm des Nachbarn passiert, mein eigener ist immer der wichtigste. Wenn ich über gute Informationen verfüge, behalte ich sie für mich. Die Trader kommunizieren untereinander also nur oberflächlich. Sie sitzen alle zusammen und wirken nach außen hin wie Kumpel, aber auf dem Markt ist jeder ein Einzelkämpfer und wenn morgen irgendein Kollege, der ein paar Plätze von mir entfernt sitzt, sich einen Fehler von mir zunutze machen kann, um selbst Profit daraus zu schlagen, dann wird er das ohne Zögern tun. *Trading must go on.*

Die Dinge gingen wieder ihren gewohnten Gang. Ich gewöhnte mich nach und nach an meine neuen Aufgaben. Nach einigen Monaten war ich noch selbstständiger und handelte mit knapp 100 der 500 Produkten in Alain Declercks Handelsbuch. Meine Geschäfte brachten oft Gewinne. Und wenn ich mal »danebenlangte«, wenn ich also Geld verlor, beruhigte mich Alain:»Geh einen Kaffee trinken und eine Zigarette rauchen und dann zockst du ein bisschen, um den Schaden wieder auszugleichen.« Ich verlegte mich also für sehr kurze Zeit auf Spekulationen ohne Deckung. Ein Beispiel fürs Zocken: Ich weiß, welches Unternehmen in zehn Stunden seine Ergebnisse bekannt geben wird, und mir schwant aufgrund gewisser Informationen, die im Umlauf sind, und durch meine eigenen Analysen des Wertes, dass die Ergebnisse gut sein werden: Ich kaufe ein großes Aktienpaket des Unternehmens, um es wenig später, wenn der Kurs gestiegen ist, wieder zu verkaufen. Der Gewinn ist beachtlich. Aber wenn meine Analyse falsch war, kann auch der Verlust beachtlich sein. Am Anfang bewegte ich mich auf diesem Terrain mit äußerster Vorsicht. Nach und nach wurde ich durch die erzielten Gewinne und die Ermutigungen meines direkten Chefs waghalsiger; ich fühlte mich wohler und ging oft spekulative Positionen ein. Aber im Jahr 2005 und auch 2006 waren fast alle meine Geschäfte gedeckt; es blieb beim konservativen Handel, so wie es alle Bosse der Investmentbanken herablassend fordern: Bei uns keine Spekulationen ...

Jedoch werden in der Einführungspräsentation – siehe die Abbildung unten –, die jeder Neuankömmling der Abteilung erhält, in der ich gearbeitet habe, Spekulationen tatsächlich als »Profitquelle« gefordert. Man sieht dort auch, dass es erlaubt ist, »gerichtete Positionen einzugehen«, ein netter Euphemismus, der ein Geschäft bezeichnet, das nur in einer Richtung erfolgt, also ohne ein Gegengeschäft. In Wirklichkeit handelt es sich dabei um eine bewusst risikoreiche Position, die ausschließlich dazu dient, spekulative Gewinne zu generieren.

Willkommen DEAI	Der Handel
Organisationsmodul	
Band 1	

Die Handelsaktivitäten	Die Profitquellen (3)
• Die Basiswerte • Die Berufskette • Die Profitquellen • Die Organisation • Die Arbitragen • Die Delta One Gruppe Finanzierung übe Eigenkapital • Handel mit Volatilität • Exotischer Handel	• Das Eingehen gerichteter Positionen • Vorhersage der Entwicklung eines Marktparameters • Bei DEAI spekuliert man hauptsächlich mit Volatilität aber auch mit Repo, Korrelation • Risiko: schlecht vorhersehbar, also Kontrolle durch Limits

Mitte Februar kam Alain Declerck zu mir, um sich mit mir über eine Sache zu unterhalten, über die er sich Gedanken machte. Er gab mir unmissverständlich zu verstehen, dass ich mich nicht länger vor den »DAI-Wo-chenenden« drücken konnte; ich müsste meine Integration in das Team verbessern und dürfte die gewohnheitsmäßigen Treffen und Festivitäten nicht mehr ablehnen, kurz gesagt, ich sollte mich »corporate« zeigen. Ich stimmte ohne große Begeisterung zu. O ja, diese berüchtigten Wochen-enden, an denen sich alle Trader und Verkäufer der Abteilung trafen und über deren Verlauf uns hinterher allerhand zu Ohren kam! Ich war schon ein oder zwei Mal dazu eingeladen worden, als ich noch im Middle-Of-fice arbeitete, hatte die Einladung aber immer abgelehnt. Ich hatte keine Lust darauf, für 24 Stunden der beste Kumpel von Kollegen zu werden, zu denen man den Rest des Jahres ein Verhältnis hatte, das eher von Scheinheiligkeit geprägt war. Außerdem verbrachte ich sowieso schon genug Zeit bei der Société Générale und musste nicht auch noch zwei weitere Tage deren Gesellschaft suchen. Aber das forderte Alain Declerck von mir, und ich musste dieser Forderung wohl Folge leisten.

Eines Freitagabends fuhren 500 oder 600 Angestellte der Abteilung für Derivatprodukte in Mietwagen nach Deauville – rund 400 Franzo-sen und 200 Ausländer, im Wesentlichen alles Händlerkollegen. Das ganze Hôtel Royal war für uns reserviert. Die Société Générale ließ sich nicht lumpen, wenn es darum ging, ihre Trader zu belohnen. Nach ei-ner Mahlzeit und einem ruhigen Abend mit Strandspaziergang, Stadt-besichtigung und einem Glas an der Hotelbar verbrachten wir den ersten Abend in Erwartung der großen Ereignisse des kommenden Ta-ges. Da ich kollektive und gezwungene Vergnügungen verabscheue, war ich nicht traurig darüber. Am nächsten Tag wurden wir zunächst zu verschiedenen Spielen und anschließend zu einer Stadtrallye einge-laden, bei der die merkwürdigsten Fragen beantwortet werden muss-ten. Es gelang mir, mich schnell abzuseilen und ins Hotel zurückzu-kehren. Nach dem Abendessen folgte ein Privatkonzert von Yannick Noah.

Danach begann das große Unterhaltungsprogramm – das organi-sierte Delirium. Sketche, Lieder, Aufführungen wurden zur allgemei-nen Erheiterung der Anwesenden in rascher Folge präsentiert; es herrschte eine Stimmung allgemeiner Heiterkeit, die vom Alkoholge-nuss noch gesteigert wurde. Wie alle anderen wurde ich von dieser Stimmung erfasst, lachte tierisch über die zweifelhaften Späße, die gro-ben Parodien und die dick aufgetragenen Darstellungen, denen ich bei-wohnte. Im Rückblick und nachdem ich das Video jenes Abends noch einmal angeschaut habe, kann ich es kaum fassen. Alle bekamen eins aufs Dach: die Kunden, die Konkurrenz, selbst unsere Manager, deren Schwächen und Ticks ins Lächerliche gezogen wurden; und trotzdem war die Société Générale die beste Bank der Welt und wir, ihre treuen Angestellten, die größten Trader des Marktes. Die Sketche und Lieder drehten sich alle um dasselbe Thema: Sex, Leistungen, Boni. Christophe Mianné, der zusammen mit Luc François für die Handelsräume verantwortlich war, gab sich gutmütig dafür her, sein eigenes Einstellungsgespräch parodieren zu lassen. Auf die Frage:»Was interessiert Sie besonders an der Finanzbranche?« zögerte derjenige, der ihn darstellte, nicht lange und antwortete in aller Ruhe:»Die Knete.« Großes Gelächter im Saal. Die Chefin der Risikoabteilung, die wissen musste, wovon sie sprach, sang leise und verführerisch:»Die Risiken, die wir eingehen, liegen jenseits aller Gesetze ...« In einem anderen Sketch spielte der Chefverkäufer ein Hütchenspiel:»Sehr verehrte Damen und Herren, es geht für Sie genau wie für die Kunden darum, die Marge zu finden ... Wo ist sie denn hin, die Marge? Da nicht ... Da auch nicht ... Ah! Sie ist in meiner Tasche!« Hysterisches Gelächter. Die Lieder passten ins allgemeine Bild:»Spielst du gern den Edelmann, dann schaff dir einen Porsche an.« Die Schleusentore waren weit geöffnet, die Schranken fielen eine nach der anderen. Der oberste Chef unseres Handelsraums, Luc François persönlich, lachte aus vollem Hals. Der Gipfel der Heiterkeit wurde während eines anderen Wochenendes erreicht, an dem ich nicht teilnahm. Ich habe das traurige Schauspiel auf einem Video gesehen, das die Trader sich kaufen können, um die tollen Momente, die sie miteinander erlebt haben, nicht zu vergessen. Es handelte sich um eine Parodie der Sendung *Caméra Café*[13]. Auf dem Bildschirm erschien ein Typ, der statt eines Kopfes ... einen Knopf[14] trug. Das kapiert ja wohl jeder ... Ein anderer Sketch zeigte einen als Daniel Bouton verkleideten Produktverkäufer in einem Meeting mit einem Manager, der um eine Beförderung nachsucht. Der Vorstandschef übt in seinem Büro Golf, als der Manager an seine Tür klopft. Danach wird der Dialog gewollt subtil: Der Manager zeigt auf den Vorstandsassistenten von Bouton.»Wer ist das?« – »Meine rechte Hand.« – »Ach, Sie meinen Ihren Blitzableiter.« – »Ach so nennen Sie das! Aber welcher ist es, der für die Märkte oder der für die Gewerkschaften?«, antwortet der falsche Vorstandschef unter dem schallenden Gelächter des Publikums. Solche Witzeleien enthalten immer ein Körnchen Wahrheit; was meine Kollegen vor Lachen platzen ließ, war weniger die Verdrehung des Alltäglichen und die kleinen Schrullen der Manager, einschließlich des obersten, sondern die schonungslose Zurschaustellung tiefer Wahrheiten. Die Regeln des

---

13 Französische TV-Comedyserie, deren Episoden in einem Büro spielen (Anm. d. Ü.).

14 Anspielung auf den Vorstandschef Daniel Bouton – frz. bouton = Knopf (Anm. d. Ü.).

Marktes, die Besessenheit der Gewerkschaften, die Dummheit der Kunden, die Schärfe der Konkurrenz ... Der Vorstandschef, die Manager und die Angestellten waren sich darin einig, dass all jene lächerlichen Hindernisse aus dem Weg geschafft werden mussten, die das Wachstum der besten Bank der Welt behinderten: der Société Générale. Die Vorstellung, dass unsere höchsten Führungskräfte Stunden damit zugebracht hatten, ihre Sketche zu üben und ihre abgefahrenen Verkleidungen auszusuchen, um eine solche Vorführung hinzukriegen, machte mich doch einigermaßen betroffen. So wie es einer von ihnen vor einem hingerissenen Publikum in Djerba verkündet hatte: »Wir wollten etwas Verrücktes machen und haben fünf Flugzeuge gechartert, damit 700 Leute ein Traumwochenende verbringen können.« So sollte er sein, der Corporate Spirit.

Aufgedreht von Gelächter und Alkohol, gingen wir bei Sonnenaufgang schlafen. Der Sonntag verlief ruhiger: Wir mussten uns von der vergangenen Nacht erholen. Am Nachmittag traten wir dann mit den Mietwagen den Heimweg an. Und ich schwor mir, nie wieder an einem Firmenwochenende teilzunehmen; ein Versprechen, das nicht gebrochen wurde.

Am 7. Juli 2005 beschloss ich, den Sprung ins kalte Wasser zu wagen und ein erstes großes Geschäft zu tätigen, das der Bank innerhalb von wenigen Stunden einen Gewinn von 500.000 Euro einbrachte; ein äußerst riskantes Geschäft, trotz aller Berechnungen, die ich angestellt hatte. Es wurde während der Attentate von London abgewickelt, bei denen innerhalb von einer Stunde vier Bomben in der U-Bahn explodierten, wobei 56 Menschen ums Leben kamen und fast 1000 verletzt wurden. An diesem Morgen empfand ich widerstreitende Gefühle; meine Freude über den großen Gewinn wurde durch das Unbehagen getrübt, das mich erfasste. Ich hatte durch das Unglück unschuldiger Menschen ein Vermögen für die Bank verdient – es war die schmerzhafte Erfahrung, wie sehr die Welt der Finanzen auf seltsame Art mit der realen Welt verbunden ist, in der die Menschen leben.

Jeder Trader hat seine Grafiken, seine Indikatoren, seine Charts und seine Statistiken, die ihm erlauben, Strategien zu entwickeln und die Markttendenzen vorherzusehen. Ich war keine Ausnahme von der Regel. Da ich auf dem deutschen Markt tätig war, hatte ich mir angewöhnt, die Kurse der Versicherungsunternehmen zu verfolgen, besonders die des Allianz-Konzerns. Ende Juni und Anfang Juli 2005 wies dieser Kurs aufgrund von Kapitalbewegungen ungewöhnlich breite Schwankungen auf.

Gleichzeitig stellte ich fest, dass der gesamte Markt eine Abwärtstendenz hatte. Diese Feststellungen erinnerten mich an etwas; aber an was? Ich versuchte schnellstmöglich, das herauszufinden.

Als ich im Jahr 2001 noch im Middle-Office arbeitete, hatte ich die Attentate auf das World Trade Center in New York und den anschließenden Crash des amerikanischen Marktes miterlebt. Dieser wurde jedoch von einem merkwürdigen Phänomen begleitet, auf das mich ein befreundeter Händler in London damals aufmerksam gemacht hatte: In den Tagen vor der Katastrophe hatten einige Derivatprodukte auf amerikanische Fluggesellschaften an der Wall Street starke Kursbewegungen aufgewiesen. Reiner Zufall, Gerüchte über Attentate, Informationen von einigen Finanzexperten, die mit dem Nahen Osten zu tun hatten ... wer konnte das wissen? Aber die Wirklichkeit der Zahlen war vorhanden, und das Zusammentreffen dieser verschiedenen Tatsachen war mir im Gedächtnis geblieben. Als ich 2005 die Charts und Bewegungen der Fluggesellschaftsaktien in den Tagen vor dem Attentat vom 11. September mit denen des Allianz-Konzerns verglich, entdeckte ich gewisse Ähnlichkeiten. Die Marktstrategien der Händler werden häufig durch das aufmerksame Studium von Vergleichsdaten bestimmt. Das war auch diesmal der Fall. Ich beschloss also, auf fallende Kurse der Allianz-Aktien zu spekulieren. Ich würde eine große Zockerei wagen, eine sehr riskante Transaktion ohne Deckung.

Am 4. Juli trat ich als Verkäufer von Allianz-Aktien im Nominalwert von 15 Millionen Euro auf. Ich hoffte, meine Position im Lauf des Tages glattstellen zu können, damit die Überschreitung meines Limits nicht im täglichen Reporting auftauchen würde. Aber der Markt bewegte sich nicht in die von mir erhoffte Richtung und ich musste abwarten. Drei Tage später begannen die Londoner Märkte kurz nach der Eröffnung stark zu fallen – im Börsenjargon:»abzukacken«. Sehr bald kursierte das Gerücht, dass ein Stromausfall die Londoner U-Bahn lahmgelegt hätte. Alain Declerck, dem die Gelegenheit nicht entgangen war, kaufte Terminkontrakte auf den DAX, weil er erwartete, dass die Märkte wieder ansteigen würden. Aber sehr bald schlug die schreckliche Nachricht ein: In der Londoner U-Bahn waren Bomben explodiert. Statt wieder zu steigen, brach der Markt in England und in der Folge auch in anderen Ländern ein, unter anderem in Deutschland. Ich stellte meine Position glatt und kaufte die Allianz-Aktien zurück, wobei ich einen Gewinn von 500.000 Euro realisierte. Alain Declerck hingegen, der sich für die umgekehrte Strategie entschieden hatte, machte einen riesigen Verlust, blies Trübsal und wiederholte seine üblichen Worte:»Das wird nicht mehr lange gut gehen.« Ich versuchte gleich, ihn zu beruhigen:»Mach dir keine Sorgen. Mit meinem Gewinn kann ich dich ohne Probleme decken.« – »Wie hast du das hingekriegt?« Ich erklärte ihm meine Strategie und er setzte sofort den Abteilungsleiter davon in Kenntnis. Am Abend verhielt sich der Teamchef ziemlich zwiespältig, denn wir hatten einen empfindlichen Punkt getroffen, indem jeder von uns die Hierarchie ausgehebelt hatte: ich, weil ich Alain Declerck nicht verständigt hatte, er, weil er seinen direkten Vorgesetzten nicht eingeweiht hatte. Er gab seiner Missbilligung gegenüber unserem Vorgehen Ausdruck, aber er gratulierte mir auch zu meinem Gewinn. Er fügte hinzu, dass er mehr über meine Strategie wissen wollte, betonte aber gleichzeitig, dass ich sie nicht mehr anwenden sollte. Einige Tage später erinnerte mich Alain Declerck daran, dass ich eine Erläuterung zu der Strategie herausrücken sollte, die der Transaktion zugrunde lag. Am Abend, bevor ich in Urlaub fuhr, schrieb ich ihm eine ziemlich vage E-Mail, denn kein Trader hat Lust dazu, seine Geheimnisse preiszugeben. Trotzdem hatte ich die Lektion verstanden und beschloss trotz des brillanten Coups, den ich gelandet hatte, in Zukunft vorsichtiger zu sein.

Dann fuhr ich frohgemut nach Biarritz in die Ferien, wo ich einen Anruf von Alain Declerck erhielt:»Mein Junge, ich weiß, was du gemacht hast. Ein Junior Trader hat keine Alleingänge zu machen. Wir werden darüber reden, wenn du zurück bist.« Er hatte in meinem System die Einzelheiten des Geschäfts entdeckt und gesehen, dass ich die Positionen drei Tage vorher eingegangen war, ohne mit ihm darüber zu sprechen, was meine sogenannte Erklärungsmail nicht enthüllt hatte. Ich konnte in der Nacht kein Auge zutun und rechnete mit dem Schlimmsten. Nach meiner Rückkehr am Montag gingen wir zusammen zum Mittagessen. Obwohl er wiederholte, dass er mein Vorgehen nicht billigte, gab Alain Declerck mir zu verstehen, dass er mich in diesem Fall decken würde. Dann lobte er mich und bat mich, ihm meine Strategie zu erklären – genau wie sein eigener Vorgesetzter es ein paar Tage vorher getan hatte. Dann informierte er mich darüber, dass mein»Spieleinsatz« erhöht worden sei.»Du kannst bei einseitigen Positionen bis zwei oder drei Millionen gehen«, gab er mir zu verstehen, ohne diese Erlaubnis schriftlich zu bestätigen. Ich glaubte, meinen Ohren nicht zu trauen; eine merkwürdige Art, den Aktionsradius von jemandem einzuschränken, indem man seinen Handlungsspielraum erweitert! Ich vermied also abenteuerliche Geschäfte, hielt mich aber gleichzeitig für zukünftige Eventualitäten bereit; ich wusste, dass meine Vorgesetzten mich ab jetzt bei großen Engagements decken würden.

Die Allianz-Episode hat mir die Augen geöffnet. Durch sie begann ich zu verstehen, dass die Welt der Finanzen durch Widersprüchlichkeiten funktioniert. Die Trader dürfen ein bestimmtes Limit nicht überschreiten; in der Praxis werden sie aber dazu angespornt. Haben sie Spekulationsgewinne erzielt? Man erinnert sie daran, dass man diese Art von Geschäften nicht machen darf und beglückwünscht sie gleichzeitig dazu, sie gemacht zu haben. Erweist sich ihre Strategie als gefährlich? Man fordert sie auf, den Vorgesetzten Erklärungen abzuliefern, damit diese ein Modell daraus ableiten können. Gerät derjenige, der verliert, in eine schwierige Lage? Je größer die Verluste sind, desto besser versuchen die Vorgesetzten und die Kontrolleure, sie zu verschleiern – oder sie behaupten, nicht auf dem Laufenden zu sein. Einer Kollegin, die im Front-Office derselben Abteilung wie ich arbeitete, wurde von einem ranghohen Manager ihrer Abteilung anlässlich ihres jährlichen Zielvereinbarungsgesprächs bescheinigt, »ein guter Soldat« zu sein, aber sie müsse noch »lernen, sich zu widersetzen und die eingefahrenen Bahnen zu verlassen«. Besser kann man es mit so wenigen Worten nicht ausdrücken: Sie müssen gehorchen, es aber auch verstehen, nicht zu gehorchen.

 */eqty/fr/socgen*
17.12.07 22:59

An   /eqty/fr/socgen@socgen
cc
bcc
Betreff: Re: Bewertung

1 – 2
2 – 1
3 – 2
4 – 2
5 – 3
6 – 2
7 – engagiert, fleißig, zuverlässig, solide. Bemüht um Effizienz, Kenntnis des Unternehmens und der Träger, glaubwürdig
8 – braver Soldat, muss lernen, sich zu widersetzen, die eingefahrenen Bahnen zu verlassen, Informationen nicht zu stark zu filtern, da dies dazu führt, dass Zweifel aufkommen (ein zweifellos schwieriges Thema), Konfliktbewältigung
===> _____ ist ein Schlüsselelement der Einrichtung, das nicht verloren gehen darf, sie hat es geschafft, eine glaubwürdige und zuverlässige Brücke zwischen den Trägern und dem FO zu bauen: durchstarten lassen!

_____
Equity & Equity Derivates
SG - CIB

Denn dieses Milieu, in dem man ständig reagieren muss, in dem Individualismus und Risikofreude unumschränkt regieren, ist extrem hierarchisch aufgebaut; wie in der Armee deckt jeder die Fehler seiner Untergebenen, aus Angst, von den eigenen Vorgesetzten unter Beschuss genommen zu werden. Zweifellos liegt genau da der Ursprung der widersprüchlichen Anweisungen; sie gehen über das Stadium der Verhaltensweisen hinaus und sind Ausdruck der wahren Natur eines Systems, das voller Paradoxien und innerer Widersprüche steckt. Die Folgen sind offensichtlich: Wie sollen die Menschen, von denen erwartet wird, dass sie Geld für eine Bank verdienen, sich in ihren Handlungen beschränken, wenn das System sie nicht nur zu Grenzüberschreitungen verpflichtet, sondern auch unterschwellig dazu ermutigt und sie bei Misserfolg deckt? Ich habe diese Situation während der ganzen drei Jahre als Trader am eigenen Leib erfahren. Ich erinnere mich, wie Éric Cordelle im Jahr 2007 eines Tages zu mir kam und mich fragte:»Wie hast du es geschafft, so viel Kies zu machen?«, und als ich mich weigerte, ihm meine Strategie darzulegen, einem Kollegen anschließend anvertraute, dass man, wie man gesehen habe,»die Handelsstrategie von Jérôme ausbauen«sollte … Tatsächlich war er an dem Tag, als ich die fünf hochspekulativen Geschäfte machte, die in haargenau einer Stunde einen Gesamtgewinn von 1,5 Milliarden Euro brachten, ganz in meiner Nähe.

Den deutlichsten Beweis für die vielfältigen Widersprüche sehe ich darin, wie die Verantwortlichen mit den Ergebnissen umgehen, die manchmal dadurch erzielt werden, dass man sich außerhalb der Regeln bewegt; sie bekommen eine Art offizielles Etikett, indem man sie als zukünftige Ziele der Trader benutzt. Im Jahr 2005 sollten Alain Declerck und ich drei Millionen Euro Gewinn erzielen; wir schafften fünf. Dieses Ergebnis wurde zur Vorgabe für 2006; ich überschritt sie und erzielte zehn Millionen. Die wiederum wurden meine Vorgabe für 2007, wo ich 55 Millionen realisierte, die den Erwartungshorizont für 2008 gebildet hätten, wenn das Schicksal nicht anders entschieden hätte.

Mehrere Monate nach dieser ersten großen Zockerei mit den Allianz-Aktien, die so gut gelaufen war, diversifizierte ich meine Methoden; jede Strategie funktioniert nur eine Zeitlang, bevor sie sich abnutzt und dann unbrauchbar wird, denn durch das hohe Handelsvolumen trocknet man den Markt aus. Nachdem ich auf eine Baisse bestimmter Kurse gewettet hatte, beschloss ich also, jetzt auf Hausse zu setzen. Ich interessierte mich für Solarenergie-Firmen, einen Sektor, der damals in Deutschland stark expandierte. Weil ich als Käufer auftreten wollte, wusste ich im Voraus, dass ich die Positionen länger halten musste, denn es gibt ein Börsengesetz, das keine Ausnahme duldet: Ein Markt steigt immer langsamer, als er fällt. Und das war auch der Fall: Meine neue Strategie trug erst im Jahr 2006 ihre Früchte. Mein Gewinn betrug damals ungefähr zehn Millionen Euro, die fast ausschließlich aus Spekulationsgeschäften stammten.

Im Verhältnis zwischen Tradern und Management stellt das Zielvereinbarungsgespräch, das immer im Dezember stattfindet, einen Höhepunkt dar. Unabhängig von seiner Stellung und seiner Tätigkeit im Middle-Office oder im Back-Office hat jeder Beschäftigte eines Handelsraums einen Anspruch darauf. Aber das Gespräch verläuft nicht für alle gleich. Für die Angestellten, die keine Händler sind, geht es nur um qualitative Aspekte. Es wird geprüft, was geklappt hat und was nicht, man hört sich an, was der Angestellte für Erwartungen hat – ob er mobil ist, ob er sich weiterentwickeln will usw. –, und es werden Ziele für das nächste Jahr festgelegt. Der Vorgesetzte spricht kaum über das Thema Gehaltserhöhungen, die im folgenden Februar oder März bekannt gegeben werden und die einen Bonus enthalten. Als ich noch Assistent war, war dieser Betrag für mich ziemlich hoch: maximal 15.000 Euro brutto.

Die Unterhaltung zwischen dem Trader und seinen direkten Vorgesetzten N+1 und N+2 dreht sich nicht nur um qualitative, sondern vor allem um quantitative Ziele. Der Trader hat seinen Vorgesetzten im Vorfeld ein schriftliches Dokument vorgelegt, das als Diskussionsgrundlage gilt: erzielte Ergebnisse, aufgetretene Schwierigkeiten, qualitative Ziele für das kommende Jahr. Alle Fragen müssen offen angesprochen werden. Ich erinnere mich an ein Geschäft, das mir 2006 einigen Ärger eingebracht hatte. Ich handelte damals mit einem neuartigen Produkt, dessen normale Parität mit dem Referenzindex bei einem Hundertstel lag. An dem Tag, als es auf den Markt kam, beging ein Verkäufer einen Fehler und bezifferte die Parität in der Produktbeschreibung mit einem Zehntel. Es dauerte zwei Tage, bis ich den Fehler bemerkte, und in diesen zwei Tagen gab ich die Aufträge mit der normalen Parität von einem Hundertstel in das System ein. Ich registrierte ungewöhnlich viele Käufe, denn einige Kunden hatten gemerkt, dass sie ein Produkt kaufen konnten, das beim Verkauf zehn Mal mehr wert war … Am Freitagabend hatten wir so zwei Millionen Euro verloren – im Börsenjargon nennt man das »Mispricing«. Aber eine Bank gewinnt immer, auch wenn sie selbst einen Fehler begeht. Die Börse annullierte einige der Transaktionen, die in diesen zwei Tagen getätigt worden waren, und während die Verkäufer den Prospekt des Produkts korrigierten, setzten wir die Notierung des Verkaufskurses aus; wir kauften nur noch, und zwar zu einem Hundertstel. Die Kunden saßen also »auf dem Trockenen«, sie konnten ihre Gewinne nicht mehr realisieren. Einer von ihnen beschwerte sich und forderte sein Recht ein. Ohne Erfolg – nur beim Monopoly gibt es einen »Bankirrtum zu Ihren Gunsten«. Die Börse unterstützte uns seelenruhig. Denn auch sie selbst schlängelt sich mit widersprüchlichen Anweisungen durch; auf der einen Seite ist sie zwar unparteiisches Regulierungsorgan, kann sich aber auf der anderen Seite nicht erlauben, einen so wichtigen Partner wie die Société Générale zu verstimmen. Die Angelegenheit zog sich monatelang hin, bis der große Kunde auf seinen potenziellen Gewinn verzichtete und zum normalen Kurs verkaufte – übrigens mit Verlust, denn weil er die Position zu lange gehalten hatte, war sie von der Baisse betroffen, die zu jener Zeit an der Börse herrschte. Diese Angelegenheit war natürlich Anlass einer ausführlichen Erklärung bei meinem jährlichen Zielvereinbarungsgespräch.

Am Ende der Unterhaltung wurde ein entscheidender Punkt angesprochen: »Wie hoch soll dein Bonus sein?« Ich wurde von dieser Frage überrascht, denn ich hatte keine Ahnung, wie viel ich verlangen konnte. Und zwar aus einem einfachen Grund: Den Tradern ist es verboten, über ihre Boni zu sprechen, keiner weiht den »Grünschnabel« in die gebräuchlichen Praktiken ein. Bei informellen Gesprächen kursieren oft Beträge, die aber meistens aus der Luft gegriffen sind und mit dem betreffenden Fall nichts zu tun haben; es dauerte einige Zeit, bis ich begriff, dass man mithilfe einer groben Berechnung, die die erzielten Ergebnisse, die Hierarchieebene und die Betriebszugehörigkeit berücksichtigen, zu einem Vorschlag kommt. Auf die mir gestellte Frage fand ich daher nur eine ehrliche Antwort: »Ich weiß es nicht.« Die prompte Erwiderung meiner Vorgesetzten war wieder eine Überraschung: »Ein Trader muss seinen eigenen Wert bestimmen können.« Wie denn? Nach welchen Kriterien? Das war mir ein Geheimnis. Aber diese Unwissenheit war ein Zeichen meiner Naivität, oder zumindest einer Schwäche. Ich erfuhr also erst im Februar, wie hoch mein Bonus war. Er betrug, bezogen auf das Jahr 2005, 30.000 Euro; ein Betrag, der im Verhältnis zu meiner Leistung eher gering war. Ich wusste allerdings seit dem Gespräch, dass die Gewinne aus dem Allianz-Geschäft nicht in die Berechnung meines Bonus einfließen würden, weil ich eine unerlaubte Position eingegangen war, was die Société Générale im Übrigen nicht daran gehindert hatte, die 500.000 Euro einzusacken. Aber mir war das egal, denn ich liebte den Job, den ich machte.

Beim nächsten Gespräch im Jahr 2006 schlug ich auf die übliche Frage »Wie hoch soll dein Bonus sein?« 80.000 Euro vor, eine moderate

Summe im Verhältnis zu den zehn Millionen Euro, die ich für die Bank gewonnen hatte; ich erhielt 60.000 Euro. Es ging nicht mehr um Anweisungen, sondern um widersprüchliches Verhalten. Im Jahr 2007 grenzte die Situation ans Absurde. Ich hatte einen Gesamtgewinn von 55 Millionen erzielt, also die Hälfte des Gesamtergebnisses aller acht Händler des Bereichs. Im Handelsraum waren Gerüchte im Umlauf: Das Team, dem ich angehörte, würde einen Rekordbonus erhalten, besonders ich. Ein Trader von einem anderen Stockwerk fragte mich am Jahresende: »Kommst du mit dem, was du dieses Jahr an Knete kassierst, an deine Million ran?« Je näher der Zeitpunkt des Einzelgesprächs rückte, desto wilder wurden die Gerüchte. Aber als ich einen Bonus von 600.000 Euro vorschlug – und damit bewies, dass ich gelernt hatte, meinen »fair value« einzuschätzen –, belehrte mich der Gesichtsausdruck meines Vorgesetzten schnell eines Besseren. Martial Rouyère wurde blass und meinte: »Uff, du bist far away ... Dein Bonus wird so um die 300.000 Euro betragen.« Die Diskussion war beendet. Ich verließ wortlos den »Glaskasten«, das verglaste Büro, in dem die Gespräche stattfanden. Noch zwei Jahre zuvor hatte ich keine genaue Vorstellung davon gehabt, was die anderen bekamen, außer den wenigen Informationen, die ich über ihren Lebensstandard, die Wohnung, die irgendjemand gerade gekauft hatte, das neue Auto eines anderen aufgeschnappt hatte. Die Ereignisse, die dann eintraten, verhinderten, dass ich jemals erfuhr, um wie viel meine »far away«-Forderung von dem Bonus abwich, der mir 2008 zugestanden hätte; zu dem Zeitpunkt, als die Boni verteilt wurden, hatte ich das Unternehmen seit anderthalb Monaten verlassen.

Erst später, im Verlauf der Ermittlungen, erfuhr ich, welche Boni einige meiner Kollegen und Vorgesetzten im Jahr 2007 gefordert hatten. Ich war vollkommen verblüfft. So habe ich erfahren, dass Éric Cordelle, mein direkter Vorgesetzter, 700.000 Euro ausgehandelt hatte, und Martial Rouyère etwas mehr als zwei Millionen ... Das lässt die astronomischen Summen erahnen, die die anderen Mitglieder des Managements oberhalb von N+2 einforderten. Dennoch haben genau diese Personen während des Ermittlungsverfahrens einen auf naiv gemacht. Sie konnten die Positionen, die ich eingegangen war, nicht kontrollieren, weil sie ganz einfach nichts gesehen hatten oder weil es nicht in ihrer Stellenbeschreibung stand oder auch weil sie keine Kenntnisse im Trading hatten ... Nicht verantwortlich, vor allem nicht schuldig im rechtlichen Sinn, also völlig gewissenlos? Das will ich gern glauben. Die schlechten Sketche, die ich während des Wochenendes in Deauville miterlebt hatte, enthüllten jetzt die ganze Wahrheit: Mehr als die Arbeit selbst interessierte die Chefhändler und Vorgesetzten zuallererst der persönliche Profit, den sie daraus schlugen.

Da die Undurchsichtigkeit des Verteilungsmodus genauso absolut war wie das Schweigegelübde, an das die Händler untereinander gebunden sind, bestand nicht die Gefahr, dass das Geheimnis der Boni gelüftet werden würde … – bis die Zeitung Libération im September 2009 die Liste der unterschiedlichen Boni, die die Trader in den Jahren 2007 und 2008 bezogen hatten, anonym veröffentlichte. Der Leser konnte hier gleichzeitig herausfinden, wie extrem hoch einige dieser Beträge waren und wie sehr sie auseinanderklafften. Meine Kollegen haben zwischen einer und zwei Millionen erhalten. Derjenige Trader, der am 24. Januar 2008 meine Positionen glattstellte und die Verluste realisierte, deren Höhe bekannt ist, kassierte einen Bonus von 8,5 Millionen. Und der Chef des Handelsdesks im Arbitragehandel bekam 10,7 Millionen Euro. Auf telefonische Nachfrage dementierten die Betroffenen gegenüber der Zeitung in schönster Einmütigkeit diese Summen. »Die Zahlen sind total idiotisch. Das scheint mir total verrückt«, erwiderte einer von ihnen, weigerte sich aber trotzdem, die angeblich richtige Summe zu nennen. Ein anderer Leiter eines Handelsdesks drückte sich klarer aus: »Mein Herr, ich habe weder das Recht noch Lust dazu, darüber zu diskutieren. Sie müssen Ihren Artikel ohne mich schreiben. Ich werde jetzt aufhängen.« Die Société Générale reagierte sofort. Am nächsten Morgen schickte sie der Libération eine E-Mail, in der sie damit drohte, Strafanzeige zu erstatten, wenn die Identität der betroffenen Personen aufgedeckt würde, denn die Veröffentlichung solcher »persönlichen und vertraulichen Daten […] kann die Privatsphäre der Arbeitnehmer verletzen«. Man versteht ihre Panik: Wenn bei allen Mitarbeitern und der Öffentlichkeit bekannt werden würde, dass das Verhältnis der jährlichen Prämien in den Handelsräumen 1 zu 12.500 beträgt, könnte das die Bank nur in Schwierigkeiten bringen. Im Übrigen enthielt ihre Verlautbarung keinerlei Dementi.

Das Sahnehäubchen auf dem Kuchen: Dieselbe Libération enthüllte, dass der Leiter der Personalabteilung der Bank den Managern eine Gesprächsanleitung mit dem Titel »Anleitung zur Führung von Mitarbeitergesprächen« ausgehändigt hatte. Ihr Ziel war es, die Vorsichtsmaßnahmen zu erörtern, die bei der Ankündigung von schlechten Nachrichten ergriffen werden müssen. Das Prinzip ist einfach: Erst wird der Betrag genannt, dann gerechtfertigt – der regionale Markt, die Krise, der »Billigkeitsgrundsatz«, der künftig gelten solle … Auf keinen Fall soll der Manager, der das Gespräch führt, schriftliche Spuren hinterlassen; dagegen soll er »seine Solidarität mit dem Unternehmen bekunden und zu der Entscheidung stehen.« Mit anderen Worten: Er soll den Gesprächspartner nüchtern informieren und dabei dessen Reaktionen beobachten. Denn vereinbarungsgemäß werden »Ihrer Kontaktperson in der Personalabteilung Ihre Kommentare und/oder eventuellen Schwierigkeiten mitgeteilt«. Dadurch wird es erheblich leichter, folgsame Angestellte von rebellischen Geistern zu unterscheiden.

Bei diesen Gesprächen, bei den Zielvereinbarungsgesprächen am Jahresende ebenso wie bei der Verkündung der Boni drei Monate später, herrscht in den Börsenräumen eine besondere Stimmung. Jeder sieht, was vor sich geht, ohne zu hören, was gesprochen wird, und man wartet darauf, dass der Kollege den »Glaskasten« verlässt, damit man seine Miene erforschen und den generellen Tenor der Unterhaltung erraten kann. Die Zeit scheint dann stillzustehen, wie bei den Pokerspielen, wo jeder Spieler versucht, an den Gesichtszügen seiner Mitspieler abzulesen, welches Blatt sie auf der Hand haben. Bluffen ist Trumpf. »Wie ist es gelaufen?« – »Na ja, geht schon.« Was heißt »Geht schon«? Hat er bekommen, was er sich erwartet hat, was bedeutet, dass sich das Gesamtvolumen der verfügbaren Boni um eine beträchtliche Summe verringert, an der die anderen nicht mehr beteiligt sind? Oder sind seine Hoffnungen enttäuscht worden, in welchem Fall man Mitleid heucheln muss, während man sich insgeheim freut? Niemand weiß etwas Genaues. Manche bringen gelegentlich ihre Unzufriedenheit zum Ausdruck, kritisieren das Management, sprechen sogar von Kündigung. Was nie passiert. In den Augen der Headhunter gehören Trader mit niedrigen Boni nicht zur ersten Wahl; ihre Performance muss mittelmäßig sein oder sie können sich nicht verkaufen. Jedenfalls haben sie nicht das Profil eines Siegers – und nur das ist im Bankwesen gefragt. Denn ohne die Sieger würde das System nicht funktionieren.

Kapitel 6
Im Freilauf

Zu Beginn des Jahres 2007 weitete sich das Geschäft mit Derivatprodukten noch mehr aus. Aus diesem Grund wurde auf einer anderen Etage des Chassagne-Turms, eines der Zwillingstürme von La Défense, in denen sich der Firmensitz befindet, ein neuer Handelsraum eingerichtet. Kurze Zeit später kündigte Alain Declerck seinen Job, um zur HSBC zu gehen, die ihm den Managerposten anbot, den er angestrebt hatte; auch hatte sich sein Verhältnis zu Martial Rouyère erheblich verschlechtert. Er hätte mich gern mitgenommen, aber ich hatte keine Lust dazu; ich fühlte mich in meinem Job wohl, weil ich mich an das Arbeitsumfeld gewöhnt hatte und meine Ergebnisse gut waren. Ich fühlte mich der Société Générale verbunden, weil sie mir eine Chance gegeben hatte. Während seiner Kündigungsfrist, in der er, wie üblich, freigestellt war, kam er ab und zu in La Défense vorbei, um uns zu besuchen. Ich erinnere mich noch daran, dass er mir eines Tages ein Geständnis machte; es sagt mehr als tausend Worte darüber, wie abhängig die Trader von ihrer Arbeit sind und welche Einstellung sie dazu haben:»Mein Game Boy fehlt mir.« Diese Formulierung erinnert mich an das, was eine Kollegin bei ihrem jährlichen Zielvereinbarungsgespräch gesagt hatte. Auf die Frage, welche Aspekte ihr bei ihrer Arbeit besonders gut gefallen würden, hatte ihre Antwort gelautet:»1. Das Spielen, 2. das Gehalt, 3. das Risiko und die Abwechslung, 4. die Euphorie, wenn ich gewinne.« Diese junge Frau, die Diplommathematikerin und Absolventin einer École des Mines war, investierte täglich riesige Summen im Arbitragehandel; aber wenn man ihre knappen Antworten las, fragte man sich, ob sie nicht, wie viele ihrer Kollegen, dazu neigte, ihren Beruf mit einem großen Gesellschaftsspiel zu verwechseln.

Nachdem Alain zu neuen Horizonten aufgebrochen war, erhielt ich einen neuen direkten Vorgesetzten. Mein N+1, Éric Cordelle, hatte einige Jahre in Tokio verbracht, bevor er den Posten übernahm. Dort hatte er als Teamleiter mit hochwertigen Finanzprodukten gehandelt. Éric war kein Trader mit Leib und Seele, um die Einschätzung eines Kollegen aufzunehmen. Das war zweifellos der Grund, warum er sich dem täglichen Trading weniger widmete als Alain Declerck. Außerdem war er meines Erachtens hochgradig allergisch gegen riskante Geschäfte,»risikoavers«, wie wir einige unserer Vorgesetzten mit leicht ironischer Spitze nannten; er leitete lieber das Team, als vor seinem Bildschirm zu sitzen. Ich verstand mich gut mit ihm, auch wenn mich mit ihm nicht die gleiche Komplizenschaft verband wie mit Alain Declerck. Éric Cordelle und ich hatten keine gemeinsame Geschichte, und von daher auch nicht dieselbe Bindung.

Im Unterschied zu den anderen Tradern wahrte ich gegenüber meinen Kollegen Distanz und es widerstrebte mir, die Grenze guter Kameraderie zu überschreiten. Nur zwei von ihnen wurden echte Freunde. Der erste, ein Assistent im Middle-Office, der dieselbe berufliche Laufbahn absolviert hatte wie ich, verließ das Bankenmilieu sehr bald und eröffnete ein Küchengeschäft. Die zweite war eine junge Frau, die im Middle-Office für die Warrants zuständig war und mit der ich mich auf Anhieb gut verstand. Sie wechselte in eine Tochterfirma der Bank, kurz nachdem meine Affäre aufgeflogen war. Im Normalfall bleiben die Mitarbeiter der Société Générale etwa zwei Jahre auf einem Posten, bevor sie auf einen anderen versetzt werden. Die innere Mobilität ist also hoch, während auf der Ebene der »Best Perfomer« ein ständiger Konkurrenzkampf zwischen den Unternehmen im Gange ist. Die meisten Trader sind Söldner, die nicht zögern, ihre Dienste dem Meistbietenden zu verkaufen. Gegen Ende des Jahres 2007 wurde auch ich vom Headhunter einer großen internationalen Bank angeworben, aber ich lehnte das Angebot aus denselben Gründen ab wie das von Alain: Meine Arbeit sagte mir zu.

Unter der Leitung von Éric Cordelle war das Arbeitstempo gedrosselter als bei Alain Declerck. Aber nach wie vor versuchte ich nicht, meine Aktivitäten gegenüber meinen Vorgesetzten zu verschleiern. Im Gegenteil: Ich hatte ihr Vertrauen. Im Sommer 2007 bekam ich einen Assistenten; ich wurde für ihn zu einer Art Senior Trader, obwohl ich selbst noch Junior Trader war! Und als ich in Urlaub fuhr, war es Éric Cordelle, der sich um mein Handelsbuch kümmerte. Einer der vielen Beweise dafür, dass unsere Vorgesetzten sehr wohl über unsere Transaktionen Bescheid wussten: Gegen Mitte des Jahres äußerte Martial Rouyère, mein N+2, an den Handelsdesks in meinem Tätigkeitsbereich folgenden Satz: »Die kleinen Eichhörnchen, die Haselnüsse unter dem Teppich versteckt haben, müssen sie wieder rausholen ...« Was bedeuten sollte: Diejenigen, die Gewinne gemacht und sie »auf die Seite gelegt« haben, müssen sie auf den Tisch legen und dürfen nicht »auf eigene Faust« spielen. Keine Formulierung deutet unmissverständlicher darauf hin, dass man über unsere Aktivitäten Bescheid wusste. Im Inneren eines Handelsraums weiß jeder, was passiert, und letztendlich werden alle Geschäfte bestätigt.

Meine Arbeit war keine Ausnahme von dieser Regel. Im Jahr 2005 hatte ich angefangen, Geschäfte von 15 Millionen Euro zu tätigen, und der einzige »Ausrutscher«, den die Verantwortlichen beanstandet hatten, weil er über meinen Tätigkeitsbereich hinausgegangen war, war der Handel mit den Allianz-Aktien. Im Jahr 2006 hatte ich das Volumen solcher Geschäfte ohne weitere Bemerkungen von oben verdreifacht, und meine Gewinne hatten sich von fünf auf zehn Millionen verdoppelt. Am Ende desselben Jahres war ich zum ersten Mal eine große Verkaufsposition in Indexkontrakten eingegangen, genauer gesagt im deutschen DAX; sie belief sich auf mehrere Hundert Millionen. Ich hielt sie bis Mitte Februar, als ich durch einen Anflug von Panik an den Börsen die Gelegenheit hatte, die Position glattzustellen und einen großen Gewinn einzufahren: diesmal 20 Millionen Euro. Ich war glücklich. Meine Ziele für 2007 waren auf zehn Millionen festgesetzt worden, und ich hatte in nur anderthalb Monaten das Doppelte erzielt. Ich war also auf der sicheren Seite.

Aber bald ergab sich eine neue Gelegenheit zum Zocken. Im März begann die Subprime-Problematik die Bankenwelt in Aufregung zu versetzen. Es schien mir die richtige Strategie zu sein, große Verkaufspositionen in Kontrakten einzugehen, die an diese Subprimes gebunden waren. Mir fiel der Satz des Fondsverwalters aus der Zeit meines Praktikums in Nantes wieder ein; ich hatte den Begriff »Subprimes« seit sieben Jahren nicht mehr gehört, aber dann machte es sofort Bingo. Der Markt würde bald eine Baisse erleben, dessen war ich mir sicher, und die Vorhersage des Fondsverwalters würde sich in Kürze bewahrheiten. Dieses Mal setzte ich nach und nach nicht weniger als 30 Milliarden Euro ein. Aber der Markt drehte nicht sofort. Ich musste diese riesige Position also halten. Das tat ich auch, von März bis Juli. Zu diesem Zeitpunkt belief sich die ebenfalls riesige Summe meiner Buchverluste auf zwei Milliarden. All meine Prognosen hatten sich als falsch erwiesen. Seit Monaten spekulierte ich auf Baisse, weil ich überzeugt war, dass die Subprime-Krise zu einem Crash führen würde. Aber wider alle Erwartungen hielten sich die Märkte immer noch gut. Ich konnte kaum noch schlafen. Wie lange konnte ich die Positionen noch halten, ohne glattstellen zu müssen?

Und dann kam im Juli plötzlich die Wende und es kam fast zur Panik, als die BNP verkündete, dass sie für einige ihrer Aktiva keine Notierung mehr erhalten könnte. Ich stellte also meine Positionen glatt und verzeichnete einen Gewinn von 500 Millionen Euro. Aber sehr bald ging ich davon aus, dass es noch weiter abwärtsgehen würde. Als sich der Markt nach diesem starken Einbruch wieder ein wenig erholte, verkaufte ich also erneut Terminkontrakte in Höhe von 30 Milliarden. Nach einem Monat stellte ich wieder glatt, und diesmal betrug der Gewinn fast eine Milliarde. Ich entwickelte neue Tradingstrategien und klebte nonstop von morgens 8 Uhr bis abends 20 oder 22 Uhr an meinem Bildschirm, um zu zocken. Der Markt fiel weiter, ich stellte glatt, kaufte in Erwartung einer neuen Baisse zurück ... Es war zu einer Sucht geworden. Mit jeder Zockerei machte ich für die Bank immer riesigere Gewinne. Ich gewann jeden Tag Hunderttausende von Euro, oft sogar Millionen. Bis Jahresende stiegen diese Gewinne weiter und weiter. Nicht nur, dass ich all meine Buchverluste ausglich und in die Gewinnzone kam: Am Jahresende war ich mit anderthalb Milliarden im Plus – die besagte Summe, die ich, wie bereits beschrieben, auf das nächste Jahr übertragen wollte und an deren Existenz einige Führungskräfte der Société Générale im Januar 2008 nicht glauben wollten.

Während des ganzen Jahres 2007 führte ich täglich Hunderte von Transaktionen durch, und dazu kamen noch die Aufträge, die ich telefonisch durch einen Makler der Bank, Moussa Bakir, in den Markt gab. Es gab dafür keinen besonderen Grund; eigentlich mussten alle Aufträge mit dem »Automaten« in den Markt gegeben werden. Aber auf diese Art und Weise sparte ich Zeit. Ich handelte also an drei Fronten: Im Handelssystem erledigte ich die Market-Making-Geschäfte, die von mir erwartet wurden, daneben zockte ich, um fette Gewinne zu machen – im gesamten Verlauf des Jahres 2007 haben diese Spekulationen mindestens neun Zehntel meiner Zeit beansprucht –, und drittens wickelte ich Geschäfte mit Moussa Bakir ab, um meinen Aktionsradius noch mehr zu vergrößern. Moussa und ich telefonierten mehrmals am Tag miteinander, obwohl ich im Normalfall höchstens ein Mal pro Quartal wegen eines heiklen Geschäfts mit ihm in Kontakt getreten wäre. Unsere Zusammenarbeit war so eng, dass er mich manchmal schon morgens, bevor ich überhaupt in der Société Générale angekommen war, auf dem Handy anrief, um mit mir über die Markttendenzen und die günstigen Gelegenheiten zu sprechen, die er herausgefunden hatte. Auch in dieser Hinsicht hat mir nie ein Vorgesetzter Grenzen gesetzt oder zumindest Bedenken geäußert – auch nicht diejenigen, die jeden Abend meine Ergebnisse bestätigten und mich fragten: »Und wie läuft's?« Ich arbeitete mit einem Makler zusammen, ich spekulierte in einem Ausmaß, das mit dem meiner Kollegen nicht zu vergleichen war, ich überschritt sowohl die mir zugewiesenen Kompetenzen als auch die Pseudo-Limits, die man mir gesetzt hatte; aber das alles blieb virtuell, ohne Bezug zur Realität meiner Arbeit, zu der man mich beglückwünschte, wenn die Ergebnisse gut waren. Ich schlängelte mich durch die widersprüchlichen Anweisungen, die ich erhielt, und nutzte das System bis an seine Grenzen aus. Ich hatte die Methoden, die ich benutzte, nicht von allein entdeckt; sie wurden überall um mich herum eingesetzt, allerdings wohl nicht in dem Ausmaß, wie ich es tat. Warum hat unter diesen Umständen keine der Warnungen, die meine Manager erhalten haben, zu irgendwelchen Maßnahmen geführt, um mich aufzuhalten?

Zahlreiche Anzeichen hätten meine Vorgesetzten und die Controller zum Handeln zwingen müssen, so offensichtlich war die Tatsache, dass ich nicht länger Market-Maker, sondern Spekulant war. Der erste Hinweis ist, dass ein Trader die vom Manager festgesetzten Limits überschreitet. Der Vorgesetzte verfolgt auf seinem Bildschirm die Geschäfte, die von den Mitgliedern seines Teams getätigt werden, und er kann mit einem persönlichen Passwort das Limit jedes Einzelnen verändern. Wenn dieses erreicht ist, leuchtet ein Warnsignal auf und das System wird – falls der Manager sich nicht entschieden hat, dieses Kontrollsystem zu deaktivieren – blockiert, sodass augenblicklich keine Transaktionen mehr möglich sind. Wenn dieser erste Alarm nicht funktioniert, was bei meinen diversen Geschäften mit offensichtlicher Überschreitung der Fall war, dann wollte der Manager es entweder nicht sehen und hat aus diesem Grund das System deaktiviert, oder er hat die Höchstgrenze so hoch angesetzt, dass kein Alarm sie jemals erreichen konnte. Ich war natürlich nicht der Einzige, der seine Limits überschritt; einer meiner Kollegen benutzte dafür sogar eine besondere Formulierung, die veranschaulicht, welcher Praktiken man sich auf diesem Gebiet bediente: »Man muss das Schwein so schnell wie möglich mästen.« Derselbe Kollege erhielt bei seinem jährlichen Zielvereinbarungsgespräch von einem seiner Vorgesetzten ein Kompliment für seine »gute Risikoeinschätzung«.

Die zweite Kontrollmöglichkeit, die noch technischer, aber genauso wirksam ist wie die erste, weil jeder x-beliebige Assistent im Handelsraum ihren Sinn auf den ersten Blick verstehen kann, ist die Prüfung der »Methodenabweichung«. Hinter dieser Formulierung versteckt sich eine banale Tatsache. Wenn man, so wie ich, am Terminmarkt tätig ist, steht man zwei verschiedenen Preisen für ein und dasselbe Produkt gegenüber. Der erste ist der »Marktpreis«, das heißt der Kurs, der offiziell für das Produkt notiert wird. Der andere, »theoretischer Preis« genannt, stellt denjenigen Kurs dar, den die Bank von Tag zu Tag berechnet und dem der Kassakurs dieses Produkts zugrunde liegt, zu dem die »Costs of Carry« addiert werden, das heißt die Kosten, die durch die Deckung bis zur Fälligkeit entstehen. Wenn die Notierung stimmt, sind diese beiden Preise fast gleich. Eine geringe Abweichung von 0,1 oder 0,2 Prozentpunkten kann nur an der Order einer großen Bank liegen, der es gelingt, etwas geringere Finanzierungskosten auszuhandeln, als der Markt berechnet hat. Die Differenz zwischen den beiden Preisen wird als »Methodenabweichung« bezeichnet, weil sie aus den beiden verschiedenen Methoden resultiert, mit denen derselbe Wert bewertet wird: die des Marktes und die der Bank, die technischer ist. Der Trader handelt mit einem Produkt unter Anwendung des »theoretischen Modells«, das den internen Berechnungen der Bank entspricht, aber das Back-Office kennt als Kontroll- und Bestätigungsorgan nur den Marktpreis. Wenn die Geschäfte eines Traders also im Back-Office landen, stellen diejenigen, die für die Kontrolle zuständig sind, leichte Abweichungen in einer Größenordnung von einem Tausendstel zwischen diesen beiden Preisen fest. Sie nehmen dann eine »Anpassung« der Buchung vor, um diese Abweichungen zu beseitigen und um die Abweichungen im Ergebnis zu korrigieren, die durch diese Unterschiede entstehen.

Im Rahmen meiner Geschäfte haben das Middle-Office, das Controlling und meine Vorgesetzten im gesamten Verlauf des Jahres 2007 zahlreiche Methodenabweichungen festgestellt – nicht anders als bei den Geschäften meiner Kollegen. Nur dass meine völlig atypisch waren. Die erste, im März 2007, belief sich auf acht Millionen Euro; einen Monat später erreichte sie mehr als 15 Millionen Euro. Eine solche Summe ließ vermuten, dass der zugrunde liegende Nominalwert immens hoch sein musste, etwa 15 Milliarden Euro. Mein direkter Vorgesetzter, Éric Cordelle, behauptete, dies nicht bemerkt zu haben. Martial Rouyère und Philippe Baboulin, mein N+2 bzw. N+3, hätten es angeblich ebenso wenig bemerkt. Die Controller ihrerseits wollen den ungewöhnlichen Anstieg des Betrags jeden Monat beanstandet haben. Weitere Methodenabweichungen mit noch größeren Summen tauchten im Juli auf; sie betrugen bis zum Sechzigfachen der üblichen Beträge. Daraufhin wurden wir alle vom Controlling befragt – nicht über die Art und Höhe der Geschäfte, sondern ... über die Möglichkeit, die Abweichungen zu verringern, um den Wirtschaftsprüfern übereinstimmende Zahlen vorlegen zu können! Nachdem man verschiedene Möglichkeiten durchgespielt hatte, trafen meine Vorgesetzten die Entscheidung, im Back-Office den »theoretischen Preis« zugrunde zu legen, der auf der internen Berechnung beruht; eine Ausnahme, die nur in besonderen Fällen und mit der Zustimmung der Wirtschaftsprüfer gemacht werden kann, welche die Veränderung der Berechnungsregel abgesegnet haben müssen, ohne sich darüber mehr Gedanken zu machen als meine direkten Vorgesetzten. Der Buchhalter des Back-Office konnte also gegenüber meinem Chef erklären, dass die Abweichungen erledigt waren.

Und noch ein Alarmzeichen hätte bei meinen Managern Misstrauen erwecken müssen: Die Prüfung der Cash Balance, der Liquiditätsbestände, die genau diesen Managern jeden Morgen vorlagen. Die unten stehende Grafik, die auf der Basis von Daten erstellt wurde, die die Bank während des Ermittlungsverfahrens lieferte, zeigt die Höhe und Entwicklung der Cash Balance meines Tätigkeitsbereichs sowie des Tätigkeitsbereichs meiner Kollegen, die dieselben Geschäfte tätigten wie ich. Die Kurve meiner Cash Balance ist fett gedruckt; man erkennt, dass sie zwischen minus zwei Milliarden und plus anderthalb Milliarden schwankt. Die gepunkteten Linien sind die Ergebnisse meiner Kollegen, und ihre Entwicklung und Höhe weisen keinerlei Ähnlichkeit mit meinen auf. Wie ist es vorstellbar, dass den Managern, deren Hauptbeschäftigung darin besteht, diesen Indikator zu steuern, die exorbitanten Beträge nicht auffielen, als ab Juli 2007 alle Banken von der Krise betroffen wurden und die Liquidität immer geringer wurde? Éric Cordelle gab während des Ermittlungsverfahrens zu, dass er von der Cash Balance in Höhe von 1,4 Milliarden Euro Kenntnis hatte, aber sich nicht im Klaren darüber gewesen sei, dass es sich um ein Ergebnis handelte … Zu seiner Verteidigung brachte er vor, er sei davon ausgegangen, es hätte sich um ein Darlehen gehandelt! Selbstverständlich ist es vollkommen normal, ein Darlehen von anderthalb Milliarden aufzunehmen und es dann auf einem Konto ruhen zu lassen …

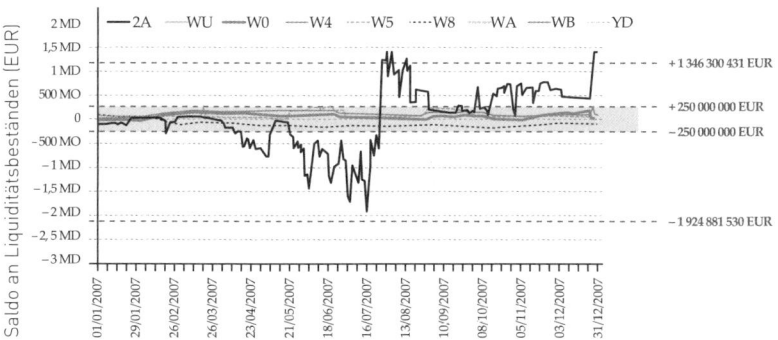

Dazu fällt mir eine Begebenheit ein: Im Juli 2007 tauchte aufgrund der Scheingeschäfte, die ich getätigt hatte, eine neue Abweichung zwischen dem Ergebnis auf, das ich gegenüber meinen Vorgesetzten deklariert hatte, und demjenigen, das in der Buchhaltung festgestellt wurde. Es fehlten 5,2 Millionen Euro. Ich beantragte damals eine Kontenberichtigung, um meinem Ergebnis diese Summe gutschreiben zu lassen. Meine Vorgesetzten reichten meinen Antrag an den Chef des Handelsraums weiter und machten ein technisches Problem geltend, und mein Anliegen wurde ohne viel Federlesens akzeptiert. Das verblüffte mich sehr, denn die Erklärung, die ich lieferte, hätte niemanden täuschen können, der auch nur einen Funken Ahnung vom Finanzwesen hatte, schon gar nicht den Chef eines Handelsraums persönlich.

Und noch ein Hinweis, und zwar ein ziemlich deutlicher: Wenn ich spekulative Positionen einging, tat ich das mittels des Handelssystems. Wenn der Auftrag ausgeführt wurde, erhielt die Société Générale von der Börse eine Ausführungsbestätigung für die Transaktion, die dann automatisch in alle Tools der Bank übertragen und am nächsten Morgen vom Controlling bearbeitet wurde. Wenn die Geschäfte nicht am selben Tag glattgestellt wurden, gab ich abends oder am nächsten Morgen sofort gegenläufige Transaktionen ins Eliot-System ein. Wie ich das anstellte? Ich tat so, als seien es Transaktionen mit einem neuen Makler, der der Bank noch nicht bekannt war. Mit dem Unterschied, dass der Kontrahent fiktiv war und nur existierte, um meine Zockerei im Tool des Front-Office zu kaschieren. Ich erfand also, um Kontrollen zu umgehen, ein Gegengeschäft mit einem fiktiven Kontrahenten. Konkret ausgedrückt heißt das: Ich hatte aus Spekulationsgründen x Terminkontrakte auf den Index y gekauft und gab dann manuell ein Scheingeschäft ein, bei dem ich einem der Bank nicht bekannten Makler x Terminkontrakte auf den Index y verkaufte – was meine Position deckte und im System des Front-Office null ergab. Von den beiden Geschäften ging eines, das echte, direkt ins Back-Office, wo die Zahlungen an die Kontrahenten normalerweise am nächsten Morgen ausgeführt wurden; das Scheingeschäft blieb aber unverarbeitet in der Prüfdatenbank. In dieser Datenbank warteten die Geschäfte, bei denen noch gewisse für die Abwicklung erforderliche Informationen fehlten – beispielsweise die Identität des Kontrahenten oder die Transaktionen, die damit verbunden sein sollten –, auf den Eingang der entsprechenden Informationen; sie wurden bis zur endgültigen Abwicklung eine nach der anderen täglich von verschiedenen Abteilungen, die für die Bestätigung und die Zahlung an den Kontrahenten zuständig waren, kontrolliert.

Man muss auch wissen, dass beim Kauf eines Terminkontrakts der Einschuss am nächsten Tag gezahlt und dann je nach Kursentwicklung täglich ausgeglichen werden muss; wenn das nicht geschieht, wird die

Position von der Börse glattgestellt. Wenn die Geschäfte mit den Terminkontrakten aber in der Prüfdatenbank bleiben, gibt es keine Zahlungen. Diese Transaktionen sind folglich fiktiv; zumindest sind es Geschäfte, bei denen man besser zwei Mal hinschauen sollte. Manche meiner Transaktionen blieben bis zu 20 Tage lang unerledigt in dieser Datenbank, ohne dass irgendjemand sich darüber gewundert hätte, obwohl sie Werte von bis zu 30 Milliarden Euro erreichten. Ich gab also keine Auskünfte zu den Transaktionen, weil es keine Auskünfte gab: weder eine Identität des Kontrahenten noch Zahlungen von ihm. Die Bank ihrerseits zahlte nie für das Gegengeschäft, selbst wenn 20 Tage seit dem vorgesehenen Zahlungstermin vergangen waren, ohne sich dabei Gedanken darüber zu machen, wem sie dieses Geld eigentlich schuldete ...

Auf diese Art habe ich zwei Mal im Lauf des Jahres 2007 enorme spekulative Positionen aufgebaut, ohne dass irgendjemand – weder meine Vorgesetzten noch die Controller, die für die Prüfdatenbank zuständig waren, noch die Leute des Back-Office – je übermäßig beunruhigt gewesen wäre.

Die Informationen blieben so lange unbearbeitet in der Prüfdaten bank, bis ich meine Positionen glattstellte. Die erste größere Abweichung zwischen dem buchhalterischen und dem wirtschaftlichen, von meinen Vorgesetzten bestätigten Erlös tauchte im März 2007 auf. Sie belief sich auf 94 Millionen (88 + 6, wie dem folgenden Dokument zu entnehmen ist[15]).

	___/fr/socgen	An	Philippe Baboulin/eqty/fr/socgen@socgen
	16.04.2007 13:13		Martial Rouyere/fr/socgen@socgen
		cc	_____/ress/fr/socgen@socgen
			_____/ fr/ socgen@socgen
			_____ /fr/socgen@socgen
		bcc	
		Betreff:	WICHTIG Differenz bei Futures und Forwards in 2A [C1]

Guten Tag,
mit dieser E-Mail möchten wir Sie darüber informieren, dass wir eine Differenz in Höhe von 88 Millionen Euro FO/CD auf drei DAX-Futures vom Juni in gop 2A sowie eine Differenz von 6 Millionen Euro bei einem Forward, der am 30.03.2007 auf Click Options gebucht wurde, festgestellt haben.
Diese Differenzen erklären sich wie folgt:

---

15 Der Ausdruck »GOP 2A« bezeichnet meine »Portfoliogruppe«, im Klartext meine Aktivitäten. Der Ausdruck »pending« bedeutet, dass ein Geschäft noch offen ist, weil noch Auskünfte über den Kontrahenten im System fehlen.

Die Futures sind noch offen und tauchen daher nicht in der Buchhaltung auf.
Der Forward wurde bei Click Option gebucht, welches jedoch keine Interco-Transaktionen anerkennt, daher müssen wir diesen in der Buchhaltung stornieren.
Bei diesen Futures oder Forwards handelt es sich um »Scheingeschäfte«, die einerseits gebucht wurden, wenn Optionsscheine mit Barriere »ausgeknockt« wurden, um den Gegenwert des jeweiligen Portfolios zu stabilisieren, aber andererseits auch bei der Debitorenbuchhaltung (Außenstände), wenn kein eindeutiger Spotpreis des jeweiligen Underlyings zustande kommt und es daher nicht möglich ist; den Rückkaufswert des Warrants zu ermitteln.
Der Wertpapierhändler übermittelt gerade die Listen der betroffenen Optionsscheine, dies wird jedoch nicht vor heute Nachmittag passieren. Die Risikoabteilung ist nicht in der Lage, die korrekten Preise zu ermitteln, und wir werden somit nicht in der Lage sein, die Valorisierung der fiktiven Futures und Forwards erneut der Valorisierung der Optionsscheine zuzuweisen.
Vielen Dank für Ihre Aufmerksamkeit in dieser Angelegenheit.

Meine Vorgesetzten wurden in Kenntnis gesetzt und man sieht in diesem Dokument, dass bereits hier klar und deutlich von »Scheingeschäften« die Rede ist. Nicht ohne Grund steht im Betreff der E-Mail »WICHTIG« ...

Trotzdem äußerten sich Martial Rouyère und Philippe Baboulin kaum. Die einzige kurze Bemerkung kam von Philippe Baboulin:»Was hat es mit dieser Abweichung auf sich? Sieh zu, wie du das regelst, das ist dein Problem.« Ich lieferte dem für die Kontrolle des Ergebnisses zuständigen Middle-Office per E-Mail also eine vage Antwort. Ich schrieb, dass es sich um Geschäfte auf Terminkontrakte handelte, die wegen Problemen mit der Führung meines Handelsbuchs noch nicht gedeckt wären; der Preis würde in fünf Tagen berechnet werden. In der Zwischenzeit hätte ich einen nicht identifizierten Kontrahenten für das Gegengeschäft im System erfasst. Diese Erklärung war ziemlich verworren, aber sie wurde akzeptiert, und der Chef der Risikoabteilung bestätigte das Geschäft und ließ die notwendigen Berichtigungen vornehmen, indem er es in das Konto »Diverse Transaktionen« buchte. Philippe Baboulin äußerte nach dieser Erklärungsmail mir gegenüber sogar:»O. k., gut gemacht. Du musst dich aber in Zukunft absichern.« Was ich natürlich nicht gemacht habe, im Gegenteil; statt »mich abzusichern«, tätigte ich immer öfter Scheingeschäfte, ohne dass jemand in meinem Tätigkeitsbereich sich Sorgen gemacht hätte. Alle Hierarchieebenen wussten, dass es in meinem Tätigkeitsbereich Scheingeschäfte gab, wie es kürzlich auch der Verantwortliche der Buchhaltung bei seiner Vernehmung durch die Finanzpolizei bestätigte. Auf die Frage des Polizisten:»Um auf die Geschäfte zurückzukommen, die im Rahmen des Rechnungsabschlusses vom März 2007 untersucht wurden: Inwieweit waren andere Personen darüber informiert, dass es sich um Scheingeschäfte handelte?«, lautete die Antwort:»Tatsächlich wussten das PNL (die für die Kontrolle der Ergebnisse zuständige Abteilung des Middle-Office), das

ACFI (das Controlling), und das FO (die Vorgesetzten von J. K.), dass es sich um Scheingeschäfte handelte.« Kurz gesagt, alle wussten Bescheid und niemand reagierte, obwohl die ganze Situation absolut unglaubwürdig war.

Einen Monat später ging eine weitere Warnung per E-Mail ein; diesmal an meine drei direkten Vorgesetzten, Éric Cordelle, Martial Rouyère und Philippe Baboulin. Es ging nicht mehr um 94 Millionen, die den Controllern Probleme bereiteten; es fehlten vielmehr 142 Millionen auf den Konten. In dem Augenblick, als ich die Kopie der Mail las, die ich gerade erhalten hatte, sah ich, wie Éric Cordelle von seinem Platz aufstand, um mit Martial Rouyère zu sprechen. Ich sehe diesen Moment noch genau vor mir: Die beiden drehen sich zu mir um, unsere Blicke begegnen sich, ich warte darauf, dass einer von ihnen zu mir kommen würde, um mit mir zu sprechen … Aber nichts geschah. Auf die Frage der Buchhaltungsabteilung:»Können wir übergangsweise so verfahren wie beim letzten Mal?«, gaben meine Chefs ihre Zustimmung, was bedeutete, dass die Entscheidung vom März 2007 zu einer ständigen Einrichtung gemacht wurde.

Im Nachhinein wird mir bewusst, dass ich an jenem Tag nur auf eines gewartet hatte: dass man zu mir kommen würde, um mich anzuschnauzen oder mir zumindest das Problem darzulegen; und dass man dem wahnwitzigen Kurs, den ich eingeschlagen hatte, ein Ende setzen würde. Ich spürte insgeheim, dass ich die Grenzen der Vernunft überschritt, aber ich wusste nicht, wie ich die Maschine stoppen konnte. Und außerdem hätte die Forderung, diese Art von Geschäften zu unterlassen, bedeutet, dass eine Menge Leute bestens darüber informiert waren; welches Interesse hätten sie daran haben können, sich zu verraten, wo sie doch selbst ein Rad in diesem Getriebe waren? Im Mai wie im April und danach auch im Juni und Juli entdeckten meine Vorgesetzten und die Controller auf diese Art Scheingeschäfte mit exorbitanten Beträgen, und sie entschieden sich dafür, Buchungen von Ergebnissen in derselben Höhe vorzunehmen. Sie wussten genau, was sie taten.

Insgesamt habe ich im Verlauf des Jahres 2007 an die tausend reine Spekulationsgeschäfte getätigt. Die Höhe der Engagements war unterschiedlich, erreichte aber, wie ich bereits sagte, in zwei Fällen Summen von 30 Milliarden Euro. Für jede einzelne Transaktion gab ich Geschäfte mit fiktiven Kontrahenten ins System ein. In derselben Zeit habe ich meines Wissens alles in allem drei Mails bekommen, in denen ich nach der Identität des Maklers befragt wurde. Außer den Fragen des Back-Office hat niemand auch nur die geringste Bemerkung zu den Transaktionen gemacht. Während des Ermittlungsverfahrens haben meine Vorgesetzten die unterschiedlichsten Erklärungen vorgelegt, um ihre Untätigkeit zu rechtfertigen: Der eine war auf Geschäftsreise in New York und hat von den ersten 30 Milliarden nichts mitbekommen; allerdings war er während der zweiten Angelegenheit, bei der es wieder um 30 Milliarden ging, in Paris; aber weil die erste Transaktion von seinen Vorgesetzten bestätigt worden war, hatte er nichts gesagt. Was den anderen angeht, hat er angeblich den Absatz nicht gelesen, in dem die Controller die Summe nannten, um die es ging. Daraus kann man nur schließen, dass die Hauptsorge meiner Manager nicht etwa war, was man tun könnte, damit so etwas nicht wieder vorkommt, sondern vielmehr, wie man es anstellen könnte, dass keiner was merkt oder besser noch, wie man es anstellen könnte, außen vor zu bleiben, damit man ihnen anschließend nichts vorwerfen konnte.

Am Anfang meines Lebens als Trader hatte ich Angst; die Angst, die aus der Diskrepanz zwischen den Summen, mit denen ich hantierte, und dem wahren Leben resultierte. Nach und nach gewöhnte ich mich daran, bis ich sie gar nicht mehr zur Kenntnis nahm. Ich war wie betäubt von einer Art Leichtsinn und dem Rausch der Gewinne, die ich Monat für Monat einfuhr, und ich versuchte, zugunsten der Bank das Beste rauszuholen. Die Ereignisse, die im Januar 2008 eintraten, rissen mich aus meinen Träumen und katapultierten mich zurück in die Wirklichkeit; die Wirklichkeit, wie anfällig die Systeme waren und wie verletzlich ich selbst war, wie sehr ich dem Verlust des Arbeitsplatzes, dem Medienspektakel, den unbegründeten Angriffen, der Justiz ausgeliefert war. Ich hatte die höchsten Emotionen kennengelernt, aber ich sollte teuer dafür bezahlen.

Bin ich dabei wenigstens reich geworden? Ich hatte gut gelebt, mehr nicht. Als meine Affäre im Januar 2008 aufflog, betrug mein Bruttojahresgehalt etwa 50.000 Euro.

Dritter Teil
DIE JUSTIZ

Kapitel 7
Der Polizeigewahrsam

Am Freitag, dem 25. Januar 2008, stand ich morgens auf, ohne in der Nacht auch nur ein Auge zugetan zu haben. Am Vortag hatten mich die Pressemitteilung der Société Générale und die Gerüchte, die ihr den ganzen Tag lang vorausgegangen waren, mit voller Wucht getroffen. Ich hatte meine Flucht dementieren, einen Anwalt finden und die ersten Punkte meiner Verteidigung ausarbeiten müssen. Meine Mutter, mein Bruder und ich waren erst sehr spät schlafen gegangen, nachdem wir uns von Programm zu Programm gezappt und aus den Zeitungen und den Interviews wahllos die absurdesten Kommentare aufgelesen hatten. Finanzexperten, die mir mehr oder weniger bekannt waren, beschuldigten mich leichtfertig. Da die meisten von ihnen den Kanzleien von Unternehmensberatungen entstammten, die für die Société Générale tätig waren, konnte ihre Objektivität meiner Meinung nach zumindest angezweifelt werden; aber obwohl sie nur mäßige Kenntnisse von den Abläufen in einem Handelsraum hatten, machten sie sich keiner übertriebenen Vorsicht schuldig. Wenn man ihnen glauben durfte, hatte ich in einem Berufszweig, in dem unumschränkte Transparenz und Kontrolle herrschen, ein skandalöses Verhalten an den Tag gelegt; ich hatte der Bank völlig schamlos Verluste in beträchtlicher Höhe beschert und mich wie ein Ganove verhalten. Ich war das schwarze Schaf in einer weißen Herde. All das regte mich umso mehr auf, als es nicht auf mich zutraf. Mithilfe von Experten, die sie hinzugezogen hatte, versuchte die Société Générale das Feuer in Schach zu halten, das sie mit ihrer Mitteilung über die Angelegenheit selbst entfacht hatte.

Ich machte mir vor allem Sorgen darüber, was mich konkret erwartete. Wie konnte ich den Journalisten entkommen, die ihre Treibjagd bereits aufgenommen hatten – da ich nicht auf der Flucht war, musste ich noch in Paris sein, aber wo? Welche neuen Anschuldigungen würde ich über mich ergehen lassen müssen? Wie würden die polizeilichen Vernehmungen aussehen? Was empfand meine Mutter bei der ganzen Sache? War sie einem solchen Medienrummel gewachsen? In diesem Augenblick verwandelte sich meine Panik in Verzweiflung über die Lügen, mit denen die Presse mich überschüttete. Ich hatte das Gefühl, es sei ein doppelter Preis auf meinen Kopf ausgesetzt, zum einen von den

Journalisten, die zu allem fähig waren, um ein Foto von mir zu ergattern, und zum anderen von der Bank, die mich fertigmachen wollte.

Eine Sache machte mir in diesem allgemeinen Aufruhr am meisten zu schaffen: Die Anspielungen einiger Journalisten auf meine Familie. Ihnen zufolge hatte mich der plötzliche Tod meines Vaters vollkommen verstört; weil auch mein Bruder zur selben Zeit Schwierigkeiten mit seinem Arbeitgeber hatte, wäre die Situation so weit eskaliert, dass ich psychisch labil geworden sei. Man versuchte, mir einen pathologischen Familienhintergrund anzudichten, was ich nicht ertragen konnte. Meine Affäre betraf nur mein Berufsleben; und meine Vergangenheit, die zum Objekt frei erfundener Rekonstruktionen geworden war, hatte damit nicht das Geringste zu tun. Mein Vater war 2006 im Alter von über 70 Jahren infolge einer langen Krankheit nach einem ruhigen Leben im Kreis seiner Familie gestorben. Ich hatte so um ihn getrauert, wie jeder Sohn um seinen Vater trauert, wobei mein Kummer allerdings dadurch vertieft wurde, dass ich mir vorwarf, während seiner Krankheit nicht öfter an seiner Seite gewesen zu sein. Meine Arbeit bei der Société Générale hatte mich so aufgefressen, dass ich nie Zeit gefunden hatte, ihn zu besuchen, mit ihm zu sprechen, in den letzten Wochen seines Lebens an seiner Seite zu sein. Und als ich die Nachricht von seinem Tod erhielt, bekämpfte ich meinen Schmerz, indem ich mich noch mehr in die Arbeit stürzte, um dem zu entfliehen, was ich nicht hatte sehen wollen. Die Société Générale war zu meiner Zuflucht geworden, zur Blase, in der ich mich nicht mehr mit meinem eigenen Leben auseinandersetzen musste. Erst als ich einige Tage später zur Beerdigung fuhr, erfasste ich das wirkliche Ausmaß dessen, was passiert war. Vor den sterblichen Überresten meines Vaters brach ich in Tränen aus. Von diesem Moment an war ich Waise, und sosehr ich auch versuchte, die wirkliche Welt auszuklammern, so wenig konnten die vielen Stunden, die ich täglich in der Société Générale verbrachte, diesen Umstand verdrängen. Aber sobald ich wieder in Paris war, begannen die Hektik und der Stress von Neuem. Ich stürzte mich wieder Hals über Kopf in die Arbeit.

Ich machte mir Sorgen, dass all diese Anspielungen auf mein Privatleben meine Mutter erschüttern könnten, weil sie dadurch wieder an ihre schmerzliche Trauer und die quälende Einsamkeit erinnert wurde, die sie empfand, wenn sie in dem großen, leeren Haus der Familie allein war. Sie ist eine zurückhaltende Frau, die wie ich selten ihre Gefühle und Emotionen zeigt. Wie würde sie damit leben? Sie musste einige Tage später wieder in die Bretagne zurückfahren und ich machte mir Sorgen wegen all der Gerüchte, die ihr unweigerlich zu Ohren kommen würden. Ich wünschte mir, dass ihr zurückgezogenes Leben sie davor schützen würde. Meine Mutter war nicht der Typ, der stundenlang vor dem Fernseher saß oder die Zeitung verschlang, sie hatte kein Internet und das Gerede der Leute ließ sie kalt. Sie konnte daher das Ausmaß des Sturms, der losgebrochen war, nur mühsam erfassen, und wenn das Wenige, was sie davon mitbekam, auch schon beträchtlich war, so hoffte ich doch, dass sie es schaffen würde, sich dem zu entziehen. Glücklicherweise kam es auch so, und sie wurde nicht zum Kollateralschaden des Krieges, den die Société Générale anzettelte. Aber noch tagelang spürte ich, wie sehr mich die aufdringlichen und unangebrachten Äußerungen über meine Familie verletzt hatten. Ich sehe mich noch, wie ich meiner Freundin vor Wut eine SMS schrieb: Diejenigen, die es gewagt hatten, meine Angehörigen anzurühren, würden es teuer bezahlen.

Um der Meute der Journalisten zu entgehen, die sich vor der Kanzlei der Rechtsanwältin Meyer versammelt hatten, bestellte sie mich am Freitagmorgen in die Räume eines Freundes von ihr, eines EDV-Fachmanns, in Levallois. Es war klar, dass ich weder mit der Metro dorthin fahren noch telefonisch ein Taxi rufen und damit die Adresse einer Person namens Kerviel preisgeben konnte. Also gingen mein Bruder und ich auf der Suche nach einem Taxi eiligst zu Fuß durch das Viertel Saint-Lazare. Ich ging voller Panik mit gesenktem Kopf durch die Straßen und war davon überzeugt, alle Blicke auf mich zu ziehen und von jedem Passanten erkannt zu werden. Wir hielten ein Taxi an, und während wir eng nebeneinander auf dem Rücksitz saßen, mied ich während der Fahrt sorgfältig den Blick des Fahrers im Rückspiegel.

Wie vereinbart, traf ich Élisabeth Meyer und den EDV-Fachmann und erklärte ihnen ausführlich meine Tätigkeit als Trader, das Fachwissen über den Handel, die Geschäfte, die ich gemacht hatte, und diejenigen, für die ich nicht verantwortlich war. Ich führte alle Argumente auf, die bewiesen, dass zahlreiche Personen in der Société Générale immer voll und ganz über meine Transaktionen im Bilde gewesen waren. Seit dem Vortag wusste ich, dass die Bank Anzeige gegen mich erstattet hatte; wir kannten aber noch nicht deren genauen Inhalt. Madame Meyer war keine Strafrechtlerin, der Fall erschien ihr auf Anhieb schwierig und sehr fachspezifisch. Da der EDV-Fachmann sich in der Welt der Justiz gut auskannte und mit zahlreichen Anwälten zusammenarbeitete, schlug er uns vor, Kontakt mit einem Staranwalt, so seine Formulierung, aufzunehmen, der uns unterstützen sollte. Es handelte sich um den amtierenden Präsidenten der Anwaltskammer, Christian Charrière-

Bournazel. Wir verabredeten einen Termin für den folgenden Samstagmorgen in seiner Kanzlei in der Avenue Foch.

Am selben Tag traf die Vorladung ein; ich sollte am kommenden Tag, also am Samstag, dem 26. Januar, um 15 Uhr bei der Finanzpolizei erscheinen. Die Nachricht versetzte mir einen gewaltigen Schock. Es war das erste Mal in meinem Leben, dass ich mit der Polizei zu tun hatte. Élisabeth Meyer versuchte mich zu beruhigen, so gut sie konnte, und erklärte mir, dass eine Anhörung bei der Polizeibehörde das normale Prozedere nach Erstattung einer Anzeige sei. Abends kamen wir überein, dass ich bei dem EDV-Fachmann übernachten sollte, zum einen, um die Spuren zu verwischen, und zum anderen, damit ich am nächsten Morgen den Rechtsanwalt Charrière-Bournazel so früh wie möglich aufsuchen konnte. Während des Abendessens, das wir zu viert einnahmen – der Experte, seine Frau, eine ihrer Töchter und ich –, erfuhr ich durch eine SMS meiner Freundin, dass die Polizei dabei war, meine Wohnung zu durchsuchen; sie hatte die Nachricht aus dem Fernsehen. Ich wurde sofort wütend. Die Polizeibeamten hätten mich wenigstens um den Schlüssel bitten können. Ich hätte ihn ihnen ohne weiteres gegeben, denn ich hatte nichts zu verbergen. Stattdessen hatten sie das Sicherheitsschloss aufgebrochen, und meine Wohnung war nicht mehr gesichert. Jeder, der bei mir eindringen wollte, konnte das in aller Seelenruhe tun, während ich selbst unmöglich nach Hause zurückkehren konnte. Außerdem war es undenkbar, schnell einen Angehörigen dorthin zu schicken, weil er von den zahlreichen Journalisten, die vor meiner Wohnung stationiert waren, mit Fragen bestürmt worden wäre ...

Einige Tage später gelangten Einzelheiten über meine Wohnung in die Presse, und einige Unterstellungen fand ich besonders skandalös. Die Polizeibeamten hatten sich bei den Medien darüber ausgelassen, dass sie bei mir einen Koran entdeckt hatten! Dieses Eindringen in mein Privatleben schockierte mich; vor allem nach den Vermutungen, die von einigen Bankmanagern geäußert und von den Medien aufgegriffen worden waren. Ich wurde als Terrorist dargestellt und es hieß, ich würde angeblich Verbindungen mit Al-Qaida unterhalten. Das waren natürlich die reinsten Erfindungen. Zufälligerweise interessiere ich mich für den Islam, versuche schon seit langem, seinen Geist zu erfassen, und schätze die immer wieder bereichernde Lektüre seiner Heiligen Schrift. Ich war empört darüber, dass einige Journalisten mutwillig falsche Schlüsse daraus zogen. Ich stellte mir zahlreiche Fragen. Was ist daran verdächtig, einen Koran zu Hause zu haben? Was ist daran verdächtig, sich für den Islam zu interessieren und eine Anziehung für ihn zu verspüren? Wie konnte man es wagen, die Religion ins Zentrum einer Finanzaffäre zu stellen? Ich fand dieses Vorgehen widerlich und beleidigend für alle Moslems.

Ich ging erschöpft zu Bett und versuchte zu schlafen. Es gelang mir nicht sehr gut. Das Warten auf die bevorstehenden Ereignisse, die ungewisse Zukunft, das Gefühl, am Rande eines Abgrunds zu stehen, dessen Tiefe ich nicht sehen konnte, all das drehte sich in meinem Kopf und nahm im Lauf der Stunden unglaubliche Dimensionen an. Am Samstagmorgen ging ich mit dem Fachmann zu Fuß zur Kanzlei des Rechtsanwalts Charrière-Bournazel. Es war etwa halb acht, es wurde gerade erst hell, in den Straßen von Paris war es noch still, wir gingen durch vornehme Viertel, die abseits des Großstadtgetriebes lagen. In diesem Moment wurde ich von meinen Gefühlen überwältigt. Seit Tagen jagte eine Katastrophennachricht die andere, nächtelang hatte ich nicht mehr schlafen können, und am Nachmittag dieses Tages sollte ich mich in Polizeigewahrsam begeben; trotzdem war ich ruhig, wie von den Ereignissen losgelöst. Wir hielten kurz an, um Zigaretten zu kaufen, und während mein Begleiter den Zigarettenladen betrat, wartete ich draußen auf dem Bürgersteig. Es fuhren fast noch keine Autos und man sah nur wenige Passanten. Nur einige Vögel zwitscherten inmitten der Stille in den umliegenden Bäumen. Ich schloss ein paar Minuten lang die Augen, um diese Pause im Sturm zu genießen. Ich dachte, dass das Leben genauso wunderbar wie unvorhersehbar sein konnte.

Madame Meyer wartete in der Kanzlei von Christian Charrière-Bournazel auf uns. Die erste Begegnung mit ihrem Kollegen war positiv. Ich antwortete zuerst auf die Fragen, die er mir zu meiner Angelegenheit stellte, und so, wie ich es seit zwei Tagen gegenüber von Élisabeth Meyer tat, erzählte ich noch einmal die Geschichte und rollte noch einmal alle Fakten auf. Daraufhin erklärte mir der Präsident der Anwaltskammer, was mich erwartete. Beim Polizeigewahrsam lief immer dieselbe Prozedur ab; die Beamten der Finanzpolizei würden zweifellos versuchen, mich in die Mangel zu nehmen. Leibesvisitation, Fragen zur Person, Verbringung in die Zelle … Der Anwalt verschwieg keine Einzelheit; er machte mir klar, dass ein Polizeigewahrsam eine harte Prüfung darstellt. Ich hörte ihm sehr aufmerksam zu, hatte aber gleichzeitig das Gefühl, dass alles, was er beschrieb, einen anderen betreffen würde, keinesfalls mich selbst. Es war merkwürdig: Seit einer Woche wechselten sich die Augenblicke, in denen ich mich als Mittelpunkt des Geschehens empfand, mit solchen ab, in denen ich das gegenteilige Gefühl hatte, nämlich so, als sei ich nur ein Zuschauer, nicht der Hauptdarsteller. Genauso war es auch in diesem Moment; ich konnte mir einfach nicht vorstellen, dass die Worte von Rechtsanwalt Charrière-Bournazel wirklich mich selbst betrafen.

Auf seinen Rat hin aß ich noch ein Sandwich, um nicht mit leerem Magen bei der Finanzpolizei zu erscheinen, und dann war schon der Augenblick des Aufbruchs gekommen. Madame Meyer hatte mit den Polizeibeamten ausgehandelt, dass die Vorladung sehr diskret vollzogen werden sollte, um die Journalisten zu überrumpeln, die sich in der Rue Château-des-Rentiers sicher schon die Beine in den Bauch standen. Gegen 13 Uhr fuhren wir zusammen zu einem kleinen Platz im 13. Arrondissement, der nicht weit vom Gebäude der Finanzpolizei entfernt war. Ich versuchte weiterhin, mich vor fremden Blicken zu verbergen, machte mir aber gleichzeitig bewusst, dass von nun an auch das Gesicht von Madame Meyer bekannt sein würde und dass meine Bemühungen, Diskretion zu wahren, vermutlich vergeblich waren. Als wir am Treffpunkt angekommen waren, hielt der Fahrer an. Zwei Männer stiegen aus einem anderen Wagen und kamen auf unser Taxi zu, wobei sie zur großen Überraschung unseres Fahrers vorsichtige Blicke um sich warfen. Er hatte keine Gelegenheit mehr, uns auszufragen, denn wir standen schon auf dem Bürgersteig. Die beiden Polizeibeamten öffneten die Tür eines Lieferwagens mit getönten Scheiben, der losfuhr, sobald wir eingestiegen waren. Der Polizeibeamte, der uns begleitete, erklärte uns, dass wir in einem »U-Boot« säßen, einem der Zivilfahrzeuge, das für verdeckte Aktionen benutzt wird. »Sie sitzen übrigens auf den Toilettendeckeln«, sagte er zu Madame Meyer. Die Bemerkung brachte einen Hauch von Humor in die düstere Stimmung. Die Polizisten waren weder arrogant noch verächtlich; sie machten ihre Arbeit vollkommen korrekt. Ich selbst hatte das Gefühl, in einem Film mitzuspielen: das heimliche Treffen, das »U-Boot«, der witzelnde Polizeibeamte ...

Ich konnte nicht sehen, wo wir hinfuhren. Plötzlich hörte ich draußen Hupen und Stimmengewirr. »Die Journalisten«, erklärte der Polizeibeamte. Dann wurde der Lieferwagen langsamer und fuhr eine Parkrampe hinab. Die Tür wurde geöffnet, wir waren bei der Finanzpolizei ankommen. Madame Meyer versuchte, mich mit ein paar Worten zu ermutigen, und verabschiedete sich. Ich blieb allein bei den Polizeibeamten zurück. Plötzlich wurde mir klar, dass ich jetzt der Hauptdarsteller des Stücks war.

So wie Rechtsanwalt Charrière-Bournazel beschrieben hatte, wurden alle Register gezogen: Angaben zur Person, Entkleidung, Leibesvisitation, DNA-Entnahme. Ich musste meine Schnürsenkel, meinen Gürtel, meine Papiere und die wenigen persönlichen Dinge abgeben, die ich dabeihatte, darunter auch meine Zigaretten. Musste das sein? Ja, das war Vorschrift. Aber ein Beamter beruhigte mich. Man würde mir sicherlich erlauben, in den Verhörpausen ein oder zwei Zigaretten zu rauchen. Im selben Augenblick, als ich ihm dankte, wurde mir klar, dass ich ab sofort mir unbekannten Menschen ausgeliefert war und dass ich in den kommenden Stunden von deren Genehmigungen, Anweisungen und Worten abhängig sein würde.

Die Polizisten verrichteten ihre Arbeit mit strikter Neutralität, aber einer oder zwei schienen etwas offener zu sein. Ich wagte es, eine Frage zu stellen:

»Wie lange wird das Ihrer Meinung nach dauern?«

»24 Stunden, vielleicht auch länger. Bei Ihnen gibt es zweifellos eine Verlängerung. Also 48 Stunden.«

Das war eine erste Ohrfeige, denn ich hatte nicht erwartet, dass ich über Nacht in Polizeigewahrsam bleiben würde. Ich hatte gedacht, dass es sich nur um eine simple Anhörung handelte, die am Ende des Tages erledigt sein würde.

Danach wurde ich medizinisch untersucht: Blutdruck, Atmung, derzeitige Behandlungen – keine, eventuelle Krankheiten – keine. Der Arzt, ein kleiner entspannter Mann, entschied, dass ein Polizeigewahrsam mit meinem Gesundheitszustand vereinbar war, was mir beim ersten Verhör um 15.30 Uhr mitgeteilt wurde. Es fand, wie alle weiteren, in einem neutralen und ziemlich kleinen Büro statt. Ich saß gegenüber vom Fenster, wodurch es einem Bewohner des gegenüberliegenden Gebäudes möglich wurde, mich von seiner Wohnung aus durch die Glasscheibe hindurch zu fotografieren. Die Verhöre wurden von drei Polizeibeamten geführt, einer Frau und zwei Männern. Die Kriminalkommissarin, die mir den Großteil der Fragen stellte und meine Antworten in den Computer eingab, war eine ziemlich hübsche Blondine um die 40, deren Gesichtsausdruck zwischen streng und freundlich wechselte. Die beiden Männer hielten sich mehr im Hintergrund; sie waren sehr aufmerksam, schwiegen aber fast die ganze Zeit.

Diese erste Befragung dauerte etwas weniger als zwei Stunden. Wie auch die folgenden verlief sie in höflichem Ton. Man siezte sich von Anfang bis Ende. Die ersten Fragen bezogen sich auf meinen Personenstand, mein Studium, meine berufliche Laufbahn, die Beschreibung meiner Tätigkeit, die Namen meiner Vorgesetzten, den Tagesablauf der letzten Tage. Nach einer kurzen Pause ging es mit den Fragen weiter; diesmal über die Höhe meines Gehalts, meine Boni, mein Vermögen. Ich erklärte, dass ich weder über ein Aktiendepot noch über ein Konto im Ausland verfügte.

Wieder gab es eine Pause, in der ich gemeinsam mit den Polizeibeamten eine Mahlzeit einnahm. Mein Fall interessierte sie. Sie versuchten, vieles von mir zu erfahren, und verfolgten aufmerksam, was ich über diese Welt erzählte, von der sie nichts wussten und die ihre Neugier weckte. Die meisten von ihnen hatten keinerlei Ahnung von der Finanzwelt. Einer hatte ein Studium der Wirtschafts- und Sozialverwaltung absolviert, ein anderer war dagegen Parkettleger. Ich hatte schnell den Eindruck, dass sie während dieser inoffiziellen Gespräche kapierten, dass die Weste der Bank nicht so weiß war, wie sie behauptete, und ich nicht so ein Übeltäter, wie die Bank es darstellte. Was ich ihnen erzählte, war meilenweit von den öffentlichen Verlautbarungen der Société Générale entfernt. Meine Aussagen erschütterten ihre Gewissheiten. Sie überhäuften mich mit Fragen. Ich antwortete, so gut ich konnte, und zeigte ihnen nach und nach, wie wenig die Vorstellung, die sie sich vom Beruf des Börsenhändlers machten, mit dem übereinstimmte, was ich ihnen von meinem Leben erzählte. Nein, ich verdiente keine Millionen von Euro und ich fuhr auch keinen Porsche. Nein, ich hatte nichts mit den anderen »Kunden« der Finanzpolizei gemein, mit den Tapies, den Messiers, den Le Floch-Prigents, den Gautier-Sauvagnacs. Und als einer mich fragte, ob ich Geld für mich selbst unterschlagen hätte, antwortete ich wütend:»Haben Sie bei Ihrer Hausdurchsuchung meine Wohnung nicht gesehen? 45 Quadratmeter, keine teuren Gemälde, Möbel von Ikea! Meine Boni, und das können Sie überprüfen, habe ich Angehörigen gegeben, die in finanziellen Schwierigkeiten waren.«

Ich hoffte, ihnen so wenigstens verständlich zu machen, wie mein Verhältnis zum Geld war und wie wenig Bedeutung es für mich hatte. Als mich schließlich einer der Polizeibeamten, zweifellos um sich vor den anderen wichtig zu machen, um ein Autogramm auf einem 500-Euro-Schein bat, lehnte ich rundweg ab. Daraufhin wurde die Stimmung frostiger, aber zumindest hatten alle verstanden, dass ich Menschen wie ihnen näherstand als den geldgierigen Tradern, die man aus amerikanischen Filmen kennt.

Das Essen endete ohne weitere Zwischenfälle; dann folgte die dritte Anhörung. Sie dauerte mehr als fünf Stunden und endete erst gegen ein Uhr in der Nacht. Wir kamen sehr bald zum Kern der Sache. Aus der sachkundigen Art und Weise, mit der sie die Befragung leitete, konnte man schließen, dass die Kommissarin sehr präzise Kenntnisse über die Techniken des Finanzmarkts und über meinen Fall zu haben schien. Ich war von der Präzision ihrer Fragen überrascht. Erst wesentlich später verstand ich, dass die Société Générale einige Beschäftigte ins Feld geschickt hatte, um bei der Polizei gut Wetter zu machen, und sich stark ins Zeug legte, ihre eigene Darstellung zu verbreiten. Das bedeutete, dass man der Polizei ins Handwerk gepfuscht und ihre Fragen in eine bestimmte Richtung gelenkt hatte.

Zuerst erläuterte mir die Kommissarin den Wortlaut der Klage und die Anklagepunkte, die man mir zur Last legte; dann fragte sie mich, ob ich dazu etwas sagen wolle. Ich gab sofort zu, dass ich Scheingeschäfte im System erfasst und wieder storniert hatte, wies aber alle anderen Anschuldigungen zurück, besonders das unbefugte Eindringen in die EDV-Systeme, die Veruntreuung von Geldern und ganz allgemein den Vorwurf, die Vorschriften oder meine Befugnisse überschritten zu haben. Welche Befugnisse? Welche Vorschriften? Welcher Missbrauch von fremden PC-Benutzerkennungen? Ich hatte immer nur meine eigene Benutzerkennung verwendet. Was die Société Générale behauptet hatte, als die Affäre aufflog, war reine Erfindung. Ich erklärte meine Arbeit als Market-Maker und bestand auf der Tatsache, dass meine einzige Motivation immer nur darin bestanden hatte, Gewinne für die Bank zu machen. Dann erklärte ich die verschiedenen Strategien, die ich benutzt hatte, wobei ich als Beispiel das Geschäft mit den Allianz-Aktien aus dem Jahr 2005 anführte. Ich erinnerte daran, dass man mich daraufhin nicht nur nicht bestraft, sondern sogar mein Limit spürbar erhöht hatte, und dass man im darauf folgenden Jahr von mir verlangt hatte, dasselbe Ergebnis zu erzielen. Während ich sprach, kam von Zeit zu Zeit ein Polizeibeamter ins Zimmer und legte der Kommissarin Notizzettel vor. Mir wurde klar, dass man schon andere Personen befragt hatte, Beschäftigte der Bank, Kollegen oder Vorgesetzte, ohne dass ich wusste, um wen es sich dabei handelte, und dass die Fragen, die man mir stellte, darauf abzielten, diejenigen Punkte zu klären, die die Société Générale schon vorgebracht hatte.

Endlich war dieses lange Verhör beendet. Gegen ein Uhr nachts wurde ich in eine Zelle gebracht. Ich wollte nur noch eines: das alles hinter mich bringen; ich war erschöpft, nervlich am Ende und hatte keine Lust mehr, den verschiedenen Gesprächspartnern immer wieder auf dieselben Fragen zu antworten, wie ich es seit drei Tagen tat. Jemand kam vorbei, um zu sehen, wie es mir ging, und er sagte etwas zu mir, was mir sehr zu Herzen ging: »Für uns bist du nur ein kleiner Fisch, und du musst für die anderen den Kopf hinhalten.« Die Zelle war sauber und einigermaßen groß, was meine Befürchtungen milderte. Allerdings nicht lange. Ich konnte nicht schlafen, nickte immer nur kurz ein. Ich durchlebte noch einmal jede Minute der Verhöre, fragte mich, ob meine Antworten klar gewesen waren, ob das, was jetzt im Protokoll stand, auch mit dem von mir Gesagten übereinstimmte, und ich machte mir Gedanken darüber, dass es anderenfalls später gegen mich verwendet werden könnte. Vor allem, weil mich gegen Ende der Befragung die Müdigkeit überwältig hatte und ich deswegen nicht mehr die nötige Konzentration hatte, das ganze lange Vernehmungsprotokoll genau durchzulesen. Als ich es einige Wochen später noch einmal durchlas, fragte ich mich tatsächlich, wie ich diesen Text hatte unterschreiben können. Jetzt verstehe ich die weit verbreitete Behauptung, dass die Polizei jeden dazu bringen kann, alle Mögliche zu unterschreiben.

Ich wälzte mich voll angezogen auf dem Bett hin und her, denn ich hatte keine Kleidung zum Wechseln dabei, es gab keine Bettwäsche, kein Handtuch, nicht einmal eine Zahnbürste. Am nächsten Morgen gab es keine Gelegenheit zu duschen; ich musste mich damit begnügen, mir am Waschbecken in der Toilette kurz etwas Wasser ins Gesicht zu spritzen. So nahm ich schlecht ausgeruht und angespannt die nächste Vernehmung in Angriff, die morgens um acht Uhr begann.

Die Kommissarin kam noch einmal auf den zeitlichen Ablauf der Ereignisse zu sprechen und versuchte, sich mit zusätzlichen Fragen zu vergewissern, dass sie meine Erklärungen vom Vortag richtig verstanden hatte. Ich ließ mich davon nicht täuschen; sie versuchte vor allem herauszufinden, ob sich meine Antworten nicht widersprachen. Wir erörterten also noch einmal ausführlich die Allianz-Geschichte, die sie stark beschäftigte. Zu Recht; wenn meine Vorgesetzten dieses erste Geschäft hatten durchgehen lassen, war es schwierig zu behaupten, dass niemand darüber Bescheid wusste, was ich tat. Ich erklärte ihr, wie das tägliche Reporting funktioniert, in dem unser finanzielles Engagement offengelegt wird. Dann fragte sie mich, ob ich Probleme mit meinem Selbstvertrauen hätte. Das verneinte ich; mein persönliches Unbehagen rührte nicht daher, dass es in einem Handelsraum im Gegensatz zur großen Zahl von Absolventen der Grandes Écoles nur vergleichsweise wenige Abgänger anderer Universitäten gab. Im Gegenteil; ich war stolz darauf, diesen Posten ohne die großen Diplome erreicht zu haben, die die anderen hatten. Ich dachte, ich hätte mich deutlich ausgedrückt. Trotzdem gab die Staatsanwaltschaft in ihrer Pressekonferenz meine Aussagen später völlig verdreht wieder. Ihr zufolge hätte ich tatsächlich an einem »Problem der Anerkennung« gelitten und darauf gehofft, ein – mit ihren Worten »Ausnahme-Trader« zu werden. Eine abwegige Theorie. Nicht nur, dass ich keinen Grund hatte, mit meinem Schicksal zu hadern, denn schließlich war ich aufgrund meiner Leistungen zum Trader aufgestiegen, ohne die erforderliche Ausbildung absolviert zu haben; aber wenn ich die Absicht gehabt hätte, meinen Erfolg zu beweisen, hätte ich meinen Gewinn von anderthalb Milliarden an die große Glocke gehängt. Die Theorie des Staatsanwalts war also nicht haltbar. Aber sie hatte in den Augen der Medien und der Öffentlichkeit den unschlagbaren Vorteil, ein psychologisches Motiv für meine Handlungen zu liefern – weil es kein finanzielles Motiv gab.

Danach versuchte die Kommissarin, einer anderen Spur nachzugehen. War ich bei meinen Geschäften durch die Verlockungen zukünftiger Boni beeinflusst worden? Es fiel mir nicht schwer, diese Vermutung zu entkräften; die Summen, die ich erhalten hatte, sprachen für sich. Ich spürte, dass die Polizeibeamten nach den tieferen Gründen für mein Handeln suchten. Ich versuchte vergeblich, sie davon zu überzeugen, dass es neben den Bemühungen, meinen Job so gut wie möglich zu machen, keine weiteren persönlichen Motive gab, daran war nichts zu ändern. Sie wollten meine Psyche durchleuchten, versuchen, mich zu verstehen, meine Schwachstellen ausfindig machen, meine geheimen Wünsche, Gründe für eine mögliche Rache. Da waren sie bei mir aber an den Falschen geraten. Abgesehen davon, dass mich meine Verschlossenheit daran hinderte, mich über mein Innerstes auszulassen, erfreute ich mich meiner Meinung nach eines stabilen psychischen Gleichgewichts; ich hatte in meinem Beruf nie das Gefühl, etwas anderes zu wollen als das, wofür ich bezahlt wurde: meine Arbeit so gut wie möglich zu machen und der Bank »Cash einzubringen«.

Im Verlauf der Affäre wurde mir übrigens eine Sache bewusst, über die ich mir nie zuvor Gedanken gemacht hatte: die Schwierigkeit, anderen Menschen zu erklären, dass man eine wirkliche Leidenschaft für seinen Beruf hegt. Der Beruf des Traders macht da keine Ausnahme von der Regel. Nein, ich machte diesen Job nicht, weil ich im tiefsten Inneren eine gewinnsüchtige Spielernatur oder geistig verwirrt war; es war vielmehr so, dass es mir einfach unglaublich viel Spaß machte, meine ganze Energie und Zeit in diese Arbeit zu stecken. Ich liebte alles daran: den pulsierenden Rhythmus der Arbeitstage, den Speed der Transaktionen, die Gefühle, die ich dabei empfand, bis hin zur Atmosphäre, die in dem Raum herrschte, in dem ich arbeitete, diese Wände voller Bildschirme mit ihren Grafiken, den Charts, den Zahlenreihen. Ich liebte vor allem die Überlegungen und Analysen, die zwangsläufig folgten, wenn eine Transaktion eine schnelle Entscheidung gefordert hatte: Warum war es gut gelaufen? Warum hatte ich danebengehauen? Ich liebte es, mich vom Erfolg davontragen zu lassen, und hasste nicht einmal die Angstschauer, die Selbstzweifel und die Skrupel, die ein Misserfolg auslöst. Ich liebte es, den ganzen Tag hellwach zu sein, auf Informationen zu lauern, direkt am Puls der Welt zu sein. Es stimmt, dass ich keinen Sport mehr trieb, aber manchmal war meine Arbeit wie ein Sportereignis: der Geschmack des Sieges, wenn nicht sogar einer Heldentat, der Ehrgeiz, immer noch besser zu werden, die Erschöpfung, die damit einhergeht – genau so war auch das Trading. Die möglichen Boni, die ich natürlich auch nicht verachtete, spielten nur eine Nebenrolle. All das versuchte ich der Kommissarin, die mir gegenübersaß, zu erklären.

Am Ende des Vormittags gab es eine Essenspause, nachdem die Kommissarin mir mitgeteilt hatte, was ich sowieso schon erwartet hatte, nämlich dass der Polizeigewahrsam um 24 Stunden verlängert wurde. Ich erhielt einen kurzen Besuch von Madame Meyer, die sich erkundigte, wie es mir ging, und mich bat, mich in Geduld zu üben; das Ziel der Polizeibeamten war es, mir ein möglichst umfassendes Geständnis zu entlocken, auch wenn sie mich damit zum Äußersten trieben. Ich musste durchhalten, mich als ruhig und stark erweisen. Aber ich konnte nicht mehr, und die Aussicht, noch eine Nacht bei der Polizei verbringen zu müssen, trug nicht dazu bei, mir Mut zu machen. Und was sollte ein weiterer Tag auch bringen? Ich hatte bereits alles erzählt, alle Fragen beantwortet, alle Erklärungen geliefert, die man von mir erwartete; was erhoffte man sich noch? Aber ich merkte, dass meine Anwältin sich Sorgen machte. Sie sagte mir, dass die Wellen in der Presse hoch schlugen und man von Schreiben sprach, die der Regulator der Eurex, der deutschen Börse für Termingeschäfte mit Finanzderivaten, im Lauf des Jahres 2007 an die Société Générale gerichtet hatte und in denen man sich nach dem ungewöhnlich hohen Transaktionsvolumen an der Frankfurter Börse erkundigte. Madame Meyer bat mich, ihr darüber Auskunft zu geben. Ich hatte dieses Thema schon in den vergangenen Tagen angeschnitten, aber sie wollte Genaueres darüber wissen und den genauen Ablauf erfahren.

Ich erklärte ihr also, dass das Controlling der Eurex in Deutschland kurz hintereinander zwei Schreiben an die Compliance-Abteilung der Société Générale geschickt hatte – die Compliance ist in Bankunternehmen diejenige Abteilung, die gewährleisten muss, dass die von der Bank durchgeführten Geschäfte den geltenden Gesetzen und Bestimmungen entsprechen. Diese Schreiben informierten über sehr große Transaktionen, die ein Händler der Bank, der als J. K. identifiziert wurde, getätigt hatte. Meine Vorgesetzten und die Compliance-Abteilung kannten diese Schreiben und hatten darauf geantwortet – ein Beweis dafür, dass sie in diesem Fall von meinen Geschäften wussten.

Der Verhörmarathon wurde um 16 Uhr wieder aufgenommen und dauerte sechseinhalb Stunden. Danach war ich im wahrsten Sinne des

Wortes erschöpft. Es war die fünfte Anhörung, die ich über mich hatte ergehen lassen müssen. Es war eine neue Flut von Fragen über dieselben Themen: mein Jahresgehalt, meine Boni, die gängigen und in Tradingkreisen weithin akzeptierten Praktiken, die Funktionsweise der verschiedenen Kontrollebenen und so weiter. Ich hatte das Gefühl, seit Stunden dieselben Antworten zu wiederholen. Und dann tauchte urplötzlich, als ich gar nicht damit rechnete, in einer Frage ein völlig neuer Aspekt auf:

»Sind Sie ein Spieler, Monsieur Kerviel?«

»Überhaupt nicht. Ich spiele weder Karten noch wette ich bei Pferderennen. Ich mag keine Glücksspiele.«

Daraufhin kam einer der beiden Polizeibeamten zum Tisch und hielt mir einen in Plastik eingeschweißten Ausweis hin, den ich sofort erkannte.

»Und wie kommt dann dieser Ausweis in Ihre Brieftasche?«

Es war der Mitgliedsausweis für einen Spielclub an der Place de Clichy, wo ich gelegentlich Billard spielte. Das sagte ich den Beamten, die einen Moment lang sehr überrascht schienen. Die Ermittlungsbeamten waren mit dieser hinterhältigen Frage in der Hoffnung herausgerückt, mich in die Enge zu treiben. Dann hätten sie das perfekte Motiv gehabt: ein Trader, der Glücksspiele betreibt, also vom Geld fasziniert ist. Zu ihrem Pech war ich leider kein solcher. Ich erfuhr später, dass der Chef der Handelsräume bei seiner Befragung im Rahmen der Untersuchung meine Aussage bestätigt hatte: Ich spielte nur Billard.

Die Befriedigung, die ich durch diese kleinen Siege erfuhr, hielt nicht lange an. Es war äußerst schwierig, mein Gegenüber zu überzeugen. Ich musste noch einmal wiederholen, dass die Société Générale das Verhalten, welches sie heute als zu offensive Handelsstrategie anprangerte, im Rahmen meiner jährlichen Zielvereinbarungsgespräche positiv bewertet hatte. Die Kommissarin wollte auch den genauen Moment rekonstruieren, an dem meine Transaktionen ins Exzessive gekippt waren. Ich antwortete ihr, dass ich das selbst nicht genau wüsste, da ich regelmäßig alle offiziell zulässigen Limits überschritten hatte, ohne dass sich jemand darum gekümmert hätte. Zum x-ten Mal führte ich an, dass es Alarmsignale gegeben hatte, erinnerte an die E-Mails, die ich bekommen hatte und die bewiesen, dass meine Vorgesetzten über meine Geschäfte im Bild gewesen waren, widerlegte die Strategie der Société Générale, die ihr Schweigen mit Zeitmangel, Unterbesetzung, den komplizierten Verfahren rechtfertigte ... Die Wahrheit sah ganz anders aus. Sie ließ sich in einem Satz zusammenfassen: Das Vorhandensein von »Grauzonen« im Inneren eines Handelsraums, das heißt, das

Wissen des Managements um gewisse Praktiken, die weder offiziell gebilligt noch untersagt werden, ermöglicht den Untergebenen durch stillschweigende Vereinbarung, außerhalb der gesetzten Grenzen zu agieren. Die Anschuldigung, ich sei unbefugt in die EDV-Systeme eingedrungen, ließ sich keine Sekunde aufrechterhalten. Ich wäre gar nicht in der Lage gewesen, mich in die Datenbanken des Back-Office oder des Front-Office einzuloggen, um dort Geschäfte zu bestätigen, denn man müsste schon Superman höchstpersönlich sein, um durch ein derart komplexes System von Kontrollmechanismen zu spazieren. Außerdem war es gar nicht nötig, dass ich das tat, weil die Leute vom Controlling die Geschäfte selbst berichtigten! Trotzdem versuchte die Société Générale, diese Behauptung in Finanzkreisen und in der Öffentlichkeit glaubwürdig erscheinen zu lassen. Und trotz allem, was ich ihr erzählte, schien auch meine Gesprächspartnerin davon überzeugt zu sein.

Ich verlor allmählich die Geduld. Ich hatte es satt, für dumm verkauft zu werden. Die Situation lag klar auf der Hand. Angesichts der Tatsache, dass Hunderte von Beschäftigten der Société Générale nach innen wie nach außen daran arbeiteten, eine ausgefeilte Verteidigungsstrategie für die Bank zu entwickeln, reichte es nicht mehr aus, dass ich mich nur verteidigte: Ich musste angreifen. Nein, ich war nicht jener machiavellistische Geist, der Techniken entwickelt hatte, mit denen er das gesamte komplexe System einer Bank aushebeln konnte. Diese Bank hatte sich nicht einfach der Unaufmerksamkeit oder einer zu großen Vertrauensseligkeit schuldig gemacht; solange ich ihr Geld einbrachte, hatte sie mich gewähren lassen – das ist alles. Stundenlang führte ich einen Beweis nach dem anderen auf. Gegen Ende dieser fünften Vernehmung war es mir gelungen, die Überzeugungen meiner Gesprächspartnerin ins Wanken zu bringen, und sie entließ mich mit einem kurzen verschwörerischen Lächeln:»Sie sind trotz allem ganz gut in der Lage, sich zu verteidigen ...« Dieser kurze Satz machte mir wieder ein wenig Hoffnung. Ich hatte gespürt, dass die Polizeibeamten am Anfang überrascht von meiner Entschlossenheit waren; von nun an waren sie ratlos.

In den Räumen der Polizei herrschte eine spürbare Aufregung. Türen wurden geöffnet und geschlossen, und in den Gesprächspausen musste ich warten, bevor man mir erlaubte, das Zimmer zu verlassen. Der Schreibtisch der Kommissarin war mit Notizzetteln übersät. Es war offensichtlich, dass die Beamten parallel zu mir andere Personen befragten, was zu neuen Aspekten führte oder neue Fragen aufwarf, die in meinem Verhör aufgegriffen wurden. Ich hatte nicht die geringste Ahnung, wer die Personen waren, die in anderen Büros, wahrscheinlich nur wenige Meter von mir entfernt, befragt wurden. Aber ich stellte fest, dass die Ermittlungsbeamten über Schriftstücke, Belege, schriftliche Zeugenaussagen, E-Mails, ausgedruckte Listen verfügten ... Ich tappte im Dunkeln, ich war in einer Situation, deren Umrisse ich nicht erkannte. Daher wurde ich immer mutloser, je länger die Befragung andauerte. Abgesehen von der Müdigkeit, die mich immer stärker überwältigte, fühlte ich mich auch allein und hilflos angesichts dieser zwei übermächtigen Maschinerien; der Maschinerie der Polizei, deren Regeln ich mit der Zeit überhaupt nicht mehr verstand, und der Maschinerie der Société Générale, deren ungeheure Macht ich kannte.

Auch der Abend dieses Tages war strapaziös. Das Verhör endete erst nach 22 Uhr. Ich wurde in das Stockwerk gebracht, in dem sich die Zellen befanden, nahm eine schnelle Mahlzeit ein, war wieder allein und völlig erschöpft und ging, wie in der ersten Nacht, im Kopf wieder unaufhörlich die langen Stunden der Befragung durch. Die Zweifel nagten an mir. Ich hatte Fehler gemacht, ich hatte nicht die richtigen Worte gefunden, meine Erklärungen waren unbeholfen. Es gelang mir ebenso wenig wie in der Nacht zuvor, Schlaf zu finden.

Am nächsten Morgen um 8.30 Uhr ging das Verhör weiter. Wieder wurde ein anderer Ton angeschlagen. Wie hoch mein Vermögen sei – ich hatte diese Frage bereits beantwortet: keinerlei Vermögenswerte in Frankreich oder im Ausland, keine Wertpapiere. Art meiner vorherigen Beschäftigungen, bei denen ich, den Angaben der Société Générale zufolge, die Kenntnisse erworben hatte, mit denen ich die Kontrollen umging. Ich wiederholte bis zum Überdruss die Antworten des Vortags, ohne beurteilen zu können, ob sie überzeugend waren. Ich war am Ende, schmutzig, todmüde, völlig ausgepowert. Ich fing mich wieder ein wenig, als meine Gesprächspartnerin versuchte, mir zu entlocken, dass ich mit den problematischen Geschäften nach der Kündigung von Alain Declerck begonnen hätte; ich hätte seinen Weggang und die Ankunft eines neuen, weniger erfahrenen Vorgesetzten ausgenutzt, um meine Geschäfte zu machen. Das hatte weder Hand noch Fuß. Dem widersprachen die Fakten und das Wesen der beteiligten Personen. Das Allianz-Geschäft war unter der Führung von Alain Declerck abgewickelt worden, und Éric Cordelle hatte im Management viel mehr Erfahrung als mein vorheriger N+1.

Durch eine zufällige Bemerkung erfuhr ich etwas, was mich beunruhigte: Alle Verhöre wurden aufgezeichnet. Zweifellos war das der Grund für das ständige Kommen und Gehen zwischen den verschiedenen Räumen, das seit zwei Tagen herrschte. Draußen hörten Finanzexperten unsere Gespräche mit und legten der Kommissarin ihre Fragen vor. Diese ganze Logistik, die um mich herum am Werk war, verstärkte mein Gefühl des Alleinseins, das ich seit Beginn des Polizeigewahrsams zu bekämpfen versuchte. Aber ich erfuhr noch etwas anderes. Auch die Gespräche, die ich am vorigen Samstag und Sonntag mit meinen Vorgesetzten im Gebäude der Société Générale geführt hatte, waren aufgezeichnet worden. »Ich denke, dass es sich dabei um ein unerlaubtes Vorgehen handelt«, bemerkte ich gegenüber der Kommissarin. Sie bestätigte das. Es herrschte ein Moment betretenen Schweigens. Das Gefühl des Verrats, das ich vor acht Tagen empfunden hatte, verstärkte sich schlagartig. Meine Vorgesetzten hatten gehofft, mir während dieser Gespräche Beweise und Geständnisse zu entlocken, um diese später gegen mich verwenden zu können. Das Duzen und die oberflächliche Freundlichkeit waren also nur Maskerade gewesen; man hatte mir nur Vertrauen eingeflößt, um mich besser in Verlegenheit bringen zu können.

Zu Beginn des Nachmittags teilte die Kommissarin mir mit, dass der Polizeigewahrsam beendet sei und dass ich an das Dezernat für Wirtschaftskriminalität überstellt würde. Natürlich war ich darüber erleichtert. Aber ich machte mir in diesem Augenblick auch keine großen Gedanken mehr; ich war froh, dass es vorbei war, mehr nicht. Trotz der Dauer der Verhöre und der Haftbedingungen hatte ich das Gefühl, dass ich gesagt hatte, was ich sagen wollte, und ich glaubte, dass man mich verstanden hatte. Die Ermittlungsarbeit und das Verhalten der Polizeibeamten hatten bei mir den Eindruck hinterlassen, dass man mir die Möglichkeit gegeben hatte, meine Sicht der Dinge vorzubringen. Leider musste ich ein paar Stunden später bei der Lektüre des Vernehmungsprotokolls feststellen, dass das nicht der Fall war. Einige meiner Äußerungen waren so falsch wiedergegeben worden, dass ich meine eigenen Worte nicht wiedererkannte. In dem Moment, als ich das Protokoll durchgelesen und unterzeichnet hatte, hatte ich das nicht bemerkt, wozu sicher auch die Müdigkeit und der Stress beigetragen hatten. Trotz der höflichen Atmosphäre, die während dieses Polizeigewahrsams geherrscht hatte, war die Bilanz für mich nicht weniger bitter.

Die Beamten trugen die verschiedenen Dinge zusammen, die beschlagnahmt worden waren, darunter Kontoauszüge, verschiedene Dokumente, die man anlässlich der Hausdurchsuchung aus meiner Wohnung mitgenommen hatte, und mein Computer, den man bei meinem Bruder gefunden hatte. Ich verfolgte diese Vorbereitungen ungerührt. Durch die vielen Stunden des Verhörs und die zwei Nächte, in denen ich kaum geschlafen hatte, war ich vollkommen ausgelaugt. Es gelang mir nicht, mir vorzustellen, wie alles weitergehen würde. Meine Überstellung an das Dezernat für Wirtschaftkriminalität bedeutete, dass die Staatsanwaltschaft angesichts der Ergebnisse der polizeilichen Untersuchungen die Verdachtsmomente gegen mich als ausreichend empfand. Das Verfahren würde also seinen Lauf nehmen. Das war alles, was ich wusste. In Wirklichkeit stand ich vollkommen neben mir. Seit vier Tagen hatte ich die Mitteilungen der Société Générale, die Angriffe der Presse, die Treibjagd der Journalisten und den Polizeigewahrsam über mich ergehen lassen müssen. Ich hatte das Gefühl, mich in der Trommel einer Waschmaschine zu befinden, die im Schleudergang lief. Ich fragte mich, was jetzt passieren und welche Katastrophe als Nächstes über mich hereinbrechen würde.

Wir gingen hinunter zum Parkplatz, wo ein Van mit getönten Scheiben auf uns wartete.»Legen Sie sich diese Decke über den Kopf, wenn wir rausfahren«, gab mir ein Polizeibeamter zu verstehen. Der Wagen fuhr die Rampe hoch, ich versteckte mich unter der Decke, die Tore des Parkplatzes öffneten sich, ich hörte Stimmengewirr, das Geräusch einer Sirene, und ein paar Minuten später wurde ich aufgefordert, unter der Decke hervorzukommen. Der Wagen fuhr mit rasender Geschwindigkeit durch die Straßen; er folgte zwei Motorradfahrern, die ihm den Weg freimachten und die anderen Autos zum Anhalten zwangen. Es war der reinste Nervenkitzel. Rote Ampeln, Einbahnstraßen, Busspuren – nichts konnte uns aufhalten. Wieder glaubte ich, Darsteller in einem Film zu sein, der x-ten Version von *Taxi*. Ich drehte mich um. Wir hatten die Journalisten abgehängt, wir rasten weiter – einem, wie mir schien, unvermeidlichen Unfall entgegen. In meinem Kopf drehte sich alles. Ich schloss die Augen, aus Müdigkeit und aus Angst.

Als ich aus der Entfernung die Journalisten sah, wusste ich, dass wir im Dezernat für Wirtschaftskriminalität angekommen waren. Ich hatte kaum Zeit, mir wieder die Decke über den Kopf zu ziehen, als wir schon zum Stehen kamen. Ich hörte Geschrei, der Wagen begann, unter dem Ansturm der Fotografen und Kameraleute zu schaukeln.»Die sind verrückt«, sagte ein Polizeibeamter,»am Ende geht noch einer dabei drauf.« Der Wagen fuhr wieder los und parkte im Hof des Dezernats. Die Tore schlossen sich hinter ihm, und es herrschte wieder Stille. Ich stieg aus dem Van aus. In diesem Moment begegnete mein Blick dem des zuständigen Polizeikommissars, der mich in Empfang nahm, und zum ersten Mal seit 48 Stunden erkannte ich auf seinem Gesicht eine Spur von Sympathie. Ich erinnere mich an den Blick, den wir tauschten; es war so, als ob dieser Mann verstünde, was ich durchmachte, und daran Anteil nähme. Ich schien ihm mit meinem Blick zu sagen:»Ich bin am Ende, wirklich.« Seine tiefe Menschlichkeit berührte mich. Zwei oder drei Sekunden lang fühlte ich mich weniger einsam.

Anschließend fand das Ritual statt, an das ich mich zu gewöhnen begann: Verwaltungsformalitäten, Leibesvisitation, dann der Gang in die Zelle, die sehr sauber und sehr neu war. Ihre Wände bestanden aus Plexiglas, und sie ging mit fünf oder sechs weiteren auf ein weitläufiges Büro hinaus, in dem zwei Polizisten Aufsicht führten und gleichzeitig Zeitung lasen. Es war etwa 14.30 Uhr. Ein langer Nachmittag des Wartens begann, der nur durch den Besuch meiner beiden Rechtsanwälte unterbrochen wurde. Sie wollten mit dem Untersuchungsrichter sprechen, sobald dieser benannt war, um die Gründe für die Einleitung des Ermittlungsverfahrens in Erfahrung zu bringen und meine Freilassung zu beantragen. Einer der Polizisten vertraute mir dann an, dass meine Chancen, mich heute Abend auf freiem Fuß zu befinden, gut ständen, falls Renaud Van Ruymbeke für mich zuständig wäre; der Richter sei immer gegen Untersuchungshaft. In meinem Zustand körperlicher und seelischer Erschöpfung erschien mir die Vorstellung unwirklich, bald entlassen zu werden.

Nachdem meine Anwälte gegangen waren, blieb ich niedergeschlagen sitzen; ich konnte keinen klaren Gedanken mehr fassen. Stunde um Stunde verbrachte ich in dieser Zelle nur damit, mir alle Möglichkeiten über die weitere Entwicklung der Ereignisse auszumalen, ohne wirklich zu wissen, was passieren konnte und welche Optionen es gab. Ich ließ noch einmal den Film des vergangenen Wochenendes, das ich im Polizeigewahrsam verbracht hatte, Revue passieren. Wieder einmal war ich allein mit mir und meinen Zweifeln. Ich war weit davon entfernt, über die Angelegenheit im Allgemeinen nachzudenken; das Einzige, was mich beschäftigte, war die Ungewissheit meines unmittelbaren Schicksals. Was hatte man nach dem Polizeigewahrsam mit mir vor? Würde ich in ein paar Stunden auf freiem Fuß sein? Würde ich in Haft genommen werden? Und meine Anwälte: Hatten sie wenigstens Einfluss auf das, wovon ich keine Ahnung hatte? Worüber sprachen sie jetzt gerade mit dem Richter? All diese Fragen und viele andere drehten sich ununterbrochen in meinem Kopf. Nach einer geraumen Zeit öffnete einer der Polizisten, der zweifellos von meiner besorgten Miene berührt war, meine Zellentür und bot mir an, mich zu ihnen zu setzen. Ich muss schrecklich ausgesehen haben!

Drei Stunden später kam die Nachricht; von den etwa zehn Richtern des Dezernats für Wirtschaftskriminalität waren Renaud Van Ruymbeke und Françoise Desset meinem Fall zugeteilt worden. Ein Polizist überbrachte mir diese Nachricht. Die Vorstellung, einer Persönlichkeit aus der Welt der Justiz gegenüberzustehen, für die ich einen so tiefen Respekt empfand, schüchterte mich ein. Meine Anwälte befanden sich in diesem Moment in seinem Büro. Um 18.30 Uhr holte man mich aus meiner Zelle und brachte mich zu den Richtern. Die Tür des Büros öffnete sich und ich betrat einen großen Raum, in dem zwei Schreibtische standen und dessen Fenster auf den Boulevard des Italiens hinausgingen, wo sich die Menge der Journalisten versammelt hatte. Ich fand mich Renaud Van Ruymbeke gegenüber und war von dieser Persönlichkeit, die ich seit meiner Jugend bewunderte, so beeindruckt wie ein Junge, der dem Fußballer Zinédine Zidane gegenübersteht. Ohne nachzudenken, ließ ich meine Blicke durch den Raum schweifen, in der Hoffnung, das berühmte Poster von Lucky Luke zu entdecken, auf das der Richter angeblich während seiner Zeit in Rennes die Worte geschrieben hatte: *I am a poor lonesome judge*. Aber es war nicht da. Erst einige Monate später traute ich mich, ihn zu fragen:

»Herr Richter, haben Sie das Poster von Lucky Luke nicht mehr?«

»Nein, es ist beim Brand des alten Parlamentsgebäudes von Rennes vernichtet worden«, war daraufhin seine nüchterne Antwort.

Aber an jenem Tag war ich innerlich zu bewegt, um mir Gedanken über ein Poster zu machen. Und die Schande, in meinem Zustand einem Richter gegenüberzutreten, verstärkte dieses Gefühl noch. Ich war schmutzig, unrasiert, nicht gekämmt, ohne Schnürsenkel oder Gürtel, ich trug seit Tagen dieselbe Kleidung und muss nach Schweiß gerochen haben. Van Ruymbeke empfing mich mit ein paar freundlichen Worten, fragte mich, wie es mir ginge und wie ich mit der Situation zurechtkäme. Seine aufmerksame und schlichte Ausdrucksweise war die eines rechtschaffenen Menschen. Ich stammelte eine banale Antwort. Sein Blick hinter den Brillengläsern war aufmerksam, tief und konzentriert. Er trug einen dunklen Anzug. Sein Tonfall war zugleich einfühlsam und ernst.

Er setzte mich von meiner Festnahme wegen Fälschung und Gebrauch gefälschter Urkunden, Vertrauensmissbrauch und unerlaubtem Eindringen in ein EDV-System durch den Missbrauch fremder Benutzerkennungen in Kenntnis. Ob ich mich zu den Gründen meiner Festnahme äußern wolle? Nein, das würde ich später beim Ermittlungsverfahren tun. Ich registrierte beiläufig, dass die erschwerenden Umstände des Vertrauensmissbrauchs, die die Staatsanwaltschaft beantragt hatte, verschwunden waren, weil – wie mir Madame Meyer später erklärte – keine externen Kunden der Bank betroffen waren. Ihr verdanke ich übrigens diese Aufhebung, die im Hinblick auf das Strafmaß von erheblicher Tragweite ist, weil sie die Höhe der Strafe beträchtlich verringert.

Renaud Van Ruymbeke eröffnete mir anschließend, dass ich unter richterliche Aufsicht gestellt würde, aber auf freiem Fuß bliebe. Ich durfte niemanden treffen, der für die Société Générale arbeitete, abgesehen von den Angestellten der Filiale, bei der ich mein persönliches Konto unterhielt; ich durfte Frankreich nicht verlassen und war verpflichtet, meinen Aufenthaltsort zu melden. Er fügte hinzu, dass er mich später für eine erste Anhörung vorladen würde. Direkt danach war ich frei. Ich war erleichtert. War der Albtraum zu Ende?

Ich erhob mich und dankte den Richtern, wobei ich den flüchtigen Gedanken hatte, dass sie mich nicht in Haft nahmen, weil meine Akte zu wenig Belastungsmaterial enthielt. Als ich gerade dabei war, den Raum zu verlassen, rief mir Van Ruymbeke zu:

»Monsieur Kerviel, bleiben Sie dabei, dass Sie keinen Pfennig von der Société Générale eingesteckt haben?«

Ich drehte mich um. Der Richter schaute mir direkt in die Augen, sein Blick war plötzlich sehr ernst.

»Ich schwöre es Ihnen, Herr Richter. Nicht einen Pfennig.«

»Sie wissen, dass das sehr wichtig ist.«

Ich nickte schweigend. Diese Ernsthaftigkeit, diese Sorge um Aufrichtigkeit … Der Mann entsprach genau dem Bild, das ich mir von ihm gemacht hatte: moralisch und unnachgiebig. Diese kurze Begegnung stärkte mein Vertrauen wieder. Gegenüber einem so aufrechten und aufmerksamen Richter würde ich alles erklären, alle meine Fehler zugeben können, und die Wahrheit würde schnell ans Tageslicht kommen.

Ich ging wieder in das Stockwerk hinunter, in dem sich die Zellen befanden, um die Entlassungsformalitäten zu erledigen. Der Polizeikommissar, dem ich bei meinem Eintreffen einige Stunden zuvor begegnet war, machte keinen Hehl daraus, dass er sich über meine Entlassung freute. Aber wie konnte ich das Gebäude unauffällig verlassen? Dank der Überwachungskameras konnten die Polizisten sehen, dass sich draußen immer mehr Journalisten versammelten. »Da draußen tobt der Wahnsinn«, bemerkte einer von ihnen sogar. Madame Meyer und der Kommissar vereinbarten einen Treffpunkt an der Porte de Champerret. Der Kommissar würde mich mit dem Motorrad dorthin bringen. Aber dafür mussten wir erst abwarten. »Nach den 20-Uhr-Nachrichten wird es ruhiger werden. Was sie wollen, sind Fotos. Wenn sie die nicht kriegen, werden sie abhauen.« Nachdem der Ablauf beschlossen war, verließ die Rechtsanwältin unter den wachsamen Augen der Journalisten das Dezernat, während wir bis 20 Uhr warteten. Aber selbst dann gaben die Journalisten, sehr zum Erstaunen des Kommissars, die Belagerung nicht auf.

Er beschloss also ein Tauschungsmanöver zu inszenieren. Ein Einsatzwagen, in dem ein unter einer Decke versteckter Polizist saß, verließ das Gelände mit hohem Tempo. Wieder eine Enttäuschung. Die Journalisten, die alle Tricks kannten, warteten weiter. »Wir müssen los, sonst sitzen wir die ganze Nacht hier fest«, entschied der Kommissar. »Sie verlassen das Gebäude durch einen Nebenausgang mit dem Motorradhelm in der Hand, und Sie gehen so normal wie möglich in die gegenüberliegende Straße.« Ich leistete seiner Anweisung wie gelähmt Folge. Die Menge der Journalisten, der TV-Aufnahmewagen, der Rundfunkfahrzeuge war überwältigend. Ich näherte mich ihnen vorsichtig, ohne bemerkt zu werden. Um die Angelegenheit noch spannender zu machen, nahm ich mir beim Überqueren des Platzes die Zeit, eine Zigarette anzuzünden. In Sichtweite erblickte ich den Polizeibeamten, der ungeduldig von einem Fuß auf den anderen trat. Ich ging zu ihm hinüber und stieg auf das Motorrad. »Sich normal zu benehmen heißt nicht, sich alle Zeit der Welt zu lassen«, raunte er mir zu. Wir fuhren los, ohne dass irgendjemand auf uns aufmerksam geworden wäre. Ich erfuhr später, dass die Journalisten, die keine Lust mehr hatten, auf mich zu warten, zu dem Schluss gekommen waren, dass ich im Kofferraum der Rechtsanwältin versteckt gewesen sein müsse. Wir erreichten die Porte de Champerret ohne Probleme. Der Polizist brachte mich zum vereinbarten Treffpunkt. Ich dankte ihm, nicht ohne ihn mit einem Schmunzeln darauf aufmerksam zu machen, dass er mich nicht unbedingt vor einer Filiale der Société Générale hätte absetzen müssen …

Die Anwältin und ich fuhren sofort zu dem befreundeten EDV-Fachmann in Levallois, von wo aus ich meine Mutter, meinen Bruder und meine Freundin anrief, um sie zu beruhigen. Danach tranken wir zusammen etwas und nahmen dabei einen Imbiss ein, und ich berichtete von den Ereignissen der vergangenen drei Tage. Ich wollte nur eines: duschen, mich umziehen, wieder ein menschliches Aussehen annehmen. Aber wo sollte ich wohnen? In meine Wohnung zurückzukehren war undenkbar. Meine Freundin hatte vorgesorgt. Sie hatte schon einen Zufluchtsort für mich organisiert. Ich würde bei einem Freund untertauchen, den ich aus meinen Zeiten bei der Société Générale kannte und mit dem ich noch immer in Verbindung stand. Er wohnte in einem nahe gelegenen Pariser Vorort, aber da sein Haus derzeit umgebaut wurde, sollte ich in der Garage wohnen, die er behelfsmäßig hergerichtet hatte. Das war mir egal. Alles war besser als die ständige Flucht vor der Horde der Journalisten. Dieses Versteckspiel begann mir auf die Nerven zu gehen. Ich hatte das Gefühl, man würde in Paris eine große Treibjagd veranstalten, und ich war das Wild. Die ausgesetzte Trophäe: 100.000 Euro für denjenigen, der das erste Foto ergatterte. Ich sagte mir, dass ich sobald keine Ruhe haben würde.

Ich blieb etwa zehn Tage in der Garage dieses Freundes und tat nichts anderes, als im Kreis herumzulaufen und darauf zu warten, wie es mit mir weitergehen würde. Ich ging so selten wie möglich raus, ich las Zeitungen und informierte mich im Internet.

Da ich nicht wusste, ob es mir erlaubt war, meine Freundin zu sehen, die auch bei der Société Générale arbeitete, allerdings nicht in meiner ehemaligen Abteilung, hatten wir beschlossen, uns nicht zu treffen. Ich fühlte mich einsam und verloren; was ich las, machte mich nervös, denn die Angriffe der Presse waren immer noch genauso heftig wie die Pfeile, die die Société Générale abschoss. Ich telefonierte häufig mit Madame Meyer, um mit ihr über meinen Fall zu sprechen und meine Verteidigung vorzubereiten. Während dieser Zeit brodelte die Gerüchteküche immer weiter. An einem Mittwoch rief mich meine Anwältin an, um mich von meinem Selbstmord zu unterrichten! Sie hatte die angebliche Sensationsmeldung aus dem Mund einer Person erfahren, die an den Ermittlungen beteiligt war.

Als ob ich nicht schon genug Sorgen hätte, bemerkte ich, dass sich zwischen meinen beiden Anwälten, Élisabeth Meyer und Christian Charrière-Bournazel, ein stummer Krieg entwickelt hatte. Der Konflikt hatte sich an der Frage entzündet, wer bei meiner Verteidigung die Führungsrolle übernehmen sollte. Die Spannungen zwischen ihnen wuchsen bis zu dem Punkt, an dem mich die Anwältin vor die Entscheidung stellte: entweder er oder sie, aber nicht beide. Die Entscheidung fiel mir umso leichter, als ich mehr Vertrauen zu Madame Meyer hatte, die sich bei Richter Van Ruymbeke voll für mich eingesetzt und mit der ich mittlerweile freundschaftliche Bande geknüpft hatte; Christian Charrière-Bournazel, der bei meinem Polizeigewahrsam nicht vor Ort gewesen war, schien mehr an den Reaktionen der Presse als an den Gründen für meine Festnahme interessiert zu sein. Ich verzichtete also auf seine Dienste. Aber da der Fall für eine einzige Person zu umfangreich war, Élisabeth Meyer zudem keine Strafrechtlerin war und sich im Finanzmilieu zu wenig auskannte, schlug sie vor, einen Kollegen hinzuzuziehen. Es handelte sich um Guillaume Selnet, einen jungen sympathischen Anwalt, der ein fleißiger und effektiver Arbeiter war. Leider wiederholte sich die Geschichte, und bald gab es auch zwischen ihnen Reibereien.

Diese Konflikte zwischen meinen Anwälten haben meine Verteidigung lange vergiftet. Die öffentliche Meinung hat das missverstanden. Dazu haben auch die Medien und die Anwälte der Société Générale beigetragen; in ihren Augen benahm ich mich wie ein verwöhntes Kind, das, wenn es von den Anwälten nicht das bekam, was es wollte, nicht zögerte, diese zu feuern und ihnen die Schuld in die Schuhe zu schieben. Ich zeigte also angeblich sowohl gegenüber der Société Générale als auch gegenüber meinen Rechtsberatern eine große Unreife. In Wahrheit war es aber ganz anders. Ehe ich mich entschloss, meine Anwälte zu wechseln, habe ich unzählige, nutzlose Schlichtungsversuche zwischen ihnen unternommen; erst dann nahm ich die notwendig gewordenen Veränderungen an der Zusammensetzung des Teams vor. Etwas anderes wäre auch gar nicht infrage gekommen, schon gar nicht in einem so schwierigen und medienwirksamen Fall wie meinem. Wie kommt man zu einem guten Anwalt, wenn man sich in der Welt der Justiz nicht auskennt und kein Geld hat, ihn zu bezahlen? Nicht, dass es mir an Kandidaten gefehlt hätte; es gab etliche, die mir ihre kostenlose Hilfe anboten. Statt eines hohen Honorars bot ihnen mein Fall die Chance, in den Medien groß rauszukommen. Es war also nie ein Problem, einen Anwalt zu finden. Die Probleme kamen erst hinterher. Alle hatten es eilig, mir zu erklären, dass es in Anbetracht der Komplexität dieses Falls notwendig wäre, ein Kollegenteam zusammenzustellen; sie hatten auch schon Namen im Kopf, die alle über die allerbesten Referenzen verfügten. Das konnte ich nicht abschlagen. Da ich die Anwälte aber nicht bezahlte, hatte ich nur wenig Einfluss auf sie. Letztendlich war ich ihnen in gewissem Sinne etwas schuldig, und das brachte mich psychologisch in eine schwierige Lage. Aus dieser Situation heraus habe ich manche Forderungen, die mir wesentlich erschienen, oft nicht nachdrücklich genug gestellt und mich von den Machtkämpfen beeinflussen lassen, was bestimmt dazu geführt hat, dass ich die Anwälte gegeneinander aufbrachte. Wer würde auf der Liste meiner Verteidiger ganz oben stehen? Wer würde mit den Medien sprechen? An welche Kanzlei sollten die offiziellen Dokumente geschickt werden? War es normal, dass diejenigen, die ernsthaft arbeiteten, im Schatten blieben, während die Kameras auf diejenigen gerichtet waren, die am bekanntesten waren, aber nach Aussage ihrer Kollegen nur selten die Akten aufschlugen? Ich hatte Mühe, alldem zu folgen; als ob es meine Aufgabe gewesen wäre, die verschiedenen Wünsche zu erfüllen, die mich zuweilen an die Launen von Stars erinnerten. Diese Schwierigkeiten herrschten während der gesamten Dauer des Ermittlungsverfahrens. Sie waren ein gefundenes Fressen für die Presse; der Wechsel meiner Anwälte und die Kursänderungen der Verteidigung dienten oft als Aufmacher (»Kerviel wechselt erneut Anwälte aus«, »Kerviel ändert seine Verteidigungsstrategie« usw.). Im Gegensatz zu dem, was verbreitet wurde, bestand kein Zusammenhang zwischen dem Auswechseln meiner Rechtsbeistände und dem mangelnden Erfolg, den das Team bei den Debatten mit Renaud Van Ruymbeke erzielte, oder einer Änderung meiner Verteidigungsstrategie. Das Auswechseln erfolgte immer dann, wenn die Situation es erforderlich machte. Ich hatte das Gefühl, in der Klemme zu stecken: Ich brauchte die Anwälte, aber sie raubten mir mit ihren internen Querelen einen Großteil meiner Energie. Kurz gesagt: Ich hatte die Entscheidungen, die mein Leben betrafen, nicht mehr in der Hand. Einige hatten sich meines »Falles« in einem solchen Maß bemächtigt, dass sie Entscheidungen trafen, ohne mich überhaupt nach meiner Meinung zu fragen. Ich erwartete jedoch von ihnen, dass sie eine ordentliche Verteidigung gewährleisteten, ohne meinen Fall nur als Sprungbrett für ihre Karriere zu benutzen …

Der Mittwoch war in doppelter Hinsicht ein schwarzer Tag. Abgesehen von der Fassungslosigkeit, die ich empfand, als ich erfuhr, dass ich meinem Leben ein Ende gesetzt hätte, teilte mir Madame Meyer noch eine weitere unangenehme Neuigkeit mit: Die Staatsanwaltschaft hatte Berufung gegen meine Freilassung eingelegt. Die Anhörung der Ermittlungskammer würde am 8. Februar stattfinden. Diese Nachricht gab mir das Gefühl, der Verbissenheit der Justiz zum Opfer gefallen zu sein. Wenn ich vorgehabt hätte zu flüchten, dann hätte ich das bereits getan und wäre nicht zu den Vorladungen erschienen, die ich erhalten hatte. Es bestand auch nicht die Gefahr, dass ich Beweismittel unterschlagen würde, denn die befanden sich alle in den Händen der Société Générale. Wollte man mich vor mir selbst schützen? Vielen Dank, aber ich hatte nie daran gedacht, mir etwas anzutun … Worin bestand also die Gefahr, wenn ich auf freiem Fuß blieb? Hatte ich die öffentliche Ordnung gestört?

Élisabeth Meyer gab sich zuversichtlich und organisierte sofort systematisch meine Verteidigung. Ich suchte einen Psychologen auf, der mir nach eingehender Untersuchung ein stabiles psychisches Gleichgewicht bestätigte und mir ein entsprechendes Attest ausstellte. Der befreundete EDV-Experte sicherte schriftlich zu, dass er mir eine Stelle besorgen würde, was meine finanzielle Unabhängigkeit sicherstellte und bewies, dass ich keinerlei Fluchtabsichten hegte. Dann ließ ich einige Fotos von mir machen, die an alle Presseagenturen geschickt und weithin veröffentlicht wurden. Bisher hatte ich mich den Objektiven der Kameras absichtlich entzogen, was nach Meinung einiger Leute nicht meinem Wunsch nach Diskretion entsprang, sondern eine Verdunklungsgefahr darstellte. Dieses Argument war damit hinfällig. Von nun an kannte jeder mein Gesicht. Wie hätte ich mich unter diesen Umständen der Justiz entziehen können? Vor allem wollte ich das ja gar nicht. Ich wollte nur eines: mich rechtfertigen und der Wahrheit zu ihrem Recht verhelfen.

Élisabeth Meyer, Guillaume Selnet und ich waren also zuversichtlich, als wir am 8. Februar zum Justizpalast fuhren. Ein Aspekt hatte mir allerdings am Vortag noch Sorgen bereitet. Die Zeitung *Le Monde* hatte eine überraschende Information gebracht. Moussa Bakir, der Makler, mit dem ich während des ganzen Jahres 2007 zusammengearbeitet hatte, wurde als mein möglicher »Komplize« dargestellt. So lautete zumindest das Gerücht, das die Anwälte der Société Générale in der Öffentlichkeit, also bei der Justiz, glaubwürdig erscheinen lassen wollten. Diese Nachricht, die als entscheidende Enthüllung für die weitere Entwicklung des Prozesses präsentiert wurde, hatte mir nicht gefallen; sie war aus der Luft gegriffen und fügte meinem Fall eine beunruhigende Dimension hinzu – die einer dunklen Verschwörung. Nachdem der erste Augenblick der Verblüffung vorbei war, fasste ich wieder Vertrauen; das Ganze war etwas zu offensichtlich. Daher war ich guter Dinge, als ich mich zur Verhandlung begab; ich brannte darauf, alles schnellstmöglich hinter mich zu bringen, denn ich wollte am Nachmittag ein Rugbyspiel der französischen Meisterschaft im Fernsehen anschauen. Um Zeit zu sparen, ließ ich meinen Mantel und meine Zigaretten im Wagen von Madame Meyer, denn ich war überzeugt davon, dass ich den Justizpalast ein paar Stunden später als freier Mann verlassen würde. Meine Anwälte und ich waren sicher, dass nur eine Entscheidung möglich war: dass ich in Freiheit bleiben würde.

Als wir uns dem Justizpalast näherten, sah ich die übliche Menge von Journalisten, die von Absperrgittern zurückgehalten wurden. Wir begaben uns schnell in den Sitzungssaal, der völlig leer war, weil die Anhörung unter Ausschluss der Öffentlichkeit stattfand; kurz darauf betrat das Gericht den Saal. Die Anhörung lief von Anfang an schlecht. Der Vorsitzende wies die Beteiligung von Guillaume Selnet am Verfahren zurück unter dem Vorwand, dass ihm die Bestätigung nicht rechtzeitig vorgelegen habe, derzufolge ein zweiter Anwalt zu meiner Verteidigung zugelassen worden war. Guillaume Selnet machte keinen Hehl aus seiner Verwunderung: Er hatte noch am Vortag mit dem Vorsitzenden telefoniert! Der Richter antwortete ihm trocken: »Ich bestreite nicht, dass wir miteinander telefoniert haben; ich sage nur, dass ich Ihre Bestätigung nicht innerhalb der gesetzlichen Frist erhalten habe und dass Sie aus diesem Grund die Verteidigung des Beschuldigten nicht übernehmen können.« Wir schauten uns völlig verblüfft an. Ich war niedergeschmettert. Auf einen Schlag war die Hälfte des Plädoyers zusammengebrochen.

Ich verfolgte die Verlesung der Anklage durch die Staatsanwaltschaft, die die Forderung enthielt, mich in Untersuchungshaft zu nehmen, und einen Vergleich heranzog, der aus heiterem Himmel kam:»Fünf Milliarden, ist Ihnen klar, wie viel Geld das ist? Dafür kann man fünf Kernkraftwerke bauen.« Obwohl wir erst am Beginn der Verhandlung standen, war ich schon zum Alleinschuldigen bestimmt und bereits vorverurteilt worden, bevor ich mich überhaupt im Detail äußern konnte. Der Staatsanwalt machte im gleichen Stil weiter:»Außerdem hat er im Juni 2007 ohne das Wissen der Bank Verluste von zwei Milliarden verheimlicht.« Ich wäre fast erstickt. Wusste dieser Mensch überhaupt, wovon er sprach? Wie konnte er glauben, dass irgendeine Bank, und besonders die Société Générale, zwei Milliarden Euro Verlust machen könnte, ohne es zu merken, wo doch jeder Privatkunde, der der Bank 100 Euro schuldet, sofort zehn Mal angerufen wird, damit er sein Konto ausgleicht?

Dann hörte ich den drei Anwälten der Société Générale zu und bekam dabei das Gefühl, eine Art Staatsfeind Nummer eins geworden zu sein, ein Typ, der eine Gefahr für die öffentliche Ordnung darstellte, wenn er auf freiem Fuß blieb. Sie äußerten sich nacheinander. Es war, als würden sie über einen Fremden sprechen, so heftig waren ihre Angriffe gegen mich; zudem entsprach nichts von dem, was sie sagten, der Wahrheit. Ich ertappte mich mehrmals beim Lächeln, so sehr erschienen mir manche ihrer Behauptungen aus der Luft gegriffen. Einer der Anwälte ging sogar so weit, die Höhe meiner Telefonrechnung ins Feld zu führen. Sie waren offensichtlich so hoch, weil ich einen Komplizen hatte. Mein Blick kreuzte ab und zu den eines Beisitzers, und ich glaubte in seinen Augen dieselbe Verwunderung zu lesen.

Schließlich ergriff Madame Meyer das Wort. Sie hielt ihr Plädoyer vor den drei Anwälten der Société Générale und dem Staatsanwalt allein und stellte ihre Fähigkeiten und ihre Überzeugung brillant unter Beweis. Sie wiederholte, dass ich nicht im Geringsten die Absicht hätte, mich der Justiz zu entziehen, dass ich meine Fehler spontan zugegeben und alle Fragen beantwortet hätte, ohne mich jemals aus der Verantwortung zu stehlen; das belegten auch die Protokolle des Polizeigewahrsams.

Als der Vorsitzende mir das Wort erteilte, wies ich die Anschuldigungen der Société Générale mit Entschiedenheit zurück und erklärte, dass ich allen Vorladungen nachgekommen wäre und keinesfalls beabsichtigte, mich dem Ermittlungsverfahren zu entziehen. Das Gericht zog sich zur Beratung zurück. Es wurde höchste Zeit, das Rugbyspiel würde, wie ich einem Polizisten aufgekratzt mitteilte, gleich anfangen.

Eine Dreiviertelstunde später nahmen die Richter wieder ihre Plätze ein, und der Urteilsspruch wurde gefällt. Ich war so fest davon überzeugt, dass die Entscheidung zu meinen Gunsten ausfallen würde, dass ich bei der Verkündung gar nicht zuhörte. Und dann hatte ich Mühe, die Worte zu erfassen, so betäubt war ich. Der Himmel stürzte über mir ein. Ich verstand die Formulierung »Haftbefehl« erst, als ich mich umdrehte und das entsetzte Gesicht von Élisabeth Meyer sah. Ich stand wie in Trance von meinem Platz auf, als hätte ich gerade einen heftigen Aufwärtshaken erhalten, um der Aufforderung des Vorsitzenden Folge zu leisten, der mich anwies, dem Polizisten zu folgen, und dabei mit einem Ton, der mir fast heiter erschien, hinzufügte: »Übrigens habe ich vergessen Ihnen zu sagen, dass Sie nach La Santé kommen.« Als ich durch die Doppeltür des Saales ging, sah ich durch die Scheibe das verblüffte und ungläubige Gesicht meines Bruders; seine Augen standen voller Fragen und sein Gesichtsausdruck schien zu sagen: »Und, wie ist es ausgegangen? Wo gehst du hin?« Der Polizist führte mich in die sogenannte Mausefalle. Ich ging durch das beeindruckende Untergeschoss des Justizpalastes mit seinen langen Gängen, ohne zu verstehen, was passiert war; plötzlich ergriff mich ein Gefühl der Übelkeit. Man durchsuchte mich, bevor ich in die Zelle gebracht wurde, wo ich auf meine Überstellung wartete. Die Polizeibeamten, die von der Entscheidung genauso überrascht schienen, zeigten ein gewisses Mitgefühl. Einer von ihnen murmelte sogar: »Wir wissen, dass Sie nichts dafür können, aber so ist es eben.« Eine Polizeibeamtin, die mich herumführte, zeigte mir dabei auch meine neue Umgebung: eine Zelle von neun Quadratmetern; sie fügte hinzu, dass die Zellen in La Santé genauso aussähen – so als ob sie mich auffordern wollte, mich schon mal mit den Örtlichkeiten vertraut zu machen! Ich begriff immer noch nichts. Die Ereignisse überschlugen sich, ohne dass ich einen Einfluss darauf hatte, ohne dass ich stopp sagen konnte, um eine Atempause zu machen und wieder zu Sinnen zu kommen. Ich hatte das Gefühl, in einem teuflischen Wirbel zu stecken, den ich nicht beherrschen konnte. Ich dachte an meine Mutter; wie würde sie diese Nachricht aufnehmen? Ich konnte nicht einmal mit ihr sprechen, um ihr zu sagen, dass sie nicht verzweifeln solle.

Wie lange blieb ich in dieser Zelle, an die ich keine Erinnerung mehr habe? Eine halbe Stunde, eine Stunde oder länger? Ich weiß es nicht. Ich durchlebte einen wahren Albtraum und ich fragte mich, ob er eines Tages aufhören würde.

Kapitel 8
Das Gefängnis

Der Gefangenentransporter brachte mich am frühen Abend mit heulenden Sirenen nach La Santé. Man hatte mir keine Handschellen angelegt. Ich sah weder etwas von der Strecke noch von meiner Ankunft im Gefängnis; auch von der Aufregung in unmittelbarer Nähe des Gebäudes bekam ich nichts mit; die Bilder davon sah ich erst am nächsten Tag auf dem Monitor des Fernsehers in meiner Zelle. Ich war sehr verblüfft, als ich sie sah: Vor dem Einsatzfahrzeug, in dem ich mich befand, fuhr ein Wagen, in dessen geöffneten Seitentüren zwei vermummte und bewaffnete Polizeibeamte saßen. Während sich das Gefängnistor öffnete, traten zwei weitere Beamte in Zivil mit Waffen im Anschlag heraus, um die Straße zu überwachen. War ich dieser Schatten in dem Transporter, den ich kurz auf dem Bildschirm gesehen hatte? Ich konnte mich kaum wiedererkennen. Angesichts eines solchen Aufgebots an Sicherheitskräften und so vieler Vorsichtsmaßnahmen fragte ich mich, ob dort der Staatsfeind Nummer eins inhaftiert worden sei. Diese Bilder konnten unmöglich mit mir zu tun haben. Man hatte den Eindruck, dass es Carlos persönlich war, der dort überstellt wurde.

Ich wurde vom stellvertretenden Direktor empfangen. Er gab sich zuversichtlich:»Sie werden nicht lange hier bleiben«, und fragte mich dann, ob ich allein oder mit einem anderen Häftling gemeinsam in einer Zelle sein wolle. Ich antwortete ohne Zögern, dass mir eine Einzelzelle lieber wäre. Daraufhin erfolgte das übliche Zeremoniell, an das ich mich fast schon gewöhnt hatte, das aber durch die Gefängnisatmosphäre noch unangenehmer wurde: Fragebogen zu den persönlichen Angaben, Abnahme der Fingerabdrücke, Leibesvisitation. Eine Sozialarbeiterin erkundigte sich, wen ich benachrichtigen wollte. Ich antwortete:»Meinen Bruder.« Ich fühlte mich vollkommen vernichtet, so als ob ich in einem Straflager mit den schlimmsten Straftätern Frankreichs gelandet wäre, obwohl ich nichts gestohlen hatte, nicht einen Pfennig. Dann händigte man mir ein Paket aus, das eine Decke, Leintücher, ein Handtuch, ein Besteck und einen Jogginganzug enthielt. Einer der Wärter gab mir einige Zigaretten. Ich verweigerte eine ärztliche Untersuchung. Ich konnte darauf verzichten, dass sich die Gesellschaft um meinen Gesundheitszustand sorgte. Es reichte so schon. Hier war ich nun, in La Santé.

Wir betraten den sogenannten VIP-Block. Er besteht aus etwa zehn Zellen und hat keine besonderen Merkmale, außer dass er nicht überbelegt ist. Ansonsten war das ganze Gebäude alt, hässlich, schmutzig und absolut deprimierend. Der Wärter öffnete die Tür meiner Zelle. Sie hatte die vorgeschriebenen neun Quadratmeter, mit einem Bett, einem Tisch, einem Stuhl, einem Waschbecken und einer Toilette. An dem Punkt, wo ich jetzt angelangt war, erschien sie mir nicht schlimmer, als ich befürchtet hatte. Der Wächter empfahl mir, mich unauffällig zu verhalten, und riet mir sogar sibyllinisch dazu, mich nicht zu sehr »mit den anderen einzulassen«. Ich ließ mich aufs Bett fallen und bereitete mich voller Angst auf meine erste Nacht im Gefängnis vor.

Ich konnte nicht schlafen. Trotz der Müdigkeit, die mich überfallen hatte, verbrachte ich Stunden damit, den Tag noch einmal Revue passieren zu lassen, jeden Moment der Anhörung immer wieder durchzugehen, mich zu fragen, wie ich gegenüber dem Schicksal, das mich erwartete, so blind und im Hinblick auf das Urteil der Ermittlungskammer so zuversichtlich hatte sein können. Ich hatte zweifellos geglaubt, dass die anderen Richter ebenso milde und menschlich urteilen würden wie Renaud Van Ruymbeke. Ich hatte mich erheblich getäuscht. In dieser Nacht stellte ich auch fest, dass ein Gefängnis niemals schläft. Die metallischen Geräusche der Türen, das Rauschen der veralteten Abwasserrohre, die Schreie derjenigen, denen man Knast aufgebrummt hat, das Heulen der Insassen, die sich hinten in ihren Zellen verkriechen, weil sie ihr Schicksal nicht mehr ertragen können, die Schläge von Händen oder Köpfen gegen die Zellentüren, das Leid, das Elend und die Ängste der Menschen – all das kommt in der Nacht zum Vorschein. Ich war in eine unbekannte Welt eingetaucht, und ich wusste nicht, was die Zukunft bringen würde. Madame Meyer hatte beim Verlassen des Gerichtsgebäudes vergeblich versucht, mir Mut zuzusprechen: »Ich werde sofort einen Antrag auf Haftentlassung stellen«, aber ich stellte mir unaufhörlich die Frage, wann ich wieder ein Licht am Ende des Tunnels sehen würde. Wie konnte ich meine Verteidigung anständig vorbereiten, wenn ich hier eingesperrt war? Alles begann sich zu drehen, ich dachte an meine Angehörigen, an meine Mutter. Würde sie diese neue Katastrophe ertragen? In der relativen Stille meiner Zelle tauchten diese Fragen in einer Endlosschleife in meinem Kopf auf. Und wenn es mir gelang, mich für einige Augenblicke zu beruhigen und einzudösen, wurde ich durch das Licht, das der Wärter auf seinem nächtlichen Rundgang anmachte, brutal aus dem Schlaf gerissen. In der ersten Nacht ließ mich dieses Licht sechs oder sieben Mal hochschrecken. Einige Tage später erfuhr ich, dass die Wärter sich abgewechselt hatten, um sich mal diesen berühmten Kerviel anzuschauen.

Am nächsten Morgen bemerkte ich beim Anziehen, dass ich immer noch meinen Gürtel und meine Schnürsenkel trug! Meine Inhaftierung hatte zweifellos vor allem zum Ziel, die Gesellschaft vor einem gefährlichen Kriminellen zu schützen, aber sicher nicht, ihn vor sich selbst zu schützen; ich konnte tun und lassen, was ich wollte … Ein eigenartiges Verhalten gegenüber jemandem, den man ständig als psychisch labil und schwach oder sogar als selbstmordgefährdet dargestellt hatte. Man hatte mich also nicht hier eingesperrt, um mich vor mir selbst zu schützen, wie einige behauptet hatten, die damit meine Inhaftierung zu rechtfertigen versuchten. Zu allem Überfluss hing auch noch ein langes Fernsehkabel an der Wand. Der Justiz kam es wohl nicht auf einen Widerspruch an.

Ich musste mich von einer Psychologin untersuchen lassen; sie war auf den ersten Blick sympathisch, aber ein bisschen merkwürdig. Am ersten Tag stellte sie mir nur Fragen zu meiner Stimmung und bot mir Schlaftabletten an. Ich lehnte ab. Sie bestand so lange darauf, bis ich eine halbe Tablette von ihr nahm, die ich, sobald ich zurück in der Zelle war, auf den Tisch legte, wo sie während meiner gesamten Haftzeit blieb. Ich wollte nicht in dieses System einsteigen, nicht einer dieser abhängigen Typen werden, die jeden Abend auf ihre Zuteilung warten. Später ließ mich die Psychologin immer aus der Zelle holen, um mit mir über das zu sprechen, was sie in der Zeitung gelesen hatte, mir Fragen zu stellen, herauszufinden, wie ich auf die und die Neuigkeit reagieren würde. Zweifellos war sie mehr an meiner Affäre interessiert als an mir selbst.

Als ich nach diesem ersten Besuch bei der Psychologin auf dem Rückweg in meine Zelle war, sprach mich ein Unbekannter mit einem sonoren »Hallo Jérôme« an. War ich ihm schon mal begegnet, und wenn ja, wo? Bei der Kriminalpolizei, im Dezernat für Wirtschaftskriminalität oder am Vortag bei der Ankunft im Gefängnis? Der Mann in Zivil bat mich freundlich und offen, in einem großen Aufenthaltsraum Platz zu nehmen, der offensichtlich den Inhaftierten vorbehalten war und der auf den Zellenflur hinausging. Er erklärte mir in aller Ruhe den Betrieb des Blocks, den Tagesablauf, die Turnhalle, die Hofgänge und erkundigte sich danach, was ich brauchte, wenn meine Angehörigen mir meine Sachen schicken würden. Er musste eine Art Sozialarbeiter sein, der von der Gefängnisverwaltung damit beauftragt war, die Neuankömmlinge zu empfangen. Während er sprach, machte er in einer aufgeschnittenen Caro-Kaffee-Dose mit einem Tauchsieder Kaffee – sehr merkwürdig für einen Sozialarbeiter. Er erklärte mir auch, dass man mich am Vortag gegen Nachmittag erwartet hätte; mein Name hätte im Block die Runde gemacht und meine Zelle sei geputzt worden. Ich zuckte zusammen; am frühen Nachmittag hatte die Anhörung der Ermittlungskammer noch gar nicht angefangen. Wer konnte also wissen, wie ihre Entscheidung ausfallen würde? Mein Gesprächspartner konnte mir darauf keine Antwort geben. Aber es genügte, um mich völlig zu verunsichern. Wenn der ganze Prozess so laufen würde, hatte ich schlechte Karten. Auch heute weiß ich noch nicht, was ich davon halten soll. Wollte dieser Kerl sich aufspielen, wie es im Gefängnis üblich ist? Waren die Würfel schon vor der Anhörung gefallen? Es fällt mir schwer, das zu glauben, aber ... Einige Tage später gab eine mir wohlwollende Person mir gegenüber eine Bemerkung wieder, die sie in juristischen Kreisen gehört hatte:»Kerviel hätte machen können, was er wollte, er wäre auf jeden Fall (ins Gefängnis) gegangen. Die Entscheidung stand schon vorher fest.«

Schließlich stellte sich der Unbekannte mir vor. Eher beiläufig vertraute er mir an:»Ich sitze wegen Vergewaltigung.« Ich wurde leichenblass. Es war ein Albtraum. Dann nannte er mir seinen Namen, Patrick Trémeau. Zuerst sagte mir dieser Name nichts.»Aber ja«, fügte er in heiterem Ton hinzu, so als würde er mir eine freudige Nachricht verkünden,»du weißt doch, die Presse nennt mich den *Parkplatz-Vergewaltiger*.« Ich versuchte, mir nichts anmerken zu lassen. Derjenige, den ich für einen Verwaltungsangestellten gehalten hatte, war ein Schwerverbrecher. Es war das erste Mal, dass ich einem Menschen dieses Schlags gegenüberstand. Wo war ich nur hingeraten? Von da an wahrte ich Distanz, obwohl sich der Mann während meiner gesamten Haftzeit mir gegenüber sehr zuvorkommend benahm. Bereitwillig erzählte er mir anschließend seine Geschichte, der ich mit einer Mischung aus Widerwillen und Neugier zuhörte; denn sein Verhalten passte nicht zu den Dingen, die man ihm vorwarf. Ich versuchte zu verstehen, wie es mit ihm so weit hatte kommen können und ob er sich im Gefängnis einer Behandlung unterzog. Er gab zu, dass er sich bewusst sei, ein Problem zu haben, aber trotz seiner Bitte, behandelt zu werden, war nichts erfolgt.

Während des ganzen Vormittags kamen Leute zu mir, um sich vorzustellen und mich kennenzulernen. Im VIP-Block saßen zu jener Zeit keine Prominenten, mit Ausnahme eines ehemaligen Polizeibeamten, der eine kurze Sternstunde in den Medien gehabt hatte. Später nahm ich ein wenig an den Gruppenaktivitäten teil, um mich nicht allzu sehr abzusondern; so spielte ich manchmal Karten, mehr aber nicht. Ich hatte keine Lust, meine Zelle zu verlassen, und verbrachte die Zeit damit zu lesen, Fernsehen zu schauen und über meine Verteidigungsstrategie nachzudenken. Ich versuchte, keine Zeitungsartikel zu lesen oder Fernsehsendungen zu schauen, die mit meinem Fall zu tun hatten. Die Journalisten hörten nicht auf, ohne jeglichen Respekt auf meinem Privatleben herumzutrampeln; die Namen, Personalien und Fotos meiner Angehörigen wurden schamlos vor aller Augen ausgebreitet. Ich wurde täglich auf die Probe gestellt und musste versuchen, mich davor zu schützen.

Ich nahm nie am Hofgang teil und duschte mich immer ganz früh am Morgen, um niemandem zu begegnen. Ein oder zwei Mal in der Woche kamen Élisabeth Meyer und Guillaume Selnet mich besuchen, um mit mir zu arbeiten. Mein Bruder und meine Freundin kamen abwechselnd in den Besucherraum. Auch meine Mutter kam mich einmal besuchen. Das war ein besonders schmerzlicher Moment. Ich sehe noch ihren Blick, als ich in den Raum, eine Art Flur kam, wo die Besuche stattfanden – ein niedergeschlagener und verlorener Blick. Ich setzte mich ihr gegenüber und versuchte, so gut es ging, meine Gefühle zu verbergen und nicht in Tränen auszubrechen. Wir saßen lange schweigend da, bevor es uns gelang, einige alltägliche Worte zu wechseln. Ja, es ging mir gut, ich wurde gut behandelt, sie musste sich keine Sorgen machen. Ich hatte das Gefühl, dass wir uns im selben schlechten Traum begegneten, aus dem wir bald erwachen würden. Aber der Traum hörte leider nicht auf. Die Begegnung dauerte 45 Minuten, die vorgeschriebene Zeit; diese armselige Dreiviertelstunde, auf die jeder Häftling tagelang wartet und die im Handumdrehen vergeht. Mir erging es so wie allen anderen. Die wöchentliche Besuchszeit war wie eine Brise Sauerstoff im Augenblick des Erstickens, das Fenster nach draußen, der Kontakt zum wirklichen Leben. Selbst die rituelle Leibesvisitation vor und nach der Besuchszeit ließ ich schließlich gelassen über mich ergehen. Ich hätte Dutzende davon ertragen, nur um das Glück zu verspüren, jemanden zu sehen, den ich liebe, und einen Moment lang mit ihm zu reden.

Abgesehen von dieser Abwechslung schleppten sich die Tage trübsinnig dahin. Ich ließ die Ereignisse der letzten Woche wieder und wieder vor meinem inneren Auge Revue passieren und versuchte, in diesem Chaos einen Zusammenhang zu entdecken. Manche Stunden waren schlimmer als andere; das waren diejenigen, in denen mich die Sehnsucht nach meinen Angehörigen und die Ungewissheit meiner Zukunft quälten. Ich blieb dann völlig niedergeschlagen in meiner Zelle und weigerte mich, irgendjemanden zu sehen. Zum Glück verhinderten die vielen Briefe, die ich von meinen Angehörigen, aber auch von Unbekannten erhielt, dass mich die Verzweiflung überwältigte. Ich möchte mit diesen Zeilen die Gelegenheit ergreifen, all diesen Menschen zu danken, denen ich wahrscheinlich nie begegnen werde. Auch ihre Worte waren wie eine Brise Sauerstoff, die von draußen zu mir hereinkam. Das galt allerdings nicht für den Brief, der meine Lage offiziell bestätigte: Die Société Générale kündigte mir wegen schwerwiegender Pflichtversäumnisse.

Ein weiterer Brief erschütterte mich. Meine Mutter, die selten schreibt und nicht sehr mitteilsam ist, schrieb mir, wie sehr sie mich liebte und mir vertraute. Diese Zeilen rührten mich zu Tränen. Mir wurde bewusst, dass mir im Lauf der Monate und Jahre der Sinn für das Wesentliche abhandengekommen war und ich mich in einer Existenz verloren hatte, die es nicht wert war. Ohne es zu merken, hatte ich mich von der Zuneigung meiner Angehörigen und den wahren Werten im Leben abgewendet. Auf der Jagd nach Leistung und Erfolg hatte ich das Wesentliche aus den Augen verloren. Diejenigen, die ich für meine Freunde gehalten hatte, waren es nicht. Aber die anderen, diejenigen, die mich liebten und die ich liebte, hatte ich am Wegesrand zurückgelassen, weil es bei der unaufhörlichen Jagd nach Erfolg immer weiter und immer schneller vorwärtsgehen musste; aber diese Jagd hatte mich letztendlich dahin geführt, wo ich jetzt war: inmitten einer wahren Katastrophe.

Eines Abends flüsterte mir der für die Verteilung der Mahlzeiten zuständige Hilfswärter zu, ich solle das Essen, das er mir brachte, nicht anrühren. »Schmeiß das Zeug weg! Ich erklär es dir später.« Ich befolgte die Anweisung und ließ meinen Teller unberührt. Einige Zeit später brachte mir derselbe Hilfswärter genauso geheimnisvoll und wortlos ein Stück Brot und etwas Obst. Was war da im Gange? Ich aß mich satt, so gut ich konnte, und wartete auf eine Erklärung, die bald folgen sollte. Als ich am nächsten Morgen duschte, hörte ich jemanden leise nach mir rufen. Es war der Hilfswärter. Er wartete im Aufenthaltsraum auf mich und ich ging zu ihm hin. Am Vortag hatte er Wortfetzen einer Unterhaltung zwischen mehreren Personen aufgeschnappt; ich verstand allerdings nicht, ob es sich dabei um Häftlinge oder Wärter gehandelt hatte. Sie hatten ihm zufolge geplant, mir Medikamente ins Essen zu mischen, damit ich krank würde und auf die Sanitätsstation gebracht werden müsste, wo man ein Foto von mir machen wollte. Mein Medienwert war immer noch sehr hoch. Ein Foto von Kerviel aus dem Gefängnis zu schmuggeln, wäre Gold wert gewesen.

Es war unmöglich herauszufinden, ob die Information des Hilfswärters der Wahrheit entsprach; im Gefängnis kursierten alle möglichen

Gerüchte, von den glaubwürdigsten bis zu den verrücktesten. Ich war trotzdem ziemlich verstört und vertraute Madame Meyer beim nächsten Besuch meine Befürchtungen an. Sie machte keinen Hehl aus ihrer Verblüffung. »Ein weiterer Grund, dich so schnell wie möglich hier rauszuholen«, war ihre Schlussfolgerung. Aber wie? Ich hielt es für unwahrscheinlich, dass ihr Antrag auf Haftentlassung, den sie vor kurzem gestellt hatte, erfolgreich sein würde. Ich sagte mir, dass es völlig unsinnig und inkonsequent wäre, mich einen Monat nach meiner Inhaftierung wieder freizulassen; so schnell würden sie ihre Meinung nicht ändern. Ich hatte also zum Selbstschutz beschlossen, nicht daran zu glauben. Was konnte ich erhoffen, wenn die Ermittlungskammer der Entscheidung von Richter Van Ruymbeke so vehement widersprochen hatte? Gab es heute schwerwiegendere Gründe für meine Freilassung als gestern für meine Inhaftierung? Ich glaubte nicht daran.

Einige Tage später erzählte ich einem Polizisten, mit dem ich mich schon ein paar Mal unterhalten hatte, bei einer Fahrt zum Dezernat für Wirtschaftskriminalität von dem Zwischenfall mit dem angeblich vergifteten Essen. Er versprach mir, bei den Wärtern, die er kannte, diskrete Nachforschungen anzustellen. Am nächsten Tag wurde ich zum stellvertretenden Direktor gerufen. Er schien besorgt. »Haben Sie Probleme?«, fragte er mich. Ich antwortete, dass merkwürdige Gerüchte im Umlauf wären, dass ich aber keine Beweise dafür hätte. Über welche Kanäle war die Geschichte mit den Fotos zu ihm gelangt? Ein weiteres Geheimnis im Hinblick auf die Geschwindigkeit, mit der Neuigkeiten in einem Gefängnis die Runde machen. Es dauerte einige Tage, bis ich den Polizisten wiedersah. Er bestätigte mir, dass es Versuche gegeben hatte, mich zu fotografieren. Genaueres wusste er nicht, versicherte mir aber, dass die Verwaltung sehr darum bemüht sei, mich zu schützen, was ich mir gut vorstellen konnte. Ein Skandal, in den ein Insasse des VIP-Blocks verwickelt war, noch dazu einer, an dem die Medien so großes Interesse hatten wie an mir, hätte der Gefängnisverwaltung erhebliche Schwierigkeiten bereitet. Mein Aufenthalt in La Santé verlief daraufhin ohne weitere Vorkommnisse. Abgesehen von einigen wenigen Wärtern, die sich nicht scheuten, mir zu sagen, wie schlecht sie über mich dachten, benahmen sich alle Beamten mir gegenüber absolut korrekt.

Während meiner Haft wurde ich vier Mal ins Dezernat für Wirtschaftskriminalität gebracht. Ein oder zwei Mal wurden mir dabei Handschellen angelegt. Jedes Mal musste ich bei der Hinfahrt und auch bei der Rückkehr zwei oder drei Leibesvisitationen über mich ergehen lassen: zuerst die der Gefängnisverwaltung, dann die der Polizei und schließlich die beim Dezernat, wo die Polizisten allerdings meistens darauf verzichteten, weil ich ein regelmäßiger Kunde geworden war. Das war mir egal, so wie alles andere auch. Allerdings fühlte ich mich immer unterlegen, wenn ich ins Büro des Richters kam. Sich auf die Anhörungen vorzubereiten, wenn man sich in Haft befindet, ist nicht einfach. Ich hatte keine Schriftstücke, ich sah meine Anwältin selten, es fiel mir schwer, reaktiv und offensiv zu handeln.

Bei meinem ersten Termin legte Renaud Van Ruymbeke, der sichtbar verlegen war, Wert darauf, mir ausdrücklich zu erklären, dass er mit der Entscheidung der Kammer nichts zu tun hatte. »Ich war gegen Ihre Inhaftierung, das haben Sie ja gesehen.« Ich wusste es, aber das änderte nichts; ich war trotzdem im Gefängnis. Er erkundigte sich nach meiner Stimmung und meiner Gesundheit. Ich gab ihm ausweichende Antworten. Es war alles schon schwierig genug, man musste nicht auch noch in Pathos verfallen. Zweifellos war ihm nicht wohl in seiner Haut, denn ein Inhaftierter ist zur Zusammenarbeit mit seinem Untersuchungsrichter weniger bereit als ein freier Mann; er schaltet auf stur und sagt nichts mehr. Das war aber bei mir nicht der Fall, und das sagte ich dem Richter auch. Ich würde mein Verhalten ihm gegenüber nicht ändern und mich seinen Fragen nicht verschließen.

Trotzdem fiel es mir schwer, einige Aspekte der Justizmaschinerie zu durchschauen, und es gelang mir nicht, das unangenehme Gefühl loszuwerden, dass die Karten gezinkt sein könnten. Am Tag meiner Inhaftierung war Moussa Bakir in Polizeigewahrsam genommen worden. Eine Zeitung hatte daraufhin unverzüglich mit der Schlagzeile »Kerviel und sein moslemischer Freund« aufgemacht und so die alte Geschichte wieder ausgegraben, dass man bei der Durchsuchung einen Koran in meiner Wohnung gefunden hatte. Moussa wurde am folgenden Tag entlassen, ohne dass Anklage gegen ihn erhoben wurde. Einer der Gründe, den die Anwälte der Société Générale für meine Inhaftierung vorgebracht hatten, war unsere angebliche Komplizenschaft; diese These hatte den wenigen Stunden der Anhörung nicht standgehalten. Aber ich selbst war immer noch im Gefängnis. Später entdeckte ich bei der Lektüre der Ermittlungsprotokolle, dass Moussa nicht der treue Freund war, für den ich ihn gehalten hatte. Das war eine echte Belastungsprobe, eine weitere. An die Institutionen glaubte ich längst nicht mehr, aber es war ein echter Schock festzustellen, dass man den Menschen, die man für Freunde hält, nicht vertrauen kann.

Ich hatte Mitte des Jahres 2007 auf Moussas Bitte hin begonnen, mit ihm zusammenzuarbeiten. Wir hatten uns ein paar Jahre vorher kennengelernt, als wir beide noch Assistant Trader waren. Dann war er von einer Maklerfirma eingestellt worden, bevor er wieder als Makler in den Dienst der Société Générale trat, und zwar in deren Tochterunternehmen Fimat. Bei einem Mittagessen erzählte er mir von den Schwierigkeiten in seinem neuen Job und den Befürchtungen, die er hegte. Die Fimat sollte bald mit der Calyon, einem Tochterunternehmen der Crédit Agricole, fusionieren und Moussa befürchtete, dass man ihn dann kündigen würde. Er musste also Zahlen vorweisen. Ich beruhigte ihn; ich hatte nie daran gedacht, mit ihm zusammenzuarbeiten, aber warum nicht? Ich würde mich also an seine Firma wenden, um einige meiner Positionen glattzustellen. Da ich schon begonnen hatte, Transaktionen mit immer größeren Summen zu tätigen, kassierte Moussa bald anständige Provisionen – umso besser für ihn. Ende 2007 fragte er mich eines Abends, ob meiner Ansicht nach ein Bonus von 50.000 Euro denkbar wäre. Ich kannte nur die Höhe der betreffenden Provisionen – sechs Millionen Euro. Angesichts dieser Zahl erschien es mir nicht unrealistisch, einen Bonus von 50.000 Euro zu verlangen. Durch die Ermittlungsprotokolle erfuhr ich später, dass er im dritten Quartal einen Bonus von 500.000 Euro bekommen hatte und man ihm für das vierte eine Million versprochen hatte ... Warum hatte er mir gegenüber auf naiv gemacht und mich um Rat gefragt? Warum hatte er mir nichts davon erzählt, dass er Ende 2007 in eine Untersuchung verwickelt war, die die staatliche Bankkommission durchführte, weil sein Handelsvolumen so in die Höhe geschnellt war? Wieder einmal musste ich sehr zu meinem Verdruss feststellen, dass es zwischen Finanzleuten kein Vertrauen gibt, selbst wenn sie behaupten, sich nahezustehen. Es war eine bittere Erfahrung. Ich hatte einem Unternehmen sieben Jahre meines Lebens gewidmet, um jetzt in einer Gefängniszelle zu vermodern, und meine Freunde erwiesen sich als intrigant und heuchlerisch. »Wenn du einen Freund willst, dann kauf dir einen Hund« – diese berühmte Äußerung von Michael Douglas in dem Film Wall Street entsprach der bitteren Wahrheit. Kollegen, mit denen ich ausgegangen war, mit denen ich die Wochenenden verbracht hatte, die mich zu ihrer Hochzeit eingeladen hatten, ließen mich ohne schlechtes Gewissen fallen, nachdem wir alle im selben Boot gesessen und die günstigen Gelegenheiten genutzt hatten. Ich hatte sechs Prozent vom deklarierten Jahresergebnis des einen, sieben Prozent vom Jahresergebnis eines anderen und zehn Prozent vom Jahresergebnis eines dritten erwirtschaftet. Aber bei der Befragung durch die Polizei hatten sie plötzlich alles vergessen.

Eines Morgens Anfang März war ich auf dem Weg in den Besucherraum, um meine Freundin zu sehen. Sie war gekommen, um mir für die Anhörung zu meinem Antrag auf Haftentlassung, die für den frühen Nachmittag angesetzt war, Mut zuzusprechen. Ohne mir einen Grund zu nennen, ordnete ein Wärter an, ich solle mich zur Leibesvisitation begeben, da ein »Ausflug« anstehen würde. Ich war überrascht. Ich sagte ihm, dass ich jetzt einen Besuchstermin hätte. Es war nichts zu machen, der Besuchstermin wurde abgesagt. Ich dachte, dass der Ärger noch lange nicht vorbei war und dass der Tag schlecht anfing. Sobald ich im Justizpalast ankam, brachte man mich in die »Mausefalle«, wo ich eine Reihe von Zellen zu Gesicht bekam, die völlig anders aussahen als die vom letzten Mal. Sie waren unglaublich schmutzig, alt und stanken fürchterlich. Ich blieb den ganzen Vormittag und den Beginn des Nachmittags bis 15 Uhr dort und brütete über mein Schicksal.

Während der Anhörung konnten meine beiden Anwälte ihr Plädoyer halten und zahlreiche Gründe für meine Freilassung vorbringen. Und wie im Monat zuvor untermauerten die Rechtsberater der Bank ihre Anschuldigungen. Ihnen zufolge hatte ich der Société Générale größten Schaden zugefügt, das Betriebsklima zerstört und die Stimmung der Beschäftigten ruiniert. Sie bemühten mehrfach einen schockierenden Vergleich: Die Bank hatte durch mich Verluste im Wert von fünf Atomkraftwerken erlitten, womit sie die Formulierung aufgriffen, die der Staatsanwalt bei der ersten Anhörung benutzt hatte. Dann rückten sie mit dem Namen eines neuen Komplizen heraus, Manuel Zabraniecki, ein Trader, der einige Tage zuvor in Polizeigewahrsam genommen worden war; ebenfalls ein Freund von mir, mit dem ich damals eine Handelsstrategie entwickelt hatte und mit dem ich ziemlich regelmäßig ausging. »Sie spielen dasselbe Spiel wie beim letzten Mal«, dachte ich bei mir, »und vielleicht funktioniert ihre kleine Verschwörungstheorie ein zweites Mal.« Im Gegensatz zum 8. Februar war ich diesmal alles andere als entspannt, während ich ihnen zuhörte.

Die Überraschung erfolgte durch den Anwalt der Nebenkläger, der die Kleinanleger vertrat. Er war zu der Ansicht gelangt, dass ich nichts für die ganze Geschichte könne und er deshalb nicht dafür plädiere, dass ich in Haft blieb. Während der ersten Anhörung hatte er sich neutral verhalten; es war eine schöne Überraschung, dass er seine Sichtweise der Dinge geändert hatte. Als ich an der Reihe war, das Wort zu ergreifen, wiederholte ich noch einmal, was ich von Anfang an gesagt hatte, und betonte noch einmal, dass ich keinen Komplizen gehabt hatte.

»Beim Ermittlungsverfahren haben Sie sich aber über Thomas Mougard anders geäußert«, bemerkte der Vorsitzende. »Sie haben ihn in der Luft zerrissen.«

»Ich habe nur gesagt, dass er von meinen Geschäften wusste, mehr nicht«, war meine Antwort.

Thomas Mougard war einer der Assistant Trader, mit dem ich zusammenarbeitete. Vor dem Untersuchungsrichter hatte ich ausgesagt, dass er, wie alle anderen auch, wusste, was ich machte, um damit einen weiteren Beweis dafür zu erbringen, wie die Informationsströme in einem Börsenraum funktionieren. Aber der Vorsitzende des Gerichts sah in meinen Äußerungen einen Angriff auf meinen Kollegen; ich stellte das richtig, was dazu führte, dass die Stimmung noch angespannter wurde. Dann gab er bekannt, dass über das Urteil beraten und es in der kommenden Woche verkündet werden würde. Mougard selbst hatte erklärt, dass ihm nicht klar gewesen sei, dass es sich bei den Transaktionen, die er erfasste, um Scheingeschäfte handelte, selbst dann nicht, als es darum ging, eine Rückstellung von anderthalb Milliarden Euro zu erfassen, um das Ergebnis im EDV-System auszugleichen. Das Verfahren, das zunächst gegen ihn eingeleitet worden war, wurde schließlich eingestellt.

Ich wurde wieder ins Untergeschoss gebracht, wo etwas Unerwartetes geschah. Zum ersten Mal seit meiner Inhaftierung ließen mich meine Nerven im Stich. Ich wollte nur noch eines: zurück in meine Zelle, zurück an den Ort, der mein Zuhause geworden war, mein einziges Domizil. Nur noch dort fühlte ich mich wohl, war ich geschützt vor allen Angriffen der Außenwelt. Sieben Jahre lang war die Société Générale mein Heimathafen gewesen; jetzt war es meine Zelle. Dass ich dort, außerhalb meines eigentlichen Lebens, Zuflucht suchte, bedeutete, dass es mir nicht gut ging. Es war Zeit, nicht mehr von einem Ort zum nächsten zu flüchten, um Schutz vor der Außenwelt zu suchen; ich musste zu mir selbst zurückfinden, denn einen anderen Weg gab es nicht. Aber dann sagte ich mir wieder, dass man mich nicht freilassen würde und dass es besser wäre, meine Gewohnheiten wieder aufzunehmen, statt auf eine Freilassung zu hoffen, zu der es nicht kommen würde.

Meine Anwälte waren optimistischer. Sie hatten verlauten lassen, dass sie Berufung einlegen würden, wenn das Urteil der Kammer wieder zu meinen Ungunsten ausfiel. Dass sie diese Möglichkeit in Betracht zogen, hatte einen gewichtigen Grund: Im Protokoll der ersten Anhörung war vom Plädoyer des Rechtsanwalts Selnet die Rede, obwohl der Vorsitzende dessen Beteiligung an der Verhandlung zurückgewiesen hatte. Abgesehen davon, dass eine Berufung für die Laufbahn eines Gerichtsvorsitzenden immer von Nachteil ist, handelte es sich hierbei offensichtlich um einen schweren Verfahrensfehler, der auf eine

Entscheidung zu meinen Gunsten schließen ließ. Aber ich verbot mir, an diese Möglichkeit zu glauben, genauso wenig wie ich mir erlaubte, auf einen positiven Ausgang der Anhörung zu hoffen, die gerade stattgefunden hatte.

Trotzdem fühlte ich mich in der folgenden Woche wie ein Löwe im Käfig, während ich die Fernsehnachrichten verfolgte. Eines Tages öffnete sich meine Zellentür und ein Wärter kündigte den Besuch meiner Rechtsanwältin an. Ich ging runter, ich konnte das Gesicht von Madame Meyer nicht genau erkennen und fragte:»Es ist nicht gut ausgegangen, oder?«–»Doch«, antwortete sie mit einem breiten Lächeln. Ich war so sehr auf einen Misserfolg eingestellt, dass ich ein paar Sekunden brauchte, um die Nachricht zu realisieren. Dann brach ich in Jubel aus. Ich war wieder frei. Élisabeth Meyer schickte Guillaume Selnet zu mir nach Hause, um meinen Personalausweis zu holen, den ich dort vergessen hatte und den ich für die Freilassung unbedingt benötigte – obwohl ich keinerlei Schwierigkeiten gehabt hatte, ohne ihn ins Gefängnis zu kommen!

Ich erfuhr, dass vor dem Haupteingang von La Santé eine Horde von Journalisten wartete. Christophe Reille, den Madame Meyer als PR-Berater für mich engagiert hatte, hatte mit ihnen ausgehandelt, dass sie nach meiner Entlassung Fotos von mir machen könnten, wenn sie mich danach in Ruhe lassen und mich nicht mehr Tag und Nacht verfolgen würden. Man hatte es so eingerichtet, dass ich das Gefängnis durch eine Geheimtür verlassen konnte. Christophe holte mich ab und brachte mich bis zum Ende der Straße, die ich dann in Begleitung meiner Anwältin entlangging, auf die Journalisten zu. Es waren mindestens 50 Personen, die sich hinter der Absperrung zusammengeschart hatten. Ich war mit den Gedanken ganz woanders und bekam kaum etwas mit; ich hatte es so eilig, das alles hinter mich zu bringen, dass ich meine Schritte beschleunigte und den Journalisten zuerst nicht genug Zeit ließ, Fotos zu machen und ein paar Fragen zu stellen. Schließlich packte mich Madame Meyer am Arm, um mich zu bremsen, und sagte, ich solle ihnen ein Zeichen geben. Ich hob also die Hand und lächelte.

Später wollen gewisse Leute in meinen fünf Fingern eine eindeutige Anspielung auf die fünf Milliarden Euro Verlust der Société Générale und in meinem Lächeln eine Art Herausforderung gesehen haben. Eine Zeitung ging sogar so weit, von einem Gefühl des Triumphs zu sprechen:»Kerviel steigt die Stufen von Cannes herab.« Ich war immer wieder überrascht, wie die Journalisten in dieser Affäre die geringsten Details analysierten und interpretierten; der eine sah hier in einem Lächeln den Hinweis auf ein Persönlichkeitsmerkmal, der andere konnte an einer Geste die innere Einstellung ablesen. Aber an diesem Tag stimmte keine der Analysen mit dem überein, was in dem Augenblick in meinem Kopf vorging, als ich das Gefängnis verließ. Nein, es war kein triumphaler Abgang. Natürlich war ich froh, wieder frei zu sein, aber ich hatte keinen Moment lang die Absicht, arrogant zu erscheinen.

Als wir alles hinter uns gebracht hatten, fuhren wir zu dritt zu Madame Meyer, wo ich ein bewegendes Telefonat mit meiner Mutter führte. Meine Anwältin informierte mich über die gerichtlichen Auflagen. Ich durfte die Region Île-de-France nicht verlassen und eine gewisse Anzahl von Angestellten der Société Générale nicht treffen, genau genommen 23. Überraschenderweise gehörte Moussa Bakir nicht dazu. Mir erschien das allerdings wie eine gründliche »Verarschung«: Meinen angeblichen Komplizen durfte ich also treffen. Außerdem musste ich mich einmal wöchentlich bei der Polizei melden. Dann kam endlich der Moment der Entspannung. Élisabeth Meyer und Christophe Reille hatten das Haus verlassen, um sich den Fragen der Journalisten zu stellen. Ich erinnere mich, dass ich mit Guillaume Selnet in aller Ruhe, ohne ein Wort zu wechseln, die Sendung *Des chiffres et des lettres*[16] angeschaut habe. Dieser Augenblick war für mich absolut irreal. Es dauerte mindestens zwei bis drei Tage, bis ich begriff, was wirklich passiert war.

Nach 38 Tagen im Gefängnis begann ein neuer Abschnitt meines Lebens. Wie würde er aussehen? Ich hatte nicht die geringste Ahnung. Im Augenblick musste ich all meine Kräfte für das Ermittlungsverfahren mobilisieren.

---

16 französische Quizsendung (Anm. d. Ü.)

Kapitel 9
Das Ermittlungsverfahren

Bei den ersten Begegnungen zeigte sich Renaud Van Ruymbeke mir gegenüber wohlwollend. Er war über meine Vorbeugehaft besorgt gewesen und war jetzt sichtlich erleichtert darüber, dass die Ermittlungskammer mich auf freien Fuß gesetzt hatte; zunächst aus menschlichen Gesichtspunkten, denn der Richter stand der Vorbeugehaft aus Prinzip ablehnend gegenüber, aber auch aus juristischen Gründen: Wie ich bereits erwähnt habe, arbeitet ein freier Mensch besser mit der Justiz zusammen als ein Häftling.

Aber ich merkte sehr schnell, dass sich seine Einstellung mir gegenüber veränderte. Zweifellos fiel es ihm schwer, den fachspezifischen Aspekten des Falles zu folgen. Er hatte sich übrigens diesbezüglich auch einigen Anwälten anvertraut, mit denen er sich außerhalb des Verfahrens auszutauschen pflegte. Ich konnte das verstehen. Das war nicht seine Welt, und er hatte noch nicht oft die Gelegenheit gehabt, sich mit ihr auseinanderzusetzen. Denn meine Erklärungen, ebenso wie die meiner Anwälte, erforderten nicht nur gute Kenntnisse der Finanzmechanismen, sondern auch die Fähigkeit, die Wirklichkeit eines Handelsraums zu durchschauen. Richter Van Ruymbeke hatte diese Fähigkeit nicht. Aus gutem Grund: Er hatte selten mit diesen völlig neuen Finanzprodukten zu tun gehabt. Diese waren erst Mitte der 1980er-Jahre mit der zunehmenden Finanzialisierung der Wirtschaft und der weltweiten Liberalisierung der Märkte aufgetaucht und hatten in den Nuller-Jahren mit der explosionsartigen Entwicklung der Derivatprodukte ihren Höhepunkt erreicht. Es war also nicht erstaunlich, dass ein Ermittlungsrichter sich damit nicht besonders gut auskannte.

Es erschien mir allerdings seltsam, dass er nicht selbst versuchte, sich diese Kenntnisse anzueignen. Stattdessen gründeten seine Überzeugungen auf den Erklärungen der Société Générale. Meiner Meinung nach gelang es der Bank von Beginn des Ermittlungsverfahrens an, ihn zu täuschen und ihm ein X für ein U vorzumachen. Ich werde dazu noch Beispiele anführen. Aber diese Entdeckung war umso unangenehmer, als ich meine eigenen Fehler nie verhehlt habe. Es wäre auch nur schwer möglich gewesen; sie waren typisch für den Beruf des Traders. Ich hatte nur so frei handeln können, weil das System es zuließ und sogar förderte. Das Szenario, das die Bank zeichnen wollte, war daher völlig absurd: Sie stellte die Versäumnisse der Kontrollsysteme, mit denen Hunderte von Angestellten befasst waren, dem angeblichen Einfallsreichtum eines einzigen Mannes gegenüber. Natürlich war es nicht die Aufgabe von Renaud Van Ruymbeke, über ein Bankinstitut zu urteilen, er hatte vielmehr im Fall eines einzelnen Menschen zu ermitteln. Zwischen der Sicht der Dinge, die ich ihm zu vermitteln versuchte, und seiner eigenen, die von den Notwendigkeiten des Ermittlungsverfahrens bestimmt war, nistete sich also ein Missverständnis ein, das im Lauf der Monate immer größer wurde.

Eines Tages rief einer meiner Anwälte angesichts der unverständlichen Widerstände, auf die wir immer wieder trafen, aus tiefster Seele aus:»Aber Herr Richter, das ist absolut unmöglich; Sie haben offensichtlich Anweisungen erhalten!« Renaud Van Ruymbeke versteifte sich, wurde bleich und erwiderte empört:»Wenn das der Fall wäre, Herr Anwalt, dann würde ich mich beeilen, das Gegenteil zu tun.« Ich glaubte ihm gern. Die moralische Geradlinigkeit und Unabhängigkeit von Renaud Van Ruymbeke standen außer Frage. Seiner inneren Überzeugung lag eine andere Bewusstseinsebene zugrunde. Ein Mensch kann unbewusst unter fremden Einfluss geraten, weil die Institution, der er gegenübersteht, übermächtig ist, während der Mensch, der Fragen aufwirft, allein ist. Weil das so sehr ins Auge sticht, werden die Dinge im wahrsten Sinne des Wortes unsichtbar. Ich neige zu der Meinung, dass Renaud Van Ruymbeke das erste und einzige Mal in einer Laufbahn, die von einer mutigen und unabhängigen Einstellung geprägt war, Opfer dieser Blindheit geworden ist; es war alles so offensichtlich, dass er es nicht glauben konnte.

Das Ermittlungsverfahren war im Wesentlichen darauf ausgerichtet, Belastungsbeweise zu erbringen. Der Richter war nicht auf die Vorwürfe der Veruntreuung von Geldern, der persönlichen Bereicherung und der mehrfachen Komplizenschaft hereingefallen; mit diesen Angriffen hat die Société Générale ihr Ziel verfehlt. Zweifellos war er von unserer Beweisführung verunsichert, derzufolge»das unbefugte Eindringen in die EDV-Systeme« unsinnig war; warum hätte ich, wie schon gesagt, Buchungen verschleiern sollen, während die Controller diese selbst vornahmen? Aber er lehnte es ab, der Beweisführung bis zum Schluss zu folgen. Ich hatte die üblichen Limits überschritten, ich hatte Scheingeschäfte getätigt, das reichte. Dass darüber hinaus eine mächtige Bank nur auf solchen Grundlagen funktionieren konnte und auch davon Gebrauch machte, war zu viel des Guten. Renaud Van Ruymbeke hat es nie geschafft, die Grenze zu überschreiten, die die Fehler eines Menschen von der perversen Funktionsweise einer Institution trennt, er konnte nie zwischen der Verantwortung des Einzelnen und der Verantwortung der Institution unterscheiden.

Ich bemerkte nicht, dass die offensichtlichen Tatsachen, die ich immer wieder darlegte, mich in den Augen der Richter immer stärker belasteten, statt mich zu entlasten. Innerhalb von drei Jahren, so erklärte ich Renaud Van Ruymbeke, waren meine Ergebnisse um 1.700 Prozent gestiegen! In welchem Unternehmen kann man solche Steigerungsraten erzielen, ohne offensichtlich die Bestimmungen zu umgehen? In diesen drei Jahren hatte ich mehr als 900 Transaktionen offengelassen, das heißt, ich hatte nie über die Kontrahenten Auskunft gegeben, mit denen die Bank angeblich Geschäfte in Höhe von Milliarden von Euro gemacht hatte, Kontrahenten, die in den Dateien der Bank umso weniger auftauchen konnten, als sie gar nicht existierten! Um den Gedankengang bis zum Ende zu verfolgen: Was war mit den Bestimmungen, die in der Bankenwelt den Kampf gegen die Geldwäsche regeln, an die man bei einem derart undurchsichtigen Umlauf enormer Geldmengen sofort denken müsste?

Die Richter wollten nicht anerkennen, dass ich von Beginn an in meinen Aktivitäten bestärkt worden war. Ich war an einem Arbeitsplatz, dem eines Traders, gelandet, obwohl er mir nicht zustand. Dort bekam ich sehr schnell den Eindruck, dass ich eine Art Feeling für den Markt hatte, da sogar etliche Kollegen mich um Rat für ihre eigenen Geschäfte fragten. Während des Ermittlungsverfahrens hatte sogar einer von ihnen erklärt, ich sei in der Lage gewesen, 400.000 Euro in wenigen Minuten zu verdienen, während er nur 700.000 in einem ganzen Monat schaffte! Alle, Kollegen wie Vorgesetzte, wussten, dass ich eine Menge Geld verdiente, und freuten sich darüber: Die Bank profitierte am meisten davon. Leider reagierte Renaud Van Ruymbeke nie auf die Äußerungen, die die Logik des Systems zutage förderten – weder auf meine eigenen Bemerkungen noch auf die der anderen. Und statt sie ins Wanken zu bringen, verstärkten meine Eingeständnisse seine Gewissheiten sogar noch: Ich hatte mehr als 900 Transaktionen offengelassen, also war ich schuldig. Ich hatte den Eindruck, dass er mir über diese offenkundige Tatsache hinaus nicht mehr zuhörte.

Es gab zwei Arten von Begegnungen: die Anhörungen und die Gegenüberstellungen. Während der Anhörungen antwortete ich auf die Fragen des Richters, kommentierte die Belege aus meiner Akte, erklärte meine Arbeit. Bei den Gegenüberstellungen wurde ich mit Angestellten der Société Générale konfrontiert. Schon bei den ersten Begegnungen stellte ich fest, dass das Kräfteverhältnis unausgewogen war. Éric Cordelle, Martial Rouyère, Alain Declerck, Nicolas Bonin, Philippe Baboulin waren zu Unbekannten geworden, die mir nicht ins Gesicht sahen und die Fragen des Richters verschämt beantworteten. Ihre Erklärungen beschränkten sich auf eine Aussage: Sie hatten nichts gesehen und daher auch nichts gewusst. Ich war sehr überrascht festzustellen, dass Renaud Van Ruymbeke nicht versuchte, sie aus der Reserve zu locken, und sich nicht über ihre berufliche Unzulänglichkeit zu wundern schien. Seine These ließ sich in einem Satz zusammenfassen: Es war klar, dass sie zu lasch gehandelt hatten, aber ich hatte sie trotzdem hintergangen.

Am Tag nach der Gegenüberstellung mit Éric Cordelle, der ersten, bei der ich mit einem Verantwortlichen der Bank konfrontiert wurde, titelte die *Le Monde:* »Der Richter, der Trader und der Naivling«. Van Ruymbeke machte bei der nächsten Anhörung eine Anspielung darauf und vertraute mir an, dass er die Meinung der Zeitung teile; Éric Cordelle war ihm tatsächlich naiv und in seiner Wahrnehmung der Dinge beschränkt erschienen – Martial Rouyères Analyse war allerdings das genaue Gegenteil: Er hielt Cordelle für einen kompetenten Profi. Im Übrigen hatte mein direkter Vorgesetzter dem Richter erklärt, dass seine Aufgabe im Jahr 2007 darin bestanden hätte, sich in das neue Aufgabengebiet einzuarbeiten ... Ich bemerkte dazu gegenüber Van Ruymbeke, dass es ja sehr großzügig von der Société Générale wäre, einem »naiven« Manager, der in seinem Team so grobe Fehler durchgehen ließ, einen Bonus von 700.000 Euro zu gewähren. Er ging nicht darauf ein.

Die Gegenüberstellung mit Jean-Pierre Mustier war freundlicher. Der große Chef erschien mir schwach, wenig selbstbewusst, vage und konfus in seinen Antworten – je höher man in der Hierarchie der Bank stieg, desto mehr schienen die Verantwortlichen gegenüber dem Richter in Erklärungsnöten zu sein. Die Fragen bezogen sich auf fachspezifische Gesichtspunkte. Éric Cordelle und Martial Rouyère hatten behauptet, dass das Limit von 125 Millionen Euro für alle acht Trader des Handelsdesks erst am Ende des Tages galt, wenn alle Salden berechnet waren. Jean-Pierre Mustier und Christophe Mianné behaupteten, dass dieses Limit auch intra day bestand. Das war natürlich falsch. Ich machte sie darauf aufmerksam; die Limits waren intra day genauso schwammig wie extra day, wie es die Tatsachen täglich belegten. Einer meiner Anwälte stellte daraufhin eine geschickte Frage: »Egal ob während des Tages oder am Abend, was geschieht, wenn ein Trader sein Limit überschreitet?« Christophe Mianné zögerte nicht mit der Antwort:

»Er wird entlassen.«–»Ist es vorgekommen, dass Sie jemanden entlassen haben?«, fragte der Anwalt daraufhin. »Nein, nie«, antwortete Christophe Mianné. Diese zwei Worte machten die vorherigen Behauptungen zunichte und stellten aus dem Mund des großen Chefs ein folgenschweres Geständnis dar: Die Regeln existierten, aber niemand hielt sich daran, weil jeder wusste, dass ihn keine Sanktionen erwarteten. Aber Renaud Van Ruymbeke interpretierte diesen Wortwechsel anders. Er hielt fest, dass es nie zu Sanktionen gekommen war, dass dieser Fall noch nie eingetreten war ... außer bei meinen Geschäften! Eine absolut simple Schlussfolgerung widerlegte die Behauptungen der Société Générale. In Anbetracht der offiziellen Gewinne, die ich im Jahr 2007 erzielt hatte, nämlich 55 Millionen Euro, und über die sich jeder gefreut hatte, genügte eine kurze, täglich von den Tradern angestellte Berechnung, um auf finanzielle Engagements in Höhe von anderthalb Milliarden zu kommen ... Man konnte die Hürde von 125 Millionen auf jede erdenkliche Art und Weise nehmen; einer der acht Trader des Desks allein hatte sie schon gesprengt. Wie konnte das den Verantwortlichen entgangen sein, die doch so streng darauf bedacht waren, dass die Grenze von 125 Millionen eingehalten wurde?

Die Gegenüberstellung mit meinem N+3, Philippe Baboulin, war wieder ein entscheidender Moment. Am Morgen hatte die Société Générale dem Richter mitgeteilt, dass man den Mann schonen müsse, weil er herzkrank sei; eine Anweisung, die Renaud Van Ruymbeke sofort an Élisabeth Meyer weitergab. Als Philippe Baboulin im Hinblick auf einige meiner Geschäfte von »einer bekannten Technik zur Verschleierung von Geschäften« sprach, wollte der Richter diese Formulierung zunächst nicht schriftlich festhalten; er fürchtete vielleicht um die Gesundheit des Zeugen beim nochmaligen Lesen des Protokolls. Meine Anwälte und ich mussten darauf bestehen, dass diese Aussage nicht unter den Tisch fiel.

Von diesen Hunderten von Stunden, die ich mit Anhörungen und Gegenüberstellungen verbrachte, sind mir einige denkwürdige Erinnerungen geblieben. Was die Methodenabweichungen anging, deren zugrunde liegende Engagements ein Erstsemester-Student in zehn Sekunden hätte berechnen können, behaupteten meine Vorgesetzten ungerührt, meine seien zu gering gewesen, um ihre Aufmerksamkeit zu erregen. In Anbetracht der Höhe aller Transaktionen, die täglich in einem Handelsraum getätigt werden, hätte es sich dabei nicht um außergewöhnlich hohe Beträge gehandelt ... Ihre Beweisführung war umso schwerfälliger, als sie unmöglich war. Ich sah, wie Renaud Van Ruymbeke bei all diesen Zahlen, Begriffen, Berechnungen den Boden

unter den Füßen verlor und sich an die Behauptungen der Führungskräfte der Bank klammerte, die für ihn allein seligmachend wurden.
Die Überprüfung einer entscheidenden Begebenheit in meinem Fall
war dafür ein weiterer Beweis. Sie betraf die Eurex-Affäre, von der
schon einmal kurz die Rede war. Ich werde sie noch einmal in groben
Zügen darstellen. Im November 2007 erhielt die Société Générale ein
Schreiben vom Regulator der deutschen Eurex-Börse. Dieser zeigte Be-
sorgnis über das beträchtliche Volumen der von mir im Jahr 2007 getätigten Geschäfte – wie man sich erinnert, hatte ich im Lauf dieses Jahres zwei Mal bei einer Reihe von Kauf- und Verkaufstransaktionen auf
dem deutschen Markt mehr als 120 Milliarden Euro investiert. Als der
Markt im August und Oktober 2007 zusammenbrach, musste ich jedes
Mal 30 Milliarden Euro in Käufe investieren, um die Positionen, die ich
einige Wochen oder Monate zuvor eingegangen war, glattzustellen. Allein durch mein Handeln stützte ich mit diesem beträchtlichen Volumen den deutschen Markt, während die anderen europäischen Börsenplätze stark fielen. Während sich die europäischen Indizes normalerweise relativ gleichmäßig bewegen, verfälschte allein meine Intervention
die Regeln des Marktes – was den anderen Marktteilnehmern natürlich
nicht entging, die sich daraufhin an das Regulationsorgan der Börse
wendeten und sich beschwerten, weil sie umfangreiche Kursmanipula-
tionen vermuteten. Der Regulator führte dann entsprechende Untersuchungen durch und identifizierte den betreffenden Makler: J. K. Das
Regulationsorgan beschloss daraufhin, der Société Générale ein offizielles Schreiben zukommen zu lassen, in der ihr detailliert mitgeteilt
wurde, dass Jérôme Kerviel seit Beginn des Jahres beträchtliche Summen investiert hatte. Die Anfrage war klar: Was waren die Gründe für
diese Investitionen? Eine solche Frage ist außergewöhnlich, vor allem,
weil ich in diesem Fall keine Marktregel gebrochen hatte.
Eines Abends Ende November 2007 legte mir die Compliance-Abteilung der Bank dieses Schreiben vor, von dem Éric Cordelle sofort
Kenntnis erhielt. Man stellte mir keine Fragen zu den astronomischen
Beträgen, die in dem Schreiben erwähnt wurden, empfahl mir aber,
meine Strategie nicht offenzulegen und eine eher vage Antwort zu geben. Ich verfasste also mit seiner Hilfe eine kurze Erklärung. Ich versuchte dabei, so gut es ging, einer konkreten Antwort auszuweichen,
erwähnte aber trotzdem, dass ich Spekulationsgeschäfte getätigt hatte.
Es dauerte nicht lange, bis auf die Antwort der Compliance-Abteilung
eine neue Anfrage der Deutschen einging; sie hatten bemerkt, dass unsere Antwort absolut nichtssagend war. Diesmal war der Ton des
Schreibens weniger unverbindlich. Die Deutschen beharrten erneut auf

dem hohen Handelsvolumen und führten als Beispiel einen einzigen Tag im Oktober 2007 an, in dessen Verlauf ich innerhalb von zwei Stunden mehr als anderthalb Milliarden Euro investiert hatte. Éric Cordelle erhielt, wie auch die Compliance-Abteilung, eine Kopie des Schreibens. Wir sprachen darüber, bevor wir eine zweite Antwort verfassten, die fast genauso wenige Fakten enthielt wie die erste. Dabei blieb es dann bis Januar 2008, als die Deutschen im Begriff waren, eine neue Anfrage an die Bank zu richten. Es kam nicht mehr dazu, weil meine Affäre vorher aufflog.

Die Eurex-Affäre ist in meinen Augen in doppelter Hinsicht von Bedeutung. Erstens wussten meine Vorgesetzten, allen voran Éric Cordelle, von meinen Geschäften und distanzierten sich nicht davon – selbst als mein N+1, der zugegeben hatte, eine Dreiviertelstunde lang an der Abfassung der Antwort mitgewirkt zu haben, im Verlauf einer Gegenüberstellung bei seiner Behauptung blieb, er habe sie nicht gelesen! Zweitens hatte die Société Générale keine Bedenken gehabt, selbst einen Interessenkonflikt zu schaffen. Das Büro des Compliance-Officers hatte nämlich den Handelsmakler von Eurex in Frankreich angerufen, um ihn um Rat zu fragen, und der hatte einige Formulierungen angedeutet, mit der man die deutsche Börse beruhigen könnte … Als man die Société Générale auf diese Begebenheit ansprach, war ihre Reaktion nicht zu toppen – sie leugnete ihre Beteiligung nicht, sondern gab vor, nicht auf dem Laufenden zu sein. Nur vergaß sie zu erwähnen, dass sie selbst diese Schriftstücke vorgelegt hatte, zweifellos in der Annahme, dass man mich allein dafür verantwortlich machen würde. Später änderte sie dann ihre Verteidigungsstrategie. Ein ehemaliger Händler-Kollege vertraute mir an, dass die Bank in ihrer internen Kommunikation die besagten Schreiben der Eurex erwähnte und dabei behauptete, mein Name würde dort nicht genannt; ein plumper Trick, um zu rechtfertigen, dass meine direkten Vorgesetzten und die Compliance-Abteilung nicht hätten reagieren können, da sie nicht wussten, welches Mitglied ihres Teams dafür verantwortlich war. All diese Ungereimtheiten schienen den Richter Van Ruymbeke nicht zu stören, der das ganze Ausmaß der Angelegenheit, ihre verschlungenen Pfade und ihre Schlagschatten nicht zu erfassen schien.

Denn die Schwierigkeiten der Société Générale gingen weit über meine Person hinaus. Man darf nicht vergessen, dass sich die Bank in dem Augenblick, als meine Affäre aufflog, nicht in einer angenehmen Lage befand. Sie wurde von allen Seiten angegriffen. Die Gerüchte über ihr Engagement in Subprimes machten in der Finanzwelt von sich reden. Die Ankündigungen von Daniel Bouton, der gegen Ende November

2007 immer wieder betonte, im schlimmsten Fall würden sich die Verluste auf 200 Millionen belaufen, hatten nur ein Ziel: die Anleger zu beruhigen. Wie man gesehen hat, stellte sich zwei Monate später heraus, dass der Verlust zehn Mal so hoch war, und von da an kündigte die Bank fast jedes Quartal immense Rückstellungen an, um den Wert ihrer Aktiva zu berichtigen. Im letzten Quartal des Jahres 2009 belief sich die Gesamtsumme der Verluste durch Derivatprodukte und Subprimes auf fast 10 Milliarden Euro, wovon allein 1,4 Milliarden auf das letzte Quartal 2009 entfielen. Was die Société Générale nicht daran hinderte, mithilfe der Spielräume der Bilanzbewertung positive Ergebnisse auszuweisen … Es hat sich allerdings herausgestellt, dass die Bank immer noch 35 Milliarden an toxischen Papieren hält, deren Wert erheblich niedriger ist als der Buchwert. Der amtierende Bankchef Frédéric Oudéa gibt sich natürlich immer betont zuversichtlich; dass er sich der faulen Bestände nicht entledigt, liegt nur daran, dass er sich einredet, dass diese Papiere noch einen Wert hätten. Das Jahr 2010, so hat er letzten Februar angekündigt, wird also das Jahr des Wiederaufschwungs … Wollen wir es hoffen. Aber liegt es nicht nahe zu vermuten, dass meine Affäre in einer Situation, die für die Bank zumindest nicht einfach war, zumindest einen Vorteil hatte, nämlich von einer noch viel katastrophaleren Lage abzulenken?

Es gibt noch einen anderen Beweis dafür, dass der Baum Kerviel allein nicht ausreicht, um den Wald der Fehler der Société Générale nicht mehr zu sehen. Kurz nachdem meine Affäre aufgeflogen war, wurde in den USA eine *class action*, also eine Sammelklage der Aktionäre eingereicht – in Frankreich, wo man diese Art der Klage nicht kennt, können die Anleger nur als Privatkläger im Adhäsionsverfahren auftreten. In den von den amerikanischen Anwälten veröffentlichten Gerichtsdokumenten haben in Amerika *confidential witness* genannte Zeugen, die in diesem Fall nichts anderes sind als Beschäftigte der Bank, die anonym bleiben wollen, zugegeben, dass im Juli 2007 Führungskräfte der Bank, darunter Jean-Pierre Mustier, nach New York gekommen waren, um von ihnen eine Veränderung der Marktparameter im EDV-System zu fordern. So findet man in diesen Dokumenten die Zeugenaussage von einem jener Angestellten, demzufolge Mitte 2007 gravierende Liquiditätsprobleme aufgetaucht seien, weil es für über zchn Milliarden von der Société Générale gehaltene CDO/RMBS[17] keine Notierungen mehr gab. Da sie im Portfolio blieben, mussten die Forderungen wie alle anderen Handelsaktiva bewertet werden. Weil für diese nun illiquiden Pa-

---

17 Durch Forderungen bzw. Vermögenswerte gesicherte Wertpapiere

piere nicht mehr der Marktpreis zugrunde gelegt werden konnte, wurde von der Bank mittels eines Modells ein Preis errechnet. Dafür mussten aber im vorliegenden Fall auf Weisung des Managements die Parameter im EDV-System so verändert werden, dass bei der Neubewertung ein Buchgewinn ausgewiesen werden konnte, der aber zweifellos erheblich überhöht war. Letztendlich wirft die Bank mir vor, falsche Daten in ihr EDV-System eingegeben zu haben, obwohl sie es sich selbst nicht hat nehmen lassen, genau das zu tun. Diese Vorwürfe findet man schwarz auf weiß in den Protokollen der amerikanischen Justiz, auch wenn die Société Générale sie nachdrücklich bestreitet. Die amerikanische Justiz wird ihr Urteil fällen …

Wer kann unter diesen Umständen den veröffentlichten Ergebnissen noch trauen? Zumindest sollte man sie mit Vorsicht genießen. Da fast 80 Prozent der Handelsaktiva der Société Générale (389 Milliarden von insgesamt 488 Milliarden Ende 2008) auf Basis eines schwer zu kontrollierenden rechnerischen Preises und nicht auf Basis eines offiziellen Marktpreises bewertet werden, hat eine Abweichung von einem Prozent bei der Bewertung der Aktiva zum rechnerischen Preis eine erhebliche Auswirkung auf das Ergebnis. Es ist daher sehr ärgerlich, dass die französische Presse so wenig über diese *class action* berichtet. Dann würde nämlich alle Welt verstehen, dass man auf der Hut sein muss, damit einige Praktiken im Bankenmilieu nicht mehr einfach in einem Satz zusammengefasst werden können, und zwar in folgendem: Wenn die Bestimmungen zu einem schlechten Ergebnis führen, muss man sie nur ändern. Bei meinen Geschäften haben es die Controller genauso gemacht: Sie haben den Marktpreis durch einen internen rechnerischen Preis ersetzt und so die Abweichungen und damit auch den Nominalwert der Positionen verschwinden lassen.

Die Anhörungen, deren Tonfall zu Beginn freundlich gewesen war, wurden schnell schwierig. Renaud Van Ruymbeke wollte nicht mehr hören, was ich sagte, und lehnte die Forderungen meiner Anwälte ab. Wir machten ihn mehrfach darauf aufmerksam, dass es notwendig wäre, unabhängige Finanz- und EDV-Gutachten einzuholen, denn alle vorliegenden Informationen stammten von der Bank, und alle angehörten Zeugen standen mit ihr in Verbindung. Er lehnte alles ab. Und im Juli beschloss er dann, sich bei einem Ortstermin selbst ein Bild zu machen. Er sicherte mir zu, dass es ihm nicht darum ging, noch einmal diejenigen Personen zu treffen, die im Rahmen des Ermittlungsverfahrens schon angehört worden waren; er wollte die Räumlichkeiten der

Société Générale nur aufsuchen, um sich ein Bild von meiner Arbeit zu machen, indem er mit neutralen Personen sprach. Ich fragte ihn, ob ich ihn begleiten könne. Das lehnte er ab, machte mir aber im Gegenzug ein Zugeständnis: Er stimmte meinem Antrag zu, zusätzliche Beweisstücke zuzulassen. Élisabeth Meyer empfahl mir, das Angebot anzunehmen. Ich tat es halbherzig, weil ich diese Art von Handel nicht verstand.

Als der Richter aus dem Turm zurückkam, behauptete er, ich hätte ihn angelogen; die Situation im Börsenraum hätte es mir erlaubt, meine Geschäfte problemlos ohne Wissen der anderen abzuwickeln. Ich schloss daraus, dass die Société Générale ihm nicht den Handelsraum gezeigt hatte, in dem ich tätig gewesen war. Das Protokoll bestätigte mir außerdem, dass er verschiedene Personen getroffen hatte, die in das Ermittlungsverfahren involviert waren. Das Vertrauen, das ich in ihn gesetzt hatte, wurde dadurch stark erschüttert. Für mich war das ein echter Wendepunkt im Ermittlungsverfahren. Ich fühlte mich verraten, denn Renaud Van Ruymbeke hatte sein Wort nicht gehalten.

Im Juli 2008 teilte er uns mit, dass er die Absicht hätte, das Ermittlungsverfahren zu beenden, weil ein hinreichender Tatverdacht vorliegen würde. Was sollte das heißen, ein hinreichender Tatverdacht? Niemand erklärte es mir. Ich empfand sowohl das Verhalten meiner Anwälte als auch das des Richters als zweifelhaft und beschloss, offensiver vorzugehen, aber Madame Meyer sträubte sich dagegen. Sie empfand gegenüber Renaud Van Ruymbeke eine Ehrerbietung, die ich im Licht des Ermittlungsverfahrens unangemessen fand. Da darüber hinaus der Konflikt zwischen ihr und Guillaume Selnet immer heftiger wurde, beschloss ich, das Team meiner Verteidiger zu vergrößern. Das war keine einfache Aufgabe. Élisabeth Meyer hatte sich seit Monaten mit aller Kraft für mich eingesetzt, und ich hoffte, dass sie den Fall nicht niederlegen würde. Obgleich sowohl sie als auch Guillaume Vorbehalte hatten, zog ich einen dritten Anwalt hinzu, Bernard Benaiem. Dieser wollte sofort drei weitere Rechtsbeistände einschalten. Éric Dupond-Moretti, den man sehr gut aus den Medien kannte, sollte Renaud Van Ruymbeke Kontra geben, während Francis Tissot und Caroline Wasserman sich mit den fachspezifischen Aspekten auseinandersetzen sollten. Élisabeth Meyer weigerte sich, den Fall so aufzuteilen, wie ich es mir vorgestellt hatte; sie warf das Handtuch, und das tat bald darauf auch Guillaume Selnet, der sich in diesem vergrößerten Team nicht wohl fühlte. Im Juli gab ich den Richtern bekannt, dass Élisabeth Meyer das Mandat niedergelegt hatte, und nannte zugleich die neue Zusammensetzung meines Verteidigerteams. Renaud Van Ruymbeke musste sich dem beugen und teilte sehr gegen seinen Willen mit, dass die Anhörungen nach dem Sommer wieder aufgenommen würden. Wir nutzten diese Zeit, um zu arbeiten und die Ermittlungsakte noch einmal von A bis Z durchzugehen.

Ich sah mich also vier neuen Anwälten gegenüber, die alle dazu entschlossen waren, gegenüber den Ermittlungsrichtern eine offensive Strategie aufzubauen. Ich schrieb ausführliche Aktennotizen, die von Francis Tissot redigiert und der Akte im September und Oktober hinzugefügt wurden. Renaud Van Ruymbeke stellte sich viele Fragen, als er sie las, und ich spürte, dass Zweifel in ihm aufkeimten. Im Dezember 2008 beschloss er einen weiteren Ortstermin. Da er meine Anwesenheit wieder ablehnte, erinnerte ich ihn an die Vorfälle bei seinem ersten Besuch. Ich schlug ihm vor, einen anderen Standort der Bank in Levallois-Perret aufzusuchen, wo alle EDV-Systeme installiert waren; mithilfe eines Experten konnte er dort in aller Ruhe und ohne Einflussnahme durch die Leute der Bank seiner Arbeit nachgehen. »Ich werde darüber nachdenken«, war seine Antwort. Die Wochen vergingen ohne besondere Vorkommnisse. Und dann hörte einer meiner Anwälte bei einer Anhörung zufällig, dass der Richter am kommenden Montag in Begleitung eines Experten den Turm von La Défense aufsuchen wollte. Große Überraschung. Man hatte unsere Einwände genauso wenig berücksichtigt wie beim letzten Mal.

Renaud Van Ruymbeke kam mit derselben Einstellung wie beim ersten Mal aus dem Turm zurück; alles, was ich ihm über den Ablauf des Tradings erzählt hatte, war falsch. Wenn man ihm glauben durfte, hatte ich nur die Spuren verwischt. Aber wenn jemand die Spuren verwischt hatte, dann nicht ich. Der Experte schrieb in seinem Bericht, dass er nur dabei zugesehen hätte, als die Leute von der Société Générale die Dokumente im System abgerufen hatten, und er könnte folglich für die Richtigkeit und Vollständigkeit der Daten keine Garantie übernehmen. Er zog daraus die Schlussfolgerung, dass »durch die technischen Erklärungen, die man (ihm) vorlegt hat, erkennbar wurde, dass die Voraussetzungen für eine objektive Beobachtung nicht erfüllt waren«.

Das war zuviel des Guten. Ich forderte noch einmal ein echtes Gutachten. Der Richter lehnte dies mit der Begründung ab, dass ihm nun alle erforderlichen Informationen vorliegen würden. Ich gab nicht auf und führte ein Argument an, das ihn überzeugen sollte: Warum forderte ich ein Gutachten, wenn ich befürchten musste, dass es meine Worte widerlegte? Er verstand meine Argumentation nicht. Sofort danach lehnte er auch die sieben oder acht Anträge auf Zulassung zusätzlicher Beweisstücke ab, die meine Anwälte gestellt hatten. Auch die Gegenüberstellungen, um die wir baten, schlug er aus, darunter die mit dem Verantwortlichen der staatlichen Bankkommission, der den Jahresberichten der Wirtschaftsprüfer ein vom Vorstandschef unterzeichnetes Bestätigungsschreiben beilegte, in dem hervorgehoben wurde, dass alle getätigten Geschäfte täglich von unabhängigen Organen kontrolliert würden.[18] Wie konnte es dann sein, dass Hunderte von Scheingeschäften, von denen manche einige Milliarden Euro überschritten, nicht entdeckt worden waren?

Darüber hinaus verweigerte der Richter sowohl eine Gegenüberstellung mit Daniel Bouton, der das besagte Schreiben jedes Jahr eigenhändig gegengezeichnet hatte, als auch mit den Mitgliedern der staatlichen Bankkommission, die die Untersuchung bei der Société Générale geführt und einen belastenden Bericht verfasst hatte. Wir werden also das Geheimnis nie lüften: Hat die Société Générale ihre Aktionäre belogen oder die Justiz oder alle beide? Zwischen den Richtern und uns war die Stimmung nicht nur angespannt, sie war katastrophal schlecht.

Wir versuchten trotzdem, unsere Verteidigung weiter auszubauen. Jedes Mal, wenn die Richter einen Antrag auf Zulassung eines Beweisstückes zurückwiesen, legten wir Berufung gegen ihre Entscheidung ein. Völlig umsonst; der Vorsitzende der Ermittlungskammer, genau derselbe, der im Februar meine Untersuchungshaft angeordnet hatte, entschied regelmäßig, dass eine neue Anhörung nicht notwendig wäre, und wies alle unsere Anträge mit der Begründung zurück, sie würden das Verfahren verzögern.

Eines Abends teilte mir einer meiner Anwälte mit, dass die Ermittlungskammer zum x-ten Mal eine Anhörung, um die Notwendigkeit der Zulassung eines Beweisstücks zu erörtern, die wir vor einigen Wochen beantragt hatten, abgelehnt hatte. Ich sehe mich noch, wie ich verärgert und enttäuscht mit einem bitteren Lächeln zu ihm sagte, dass ich den Eindruck hätte, die Richter hätten nur ein einziges Mal eine Anhörung zugelassen, nämlich die, bei der sie mich ins Gefängnis steckten.

Ich fühlte mich mehr als je zuvor wie David gegen Goliath: Meiner Seite, der sieben Personen angehörten, standen vier- oder fünfhundert Personen gegenüber, die direkt oder indirekt für die Bank arbeiteten. Am wenigsten verstand ich diese systematische Weigerung der Richter und der Ermittlungskammer, meinen Anträgen stattzugeben, denn sie hatten nur ein Ziel: die Stichhaltigkeit meiner Aussagen gegenüber dem Gericht zu beweisen.

---

18 Siehe Dokument 2 im Anhang.

Ende Januar 2009 gab es eine gute Nachricht: Daniel Bouton hatte sein inneres Gleichgewicht wiedergefunden. Zweifellos machte er sich ein Jahr nach Beginn meiner Affäre weniger Sorgen über die Kleinanleger, die – wie er damals gesagt hatte – durch meine Geschäfte geschädigt worden waren. Gegenüber einer englischen Zeitung erklärte er nämlich, dass er sehr entspannt sei und dass die Ereignisse ihn verändert hätten, und trieb die Ironie sogar so weit zu erklären, dass er aufgrund der Affäre Kerviel bedauerlicherweise monatelang sehr schlecht Golf gespielt hätte. Ich freute mich sehr für ihn. Meine eigenen Probleme wurden dagegen nicht geringer. Die letzte Anhörung durch Renaud Van Ruymbeke fand am 22. Januar statt. Ich verlas dabei eine Erklärung, die ich mithilfe von Rechtsanwalt Tissot verfasst hatte. Der Tonfall war sehr angriffslustig, denn ich behauptete darin, dass das Ermittlungsverfahren von der Société Générale beeinflusst worden wäre, was den Richter blass werden ließ. Dann führte ich auf etwa 15 Seiten detailliert auf, welche gravierenden Mängel im Lauf des Verfahrens gemacht worden waren, und kam noch einmal auf das Kontrollverfahren der Société Générale zu sprechen, wobei ich schriftliche Belege vorlegte. Aufmerksam und mit bleicher Miene hörte Renaud Van Ruymbeke meinen Ausführungen zu, ohne ein Wort zu sagen. Meine Schlussfolgerung entlockte ihm nicht die geringste Bemerkung:»In diesem Stadium des Ermittlungsverfahrens erscheint es mir unerlässlich, diese Erklärung abzugeben, um auf die beträchtlichen Lücken hinzuweisen, die dem mir unverständlichen und unerklärlichen Willen geschuldet sind, die Ermittlungen, die in vollem Umfang von der Société Générale gesponsert worden sind, so schnell wie möglich abzuschließen.« Ich verlangte, dass diese Erklärung in die Akten aufgenommen wurde, was sich als schwierig erwies. Darüber hinaus verlangte ich, dass die Kündigungsvereinbarungen zwischen einigen meiner ehemaligen Trader-Kollegen und der Bank in die Akten aufgenommen wurden[19]. Während der Anhörung hatten sie geschwiegen. Aber als die Société Générale ihnen nach meiner Entlassung gekündigt hatte, zahlte sie ihnen unter der Auflage, ihrem ehemaligen Arbeitgeber nicht zu schaden, beträchtliche Abfindungen. Die Kollegen taten sich keinen Zwang an, in den Kündigungsvereinbarungen zu erklären, dass ihre eigenen Praktiken – Scheingeschäfte und verschiedene Verschleierungstaktiken – üblich waren. Aus gutem Grund: Sie mussten ihre eigene Haut retten! Diese Erklärungen, die sie bei ihrer Entlassung der Société Générale gegenüber abgaben, stützten jedoch meine eigenen Aussagen; ich finde es allerdings schade,

---

19 Siehe Dokumente 3 und 4 im Anhang

dass die Kollegen, die ja auch einmal Freunde waren, sie nie im Büro des Richters abgegeben haben und dass die Richter, die davon Kenntnis erhielten, nicht die erforderlichen Schlussfolgerungen daraus zogen. Die Anhörung endete in eisigem Schweigen. Die Richter kündigten an, den Untersuchungsbericht vorzulegen, wenn die Ermittlungen abgeschlossen waren; wir würden in ein paar Tagen darüber informiert werden. Tatsächlich erfuhren wir in der folgenden Woche durch den offiziellen Bericht, dass das Ermittlungsverfahren beendet war. Es hatte sechs Monate länger gedauert, als Renaud Van Ruymbeke vorgesehen hatte, aber diese Verlängerung war sicher nicht unnütz gewesen. Es war uns gelungen, wichtige Dokumente aufzutreiben und sie in die Akten aufnehmen zu lassen: unter anderem den Bericht, den die Revision der Bank nach Abschluss ihrer Untersuchungen verfasst hatte und der heftige Kritik an einigen Praktiken der Société Générale übte, einige Informationen über die Glattstellungen meiner Positionen im Januar 2008, Belege der Wirtschaftsprüfer, die bewiesen, dass die Limits in den Handelsräumen regelmäßig überschritten werden und so weiter.

Renaud Van Ruymbeke blieb von diesen Belegen unbeeindruckt. Für ihn war im Sommer schon alles klar gewesen; und je länger die Sache sich hinzog, desto mehr drohte der Fall ihm in fachlicher Hinsicht zu entgleiten. Als ich einmal ein Gutachten forderte, erhob er folgenden Einwand: »Wenn ich jemand anderem die Zuständigkeit übertrage, bin ich nicht mehr Herr meines eigenen Ermittlungsverfahrens.« Mehr gab's dazu nicht zu sagen. Ihm zufolge hätten von dem ein Jahr andauernden Verfahren sechs Monate nur meinem Vergnügen gedient. Aber ganz egal, was er darüber denkt: Ich habe eine andere Auffassung davon, was in einem fairen Verfahren nützlich sein kann.

In der Zwischenzeit gab es weiterhin Diskussionen zwischen mir und meinen Anwälten. Zu den internen Streitereien um Platz eins in der Hierarchie gesellten sich Manöver im Umgang mit der Presse, die ich nicht duldete. Ich hatte gerade erst einen Fototermin für die Illustrierte Vanity Fair abgelehnt, dessen Notwendigkeit ich nicht einsah, als einige Mitglieder meines neuen Teams mich schon wieder dazu überreden wollten, der Sensationspresse einige Interviews zu geben. Ich erklärte ihnen, dass ich dieses Spiel nicht mitspielen wollte; zu viele Medien hatten seit Auffliegen der Affäre meine Aussagen schon verfälscht; außerdem war es mein Hauptanliegen, den Richter zu überzeugen. Also übernahmen meine Rechtsanwälte diese Aufgabe selbst. Einige von ihnen brachten meine Erklärungen in Umlauf, entwickelten ihre Verteidigungsstrategien in aller Öffentlichkeit, sprachen von undichten Stellen bei der Staatsanwaltschaft und so weiter.

Der Tropfen, der das Fass zum Überlaufen brachte, war ein ungenehmigtes Interview der Boulevardzeitung *Le Parisien*. Gegen Ende des Jahres 2008 rief mich einer meiner Anwälte an und bat mich um einen Gefallen: Er bat mich, eine mit ihm befreundete Journalistin zu treffen, die aus dem Mutterschaftsurlaub kam und sich in meinem Fall auf den neuesten Stand bringen wollte. Ich sah keine Notwendigkeit dazu. Aber der Anwalt ließ sich nicht abwimmeln. Da ich ihm schon kein Honorar zahlte, konnte ich ihm doch wenigstens diesen Gefallen tun ... Ich erklärte mich schließlich bereit, seine Bekannte zu treffen, um ihr die fachspezifischen Aspekte des Falls zu erklären. Im Lauf eines dreiviertelstündigen Gesprächs beschrieb ich ihr die betreffenden finanztechnischen Details und den Beruf des Traders. Einige Tage später bat sie um ein weiteres Gespräch, das ich zuerst ablehnte, weil ich fand, dass das ziemlich viel verlangt war; schließlich ließ ich mich aber doch überreden. Die Unterhaltung, bei der ich ihr die noch unklaren finanztechnischen Details erklärte, dauerte eine halbe Stunde. Dann wollte sie mich noch ein drittes Mal treffen, was ich aber rundweg ablehnte. Später erfuhr ich, dass sie vor meinen Absagen mehrere meiner Anwälte kontaktiert und gedroht hatte, unsere Gespräche wortwörtlich zu veröffentlichen, wenn sie nicht Einsicht in einige Akten des Falls erhalten würde. Ich rief also den Anwalt an, der den Kontakt geknüpft hatte, und berichtete ihm von dieser Erpressung. Er wurde ziemlich deutlich: »Da musst du schon selbst schauen, wie du klarkommst. Ich bin nicht dein Pressesprecher!« Ich konnte über diese Reaktion nur staunen und legte auf; dann rief ich meine anderen Anwälte an und forderte sie auf, die Anfragen von Journalisten in Zukunft abzulehnen.

Am 22. Januar 2008, dem Tag, an dem meine letzte Anhörung stattfinden sollte, erhielt ich um fünf Uhr morgens eine SMS von einer mir nahestehenden Person: »Hast du mit dem Parisien gesprochen?« Ich fiel aus allen Wolken, als ich zwei Stunden später die Schlagzeile auf Seite eins der Zeitung sah: Kerviel äußert sich. Der Artikel war eine Mischung aus Falschem und Wahrem, die geschilderten Begebenheiten waren verdreht und die Analysen unpassend. Die Ausdrücke »bull market« und »bear market« waren unter ihrer Feder zu »Ball-Markt« und »Bar-Markt« geworden ... Wo hatte sie das alles nur her? Ich war gleichzeitig belustigt, erstaunt und schockiert. Weniger wegen des Umstands, dass sie beispielsweise meine Bemerkung über das »Sponsoring« des Ermittlungsverfahrens durch die Société Générale übernommen hatte – für mich ging es dabei keineswegs um eine finanzielle Zuwendung, sondern darum, dass die Bank auf Kosten der Unabhängigkeit der Justiz bei den Ermittlungen alle Informationen geliefert hatte – als vielmehr wegen der Art und

Weise, wie einige meiner Äußerungen verdreht und verfremdet worden waren. Ich erfuhr später, dass einige meiner Anwälte derart mit der Zeitung unter einer Decke steckten, dass sie den Inhalt des Pseudo-Interviews am Tag zuvor abgesegnet hatten. Das war sehr ungeschickt und zeigte nebenbei das wahre Maß ihrer fachlichen Kompetenz. Ich beeilte mich, beim Sender RTL ein Dementi zu liefern. Einer meiner Anwälte, der sehr wütend war, forderte mich auf, das Dementi zurückzunehmen, was ich ablehnte. Er beeilte sich dann, auf der Treppe des Dezernats für Wirtschaftskriminalität zu erklären, dass es »ein Unterschied ist, ob man einem Journalisten oder seinem Bäcker was erzählt«, womit er zweifellos sagen wollte, dass ich für meine Worte mehr Verantwortung trug als eine Journalistin für ihre Fehler … Ich trennte mich sofort von dem ganzen Team, bis auf Francis Tissot, dessen Arbeit ich sehr schätzte. Und ich machte mich wieder auf die Suche. Und so beschloss ich, meine Verteidigung Olivier Metzner anzuvertrauen; er war mir wärmstens empfohlen worden und ich hatte ihn mehrfach getroffen, befürchtete aber, dass er meinen Fall ablehnen würde.

Meine Beziehungen zu gewissen Journalisten waren also gewiss nicht von allzu großer Herzlichkeit geprägt. Seit Beginn meiner Affäre hatten mehrere von ihnen an dem Bild mitgewirkt, das die Société Générale von mir zeichnen wollte: Mal war ich selbstmordgefährdet, mal größenwahnsinnig. Airy Routier, der durch die angeblichen SMS von Nicolas Sarkozy an seine Exfrau Cécilia zu Berühmtheit gelangt war, veröffentlichte die Nachrichten, die ich eine Zeitlang mit dem Makler Moussa Bakir ausgetauscht hatte. Einige davon klangen so, wie Gespräche unter Freunden klingen. Zu einem gelungenen Geschäft bemerkte mein Gesprächspartner ironisch: »Da zeigt sich wieder Kerviels Stärke.« Ich musste laut lachen. Airy Routier schrieb aber mir diesen Satz zu, was den Sinn natürlich völlig entstellte. Wenn man das las, wurde ich zu einem Typen mit übergroßem Ego, der sogar so weit ging, von sich selbst in der dritten Person zu sprechen … Der Journalist war so dreist, einen Angehörigen von mir auf dem Handy anzurufen, um Kontakt zu mir aufzunehmen und um ein Gespräch zu bitten. Das Gespräch war schnell vorbei, denn wie hätte ich zu einem Autor Vertrauen haben können, der einen so falschen Artikel verfasst hatte? Er versuchte vergeblich, mir zu erklären, dass er überarbeitet war und dass ich Verständnis für seinen Fehler haben müsste. Aber es gab dazu nichts mehr zu sagen. Ich weiß nicht, wer den Ausdruck geprägt hat, dass »die Wunden der Presse nie verheilen«; aber er hatte recht.

Olivier Metzner war erstaunt, als er meine Akte gelesen hatte. Es fiel ihm schwer, in den Ermittlungen die Arbeit zweier Richter wiederzuerkennen, deren berufliche Fähigkeiten er seit langem schätzte. Er versuchte, Berufung einzulegen, um die Wiederaufnahme des Verfahrens und die Einsetzung eines Experten zu erreichen. Aber wieder wies die Untersuchungskammer seine Anträge ab, ohne sich die Mühe zu machen, eine Anhörung anzuberaumen, um über ihren Nutzen zu beraten.

Das alles erschüttert das Vertrauen nicht, das ich dem Rechtswesen meines Landes bei der Suche nach der Wahrheit entgegenbringe. Ich bin sicher, dass die Strafkammer bei ihren Anhörungen die Aspekte berücksichtigen wird, die beim Ermittlungsverfahren ignoriert wurden. Einiges spricht jetzt schon dafür. Richter Van Ruymbeke hat sich immer geweigert, uns über die Beweismittel aufzuklären, die in der Bank sichergestellt worden waren – obwohl dieselbe Bank Kopien davon erhalten hat. Der Vorsitzende des Gerichts hat das teilweise eingeräumt, denn ab jetzt haben wir Zugang zu neuen Unterlagen in den Akten. Letztlich musste ich erst vor ein Strafgericht gestellt werden, um juristische Gleichbehandlung zu erfahren!

Ich hoffe, dass die öffentlichen Debatten in die Anklage einfließen, in deren Mittelpunkt ich stehe. Denn sie erlauben es, Licht in die Art und Weise zu bringen, wie eine große Bank sich mit ihren widersprüchlichen Anweisungen arrangiert, solange sie dadurch Gewinne einsteckt, wie sie diese aber auch manipuliert, wenn es darum geht, einen ehemaligen Angestellten fertigzumachen. Durch die Entdeckung neuer Dokumente, darunter jener, in denen die Kommunikationsstrategien der Société Générale nach dem 24. Januar 2008 genau beschrieben werden, begreife ich jetzt, wie die »Vernebelung« der Medien, der öffentlichen Meinung und der Finanzexperten bewerkstelligt wurde. Eine E-Mail von Christophe Mianné lieferte den Händlern den genauen Wortlaut der Mitteilungen, die sie an ihre Kontakte bei den anderen Banken weitergeben sollten. Beim Durchlesen musste ich über die Wortgewandtheit schmunzeln.

Durch diese E-Mail erfuhr ich, dass mein Beruf nicht Market-Maker, sondern Arbitrageur auf eigene Rechnung war und dass es zwischen den Geschäften auf eigene Rechnung und den Kundengeschäften »eine dicke *Chinesische Mauer*« gab … Wenn ich das vorher gewusst hätte! Angriff ist die beste Verteidigung, das darf man nicht vergessen.

Angreifen, statt seine eigenen Fehler zuzugeben. Man muss sagen, dass diese angebliche »*Chinese Wall*« so schmal war, dass ich drei Jahre lang unter der Aufsicht meiner Vorgesetzten Tag für Tag Geschäfte sowohl auf eigene Rechnung als auch für die Kunden getätigt hatte, so wie es zahlreiche meiner ehemaligen Kollegen unter Missachtung der Vorschriften wahrscheinlich immer noch machen.

Und das ist noch nicht mal das Schlimmste, denn ich war für die offizielle Bewertung verschiedener Fonds, darunter einige der bekanntesten der Pariser Börse (Lyxor, ETF, CAC 40, Eurostoxx ...) verantwortlich, ich ersetzte also die Fondsverwaltung, und das, obwohl sogar ein anderes Mitglied meines Teams für das Market-Making verantwortlich war. Um diese Praktik zu vertuschen, die gegen alle Compliance-Regeln verstieß, wurden die Informationen an die Banken, die diese Fonds verfolgten, mit der E-Mail-Adresse der Fondsverwaltung Lyxor Asset Management verschickt. Auf diese Weise sollte die Illusion der »*Chinese Wall*« noch glaubhafter gemacht werden ... Es ist bedauerlich, dass die Mitarbeiter der staatlichen Bankkommission mich nicht befragt haben; ich hätte ihnen diesbezüglich eine Menge erzählen können.

Mitteilung GED8/eqty/fr/socgen
Gesendet von

24.01.2008 10:43

An
cc
bcc
Betreff: Nachricht von Christophe Mianné - Intern FAQ

Zur Erinnerung finden Sie anbei die Nachricht von Daniel Bouton.
> Interne FAQ – Englische Version
> Interne FAQ – Französische Version

Bei diesem Dokument handelt es sich um ein internes Schriftstück, welches Ihnen einige einfache Richtlinien an die Hand gibt, um die Fragen Ihrer Kunden zu beantworten. Da es sich um ein internes Dokument handelt, ist es Ihnen nicht gestattet, Ihren Kunden eine schriftliche Mitteilung mit diesem Inhalt zu übersenden.
Es ist Ihnen nicht gestattet, mit Journalisten zu sprechen. Die Kommunikationsabteilung ist für alle öffentlichen Mitteilungen verantwortlich.

Kernbotschaften
1. Für die SG besteht kein Konkursrisiko.
Die Bank ist solide und beständig. Darüber hinaus wurde zwischen Sonntag, den 20. Januar, und Mittwoch, den 23. Januar ,eine Kapitalaufstockung in Höhe von 5,5 Milliarden Euro vorgenommen. Zwei große internationale Banken, die J.P. Morgan und die Morgan Stanley Bank, haben innerhalb von 3 Tagen für diese Kapitalaufstockung gebürgt, was die Solidität der Société Générale beweist. Diese Kapitalaufstockung wird dafür sorgen, dass unser Eigenkapital auf dem Niveau der weltweit besten Bank bleibt. Sie wird es uns erlauben, unsere Entwicklung weiter zu verfolgen und dabei wie in den vergangenen Jahren kontinuierlich beste Leistungen zu erzielen.
2. Der Verlust der GEDS ist auf die Unterschlagung eines Händlers zurückzuführen.
Dieser Händler hat die internen Kontrollabläufe mutwillig umgangen. Als diese Unterschlagung am Samstag, den 19. Januar, entdeckt wurde, war der Verlust noch nicht so beträchtlich, es wurde jedoch beschlossen, die Position zu verkaufen, und durch den »schwarzen Montag« wurde der Verlust deutlich erhöht.
3. Dieser Verlust steht mit Arbitrage-Aktivitäten auf eigene Rechnung in Zusammenhang.
Er ist somit völlig unabhängig vom Kundengeschäft (es gibt eine dicke chinesische Mauer zwischen beiden Tätigkeitsbereichen).

4. Das Geschäftsmodell der GEDS ist durch diesen Verlust in keiner Weise gefährdet.
Ohne diesen punktuellen Verlust, der mit einer Arbitrage-Mikroaktivität zusammenhängt, hätten die Gewinne von GEDS 2007 ein Rekordniveau erreicht, und das trotz einer sehr problematischen Marktsituation im zweiten Halbjahr.
5. GEDS wurde bereits früher mit Krisensituationen in Zusammenhang mit Märkten konfrontiert und konnte diese stets erfolgreich bewältigen.
Insbesondere hat GEDS stets eine Notierung und einen Service in Zusammenhang mit seinen Produkten sichergestellt, und zwar unabhängig vom Kontext.
6. GEDS bleibt auch künftig das Aushängeschild der SG.
GEDS wird seine Bemühungen verdoppeln, um diese Aktivität intensiv weiterzuentwickeln. Dabei werden wir kontinuierlich auf die Maßnahmen setzen, die vor Eintritt dieses Verlusts unternommen wurden.
7. Das Fitch-Rating der SG ist gesunken, es liegt jetzt bei AA– (Rückgang um eine Stufe).

FAQ
F: Wie konnte die SG solche Verluste erleiden?
A: Diese Verluste sind auf ein einzelnes Ereignis in der Arbitrage-Aktivität zurückzuführen, bei der es sich um eine Aktivität auf eigene Rechnung der SG handelt; es gibt eine dicke chinesische Mauer zwischen dieser Aktivität und den Aktivitäten, die die GEDS für Kunden ausführt.

F: Wann wurden die Verluste entdeckt?
A: Am Samstag, den 19. Januar 2008. Die Verluste waren zu diesem Zeitpunkt noch begrenzt, wurden jedoch aufgrund der äußerst problematischen Marktbedingungen zu Wochenbeginn verstärkt, wodurch sich die auf dem Spiel stehenden Beträge deutlich erhöht haben. Die Verluste werden auf das Geschäftsjahr 2007 verbucht. Ohne diesen außergewöhnlichen Verlust hätte GEDS ein Rekordjahr verzeichnet. Die Geschäftsführung der SG ist zuversichtlich, dass das Geschäftsmodell der GEDS solide ist.

F: Warum wurden diese Vorgänge nicht eher entdeckt?
A: Der betroffene Händler hat die Kontrollen bewusst umgangen. Er hat unsere Systeme und die Abläufe des Back-Office manipuliert, um die Aufdeckung zu vermeiden. Der Betrug wurde von einem Manager entdeckt.

F: Gibt es weitere hohe Verluste, über die wir nicht informiert sind?
A: Wir haben alles in unserer Macht Stehende getan, um eine perfekte Transparenz der SG-Positionen zu erhalten. Es handelt sich um einen seltenen und vereinzelten Zwischenfall, und wir sind sicher, durch unsere Recherchen alle verdächtigen Transaktionen entdeckt zu haben. Wir werden weiterhin beträchtliche Ressourcen einsetzen, um dafür zu sorgen, dass die Bank künftig vor solchen Zwischenfällen geschützt ist.

F: Stehen die betroffenen Transaktionen mit unserer Aktivität in Zusammenhang?
A: Nein. Die Arbitrage-Aktivität ist vollständig von unseren Kundenaktivitäten getrennt. Die chinesische Mauer zwischen unseren Kundenaktivitäten und dem Handel für unser eigenes Konto ist felsenfest. Der beschuldigte Händler war nicht für Preisfestsetzung der Kundenprodukte oder das Management der Kundenpositionen verantwortlich.

Andere Dokumente werden, dessen bin ich mir sicher, den eindeutigen Beweis erbringen, dass meine Kollegen sich gegenüber den angeblichen Regeln der Bank dieselben Freiheiten herausgenommen haben. Fälschungen, Gebrauch von Fälschungen, Vertrauensmissbrauch, Eingabe falscher Daten in die Handelssysteme: Das sind die Anschuldigungen, gegen die ich mich zur Wehr setzen muss. Das werde ich tun. Obwohl ich weiß, dass ich Fehler gemacht habe, besitze ich noch genug Selbstbewusstsein.

Denn ich bin kein Symptom der Finanzkrise, kein Vorbote des Orkans, der die Weltwirtschaft in den Monaten nach Beginn meiner Affäre heimgesucht hat; ich bin nur ein Mann, der in einem Banksystem Fehler gemacht hat, das diese Fehler lange Zeit toleriert hat, weil es davon profitierte. Deswegen kann mein Prozess kein »Schauprozess« sein, der große Exorzismus, mit dem das ganze System seine Jungfräulichkeit zurückgewinnt, indem man einen Sündenbock benennt.

Ich hatte im Jahr 2005, meinem ersten Jahr als Trader, Gewinne von fünf Millionen Euro gemacht, indem ich begonnen hatte, gegen die Regeln zu verstoßen; obwohl man wusste, dass dieses Ergebnis auf Kosten von offiziell nicht zulässigen Risiken erzielt worden war, hatte man für 2006 dasselbe Ergebnis von mir gefordert. In diesem Jahr machte ich zehn Millionen Euro Gewinn für die Bank, indem ich noch etwas mehr gegen die Regeln verstieß. Das Ziel für 2007 wurde also auf zehn Millionen gesetzt, wobei mein Tätigkeitsbereich um etwa 80 Prozent eingeschränkt wurde. Ich verdiente 55 Millionen, indem ich dieselben Regeln noch stärker übertrat. Wie viel hätte man 2008 von mir verlangt, wenn meine Affäre nicht geplatzt wäre? Ich wage nicht, es mir vorzustellen. Nach und nach war die Ergebniskultur zu einer Leistungskultur geworden, bevor sie zu einer Hochleistungskultur wurde. Das Ende war nicht abzusehen. Ohne mir dessen bewusst zu sein, war ich immer auf einer Flucht nach vorne gewesen, der ich nie mehr hätte entkommen können. So verkörpert jeder Trader auf seine Art den Ikarus-Mythos: immer höher, also immer näher an die Sonne und damit immer näher an den Absturz. Das Schlimme ist, dass ich mir dessen nicht bewusst war. Diese Ziele waren ein starker Antrieb für die Motivation. Und außerdem sagte ich mir nicht ohne Stolz, dass man im Schoß dieser großen Familie, wo letztendlich jeder jeden unterstützte, wohl mit mir zufrieden sein musste, wenn man meine Ziele immer höher setzte ... Jedem zu erlauben, in seinem eigenen Winkel zu arbeiten, und ihn gleichzeitig davon zu überzeugen, für das ganze Handelsdesk tätig zu sein; gleichzeitig allein vor seinem Bildschirm zu sitzen und Teil einer angeblich verschworenen Gemeinschaft zu sein: Das ist eine der Triebfedern des Trading, und zwar nicht die geringste. Einzelgängertum und Solidarität – der ideale Trader vereint alle Vorteile in sich: die Handlungsfreiheit des Selbstständigen und die Sicherheit des Angestellten. Aber die Wirklichkeit ist, wie mittlerweile wohl deutlich geworden ist, ganz anders. Sie trägt einen Namen: das Räderwerk. Das Räderwerk eines Systems, das den Menschen benutzt, bis es ihn zermalmt, das Räderwerk des Verhaltens genau dieser Menschen, die sich nicht mehr unter Kontrolle haben, das Räderwerk der persönlichen Interessen, die verhindern, dass die Wahrheit ans Tageslicht kommt. Was bedeuten unter diesen Umständen die schönen Worte von individueller Freiheit und Zusammenhalt der Gemeinschaft? Absolut gar nichts.

In einem Börsenraum herrschen drei Verhaltensweisen vor: Erstens das Schweigegelübde, welches verbietet, über Dinge zu reden, die Verärgerung hervorrufen könnten, während man Praktiken anwendet, die unlängst als institutioneller Betrug zu Lasten der Sparer beurteilt wurden. Zweitens der Autismus, der jedem erlaubt, so zu tun, als wisse er nicht, was vor sich geht. Und drittens die Blindheit, weil alle, die etwas sehen sollten, nichts sehen, während die Wahrheit ihnen täglich ins Auge springt.

Es ist nicht verwunderlich, dass es unter diesen Umständen wenig Lärm verursacht, wenn Affären auffliegen. In Tokio war vor einigen Monaten ein Trader der Société Générale in eine ähnliche Affäre verwickelt wie ich; die Bank entließ ihn, ohne jedoch Strafanzeige zu stellen, wie die staatliche Bankkommission kritisiert hatte.

In La Défense war ein Trader, der in einem Börsenraum in der Etage unter mir arbeitete, aufgeflogen, als er mit Scheingeschäften einen großen Verlust gemacht hatte. Er hatte nicht den geringsten finanziellen Vorteil davon gehabt. Seine direkten Vorgesetzten wuschen ihm gewaltig den Kopf. Er ließ den Anpfiff wortlos über sich ergehen, rief dann seine Frau an, um ihr zu sagen, sie solle seinen Kindern einen Kuss von ihm geben. Dann verließ er den Turm, ging einige Meter weit und stürzte sich von einer Brücke. Er war auf der Stelle tot. Die Bank veröffentlichte eine knappe Todesanzeige.

Kürzlich hat die Presse verbreitet, dass der Angestellte einer Tochterfirma der Société Générale, die ebenfalls ihren Sitz in La Défense hat, zwei Millionen Euro unterschlagen hat. Erstaunlicherweise erregte diese Affäre in den Medien keine große Aufmerksamkeit, und es scheint, als seien keinerlei Sanktionen gegen den Angestellten eingeleitet worden.

Und währenddessen laufen die Geschäfte in den Handelsräumen von Paris, Tokio und anderswo auf Hochtouren, zirkulieren in den EDV-Systemen riesige Summen mit wahnwitziger Geschwindigkeit, werden enorme Boni gezahlt, werden bei Gewinnen freundlich Schultern geklopft und bei Verlusten die Blicke betreten abgewendet. *Trading must go on.*

Jetzt sind es nur noch wenige Wochen bis zu meinem Prozess. Nachdem ich zwei Jahre lang ununterbrochen unter dem Beschuss meines ehemaligen Arbeitgebers und einiger Medien gestanden habe, nach einem lückenhaften, schlecht geführten und parteiischen Ermittlungsverfahren, bereite ich mich in aller Ruhe auf diesen Termin vor. Ich höre oft, dass über meinem Kopf ein Damoklesschwert schwebt. Ich mag dieses Bild nicht; Renaud Van Ruymbeke hat es benutzt, um mich davon zu überzeugen, seine Ermittlungen zu akzeptieren. »Sie können von einem kurzen Ermittlungsverfahren nur profitieren, Monsieur Kerviel; andernfalls wird während seiner gesamten Dauer ein Damoklesschwert über Ihnen schweben.« Ich antwortete ihm, dass ich keinen Sprint absolvieren würde, sondern einen Langstreckenlauf; dass es mir nicht darum ginge, die Ermittlungen schnellstmöglich hinter mich zu bringen, sondern dass für mich nur die Wahrheit zählte.

Jetzt blicke ich auf das Trümmerfeld, das aus meinem Leben geworden ist; ich kann nichts Neues aufbauen, bevor der Prozess beendet ist. Von seinem Ausgang hängt meine Zukunft ab. Nur er kann das Andenken an meinen Vater reinwaschen, die Wahrheit wiederherstellen, zeigen, dass es viele Verantwortliche gibt, nicht nur mich. Dafür muss eine Bedingung erfüllt sein, aber sie ist unerlässlich: Werden diejenigen, die die Wahrheit kennen, den Mut aufbringen, vor den Richtern zu bezeugen, wie es in einem Handelsraum zugeht? Einige von ihnen haben mir unter vier Augen anvertraut, dass sie auf meiner Seite sind. Leider haben sie sich bisher geweigert, öffentlich auszusagen, weil sie Repressalien bis hin zum Verlust ihres Arbeitsplatzes fürchten. Obwohl einige meiner ehemaligen Kollegen am Anfang dessen, was später die »Kerviel-Affäre« wurde, zugesagt hatten, sich zu meinen Gunsten zu äußern. Das beweist folgender Artikel, der am 29. Januar 2008 in der Zeitung *Le Monde* erschien:

Es bleiben viele Fragen offen«, urteilt ein ehemaliger Trader der Bank. »Monsieur Kerviel soll 140.000 Kontrakte auf den Dax-Index gekauft haben. Kein Trader ist ermächtigt, so viele Kontrakte zu kaufen – das ist schon sehr erstaunlich«, erklärt der ehemalige Angestellte der Société Générale. Er kann auch nicht erklären, wie Monsieur Kerviel die Einschüsse für seine Transaktionen umgehen konnte. Es sei denn, er hat Gewinne gemacht … Und das hat er, nach Aussage mehrerer seiner Kollegen: »Er hat nie Verluste gemacht, außer in den letzten Tagen«, bestätigt einer von ihnen, »deswegen ist er aufgeflogen.« Ende Dezember, so erzählen sie, seien seine Gewinne sogar »schwindelerregend« gewesen, sie hätten anderthalb Milliarden Euro betragen. Es war in der Bank bekannt, dass in seiner Abteilung die Performance außergewöhnlich hoch war. Und dass sie einen Rekordbonus bekamen.

Wie ich bereits beschrieben habe, hat die Bank in einem Jahr tatsächlich Einschüsse in Höhe von fast 30 Milliarden Euro für meine Positionen gezahlt und erhalten. Die Aussagen der interviewten Person sind also wahr und können überprüft werden. Diese anonyme Zeugenaussage beweist außerdem, falls das noch nötig wäre, dass man in der Bank von meinen Gewinnen wusste und dass es nur zu meinem »Sturz« gekommen ist, weil die Dinge Anfang 2008 eine schlechte Wendung genommen haben.

Ich appelliere hiermit an alle, die in der Lage sind, uns zu unterstützen und irgendwelche Informationen beizusteuern. Sie sollen dabei helfen, den Richtern und der Öffentlichkeit die Augen zu öffnen – nicht nur über meine Affäre, sondern über die Wahrheit des Trading. Wenn die öffentliche Meinung und die Justiz diese Praktiken erst einmal kennen, werden diejenigen, die dazu beigetragen haben, sie anzuprangern, nichts mehr zu befürchten haben. Im Gegenteil: Sie werden die Befriedigung erfahren, zur Aufdeckung der Wahrheit beigetragen zu haben. Von den anderen habe ich nichts mehr zu erwarten. Denn wie sagte schon Aristoteles: »Wer nicht mehr dein Freund ist, ist es nie gewesen.«

Ich habe die Lehren aus meiner Geschichte gezogen: Jahrelang hat sich meine Existenz nur um die Arbeit gedreht, auf Kosten derjenigen, die mir lieb und teuer sind. Ich weiß, dass ich mein Leben nur mit ihrer Hilfe wieder auf eine solide Basis stellen kann. Ansonsten werde ich nicht aufhören, dafür zu kämpfen, dass der Name meines Vaters von dem Schmutz und den Lügen reingewaschen wird, die ihn seit jenem 24. Januar 2008 beflecken. Ich weiß, dass es ein langer und schwieriger Kampf werden wird, aber ich werde ihn bis zum letzten Atemzug führen.

Papa, das verspreche ich dir.

Anhang

Dokument 1

 /fr/socgen
12.07.2007 10:22

An
cc
bcc
Betreff: Re: Differenz Intercos Clickoptions - U7003 (C1)

Verlauf: Diese Nachricht wurde beantwortet

Hallo _____,
könntest du den Gegenwert dieser Transaktionen bitte bevorzugt prüfen, damit wir heute Nachmittag noch die entsprechenden Korrekturen vornehmen können?
Diese oberen 5 sorgen für eine *Interco-Differenz von 790 Millionen in der Gewinn-und-Verlust-Rechnung und mehr als 1 Milliarde € in der Bilanz*, wir können diese Situation in keinem Fall heute Abend an DEVL/ COM melden.
Sämtliche Konsolidierungsphasen wurden in Anbetracht des Veröffentlichungszwangs Anfang August um einen Tag vorverlegt, heute Abend ist also mit frostigen Temperaturen bei J+9 zu rechnen.
Danke für dein Verständnis.
Herzliche Grüße

Dokument 2

Interne Kontrollverfahren der Finanz- und Buchhaltung
Unabhängige Erzeuger von Buchhaltungsdaten im *Front Office*
Die Qualität und Objektivität der Buchführungs- und Verwaltungsdaten
wird durch die Unabhängigkeit der *Back Offices* und *Middle Offices* von
den Vertriebsteams sichergestellt. Die Kontrolle der Finanz- und Buchführungsdaten, die von letzteren vorgenommen wird, beruht auf einer
Reihe von Kontrollen, die in den Abläufen des Konzerns festgelegt sind:

• tägliche Überprüfung der wirtschaftlichen Realität sämtlicher gemel-
deter Informationen;
• Abgleich der Buchführungsdaten und der Verwaltungsdaten nach spe-
zifischen Verfahren innerhalb der vorgegebenen Fristen.

Dokument 3

Société Générale
Corporate & Investment Banking

Zu Händen Herrn ___
Per Einschreiben mit Rückschein

Paris, den 20. Mai 2008

Sehr geehrter Herr ___,
im Anschluss an die vorausgehende Anhörung, die am Montag, dem 5. Mai 2008 stattgefunden hat, möchten wir Sie hiermit darüber informieren, dass die Société Générale beschlossen hat, Ihren Arbeitsvertrag zu kündigen.

Wir sind aufgrund unzulänglicher fachlicher Leistungen zu dieser Entscheidung gekommen.

Sie waren für die Aktivität Delta One verantwortlich.

Diesbezüglich war es Ihre Aufgabe, diese Aktivität aufmerksam zu überwachen, insbesondere durch die Ausbildung von verantwortlichen Leitern für Ihre Teams, und eine genaue Überwachung vorzunehmen, indem Sie die Ordnungsmäßigkeit aller durchgeführten Transaktionen überprüfen, die nötigen Kontrollen durchführen und bei Bedarf geeignete Maßnahmen ergreifen.

Es stellt sich jedoch heraus, dass die von Ihnen durchgeführte Überwachung mehr als lückenhaft war.

Dies hat sich sowohl in Ihrer Funktion als zuständiger Verantwortlicher für die Aktivität Delta One als auch während der Zeit Anfang 2007 gezeigt, in der Sie die direkte Verantwortung für das Team *Delta One Listed Products* hatten.

Während dieses Zeitraums haben Sie Aufgaben an andere delegiert, für deren Ausführung Sie persönlich verantwortlich waren (Überprüfung des Ergebnisses oder der täglichen Gewinn-und-Verlust-Rechnung, Überprüfung des CPM am Monatsende), dies ging sogar so weit, dass Sie die Überwachung der täglichen Risiken vernachlässigt haben, obgleich Ihnen der Stellenwert dieser Aufgabe durchaus bewusst war.

Allgemein ausgedrückt ging Ihre oberflächliche Überwachungstätigkeit sogar so weit, dass Sie sich mit Belegen des »Reporting« zufriedengegeben haben, obgleich Ihnen bewusst war, dass es sich dabei lediglich um Zusammenfassungen handelte, die vom neuen Verantwortlichen des Teams »Delta One Listed Products« noch nicht überprüft worden waren.

So haben Sie sich mit Erklärungen der Ergebnisse (Gewinn-und-Verlust-Rechnung) zufriedengegeben, die ungenau und häufig lapidar waren (vor allem für Turbo-Produkte), oder Sie haben kein spezifisches »Reporting« für die neue Arbitrage-Tätigkeit auf Optionsscheine gefordert, die im Juli 2007 aufgenommen wurde.

Dieser Logik folgend haben Sie zu keinem Zeitpunkt die beträchtliche Beteiligungshöhe eines der Händler, im vorliegenden Fall Jérôme Kerviel, beim Ergebnis der Aktivität in 2007 hinterfragt.

Sie haben weder Erläuterungen noch Ursprungsnachweise für bestimmte Ergebnisse (Gewinn-und-Verlust-Rechnung) verlangt, die sich jedoch auf eine beträchtliche Summe beliefen. So haben Sie trotz eines gemeldeten Ergebnisses von 25 Millionen Euro keinerlei Dokumente angefordert, obgleich dieser Betrag insbesondere angesichts der Aktivität, aus der dieses Ergebnis stammen sollte, ungewöhnlich hoch war.

Ebenso haben Sie nicht auf Warnzeichen reagiert, in denen auf verdächtige Sachverhalte hingewiesen wurde.

So haben Sie im April und Mai 2007 E-Mails erhalten, die Sie auf beträchtliche Differenzen an den Schnittstellen hinwiesen (vor allem im April auf eine Differenz von 94 Millionen Euro); eine detaillierte Analyse dieser E-Mails hätte es Ihnen ermöglicht, eine Anomalie festzustellen, insbesondere im Hinblick auf die Nutzung von »fiktiven« Futures und Forwards und die erhöhte Anzahl der DAX-Futures Verträge.

Die Tatsache, dass Jérôme Kerviel im Juli 2007 eine Milliarde Euro geliehen hat, hat Sie ebenfalls nicht zu der kleinsten Bemerkung veranlasst, obgleich eine solche Summe in keinem Verhältnis zum generierten Kapitalbedarf der betreffenden Produkte stand.

Bei dieser Anhörung, die am 5. Mai diesen Jahres stattfand, haben wir Ihnen die Gründe dargestellt, die uns dazu veranlasst haben, eine Kündigung Ihres Arbeitsvertrags in Betracht zu ziehen, und haben Ihre Erläuterungen dazu gehört. Diese haben es uns jedoch nicht ermöglicht, unsere Sichtweise der Fakten zu ändern.

Folglich sehen wir uns gezwungen, Ihnen hiermit Ihre Entlassung mitzuteilen.

Die Kündigung Ihres Arbeitsvertrags tritt folglich mit Ablauf Ihrer 3-monatigen Kündigungsfrist in Kraft, die am Folgetag des Tages beginnt, an dem das vorliegende Schreiben erstmalig zugestellt wurde, vorbehaltlich des Ergebnisses eines möglichen Revisionsantrags, den Sie uns entweder direkt oder über die Personalvertreter oder die Vertreter der Gewerkschaftsorganisationen innerhalb von 10 Tagen ab der ersten Zustellung dieses Schreibens zusenden können.

Wir entbinden Sie während der Dauer der Kündigungsfrist von der Erfüllung Ihrer Pflichten, Sie erhalten jedoch bis zu dem Tag, an dem die Kündigung Ihres Arbeitsvertrags wirksam wird, weiterhin Ihr Gehalt, als Basis dient Ihr Grundgehalt.

Nach Ablauf dieser Kündigungsfrist erhalten Sie eine Abschlusszahlung, außerdem ein Arbeitszeugnis und eine ASSEDIC-Bescheinigung.

Wir möchten Sie außerdem darüber informieren, dass Sie zum Kündigungszeitpunkt Ihres Arbeitsvertrags in Anwendung von Artikel L933-6 des französischen Arbeitsgesetzbuchs ein individuelles Recht auf Weiterbildung (DIF) im Umfang von 80 Stunden erworben haben.

Sie haben diesbezüglich die Möglichkeit, an einer Schulung, Feststellung der Kompetenzen oder Anerkennung erworbener Kenntnisse teilzunehmen, dies muss jedoch zwingend vor Ablauf Ihrer Kündigungsfrist geschehen.

Die Mitteilung, die im Anhang beigefügt ist, erläutert die Modalitäten für die Inanspruchnahme Ihres individuellen Rechts auf Weiterbildung.

Mit freundlichen Grüßen

Vergleich

Zwischen den unterzeichnenden Parteien

Der Société Générale,
Aktiengesellschaft mit einem Kapital von 738.409.555 Euro, im Handels- und Gesellschaftsregister von Paris unter der Nummer B 552 120 222 geführt,

mit Gesellschaftssitz in 29, boulevard Haussmann, 75009 Paris, Frankreich,

vertreten durch _____, in seiner Eigenschaft als Direktor der Personalabteilung der GEDS, der zu den Zwecken des vorliegenden Rechtsgeschäfts ordnungsgemäß bevollmächtigt ist

und

Herrn

Vorbemerkungen
1/Sachverhalt
Herr ___ wurde ab dem _____ von der Société Générale als Händler eingestellt.
Zuletzt zeichnete er für die Aktivität Delta One verantwortlich. In dieser Funktion hatte er insbesondere die Aufgabe, diese Aktivität sorgfältig zu überwachen und die Ordnungsmäßigkeit der durchgeführten Transaktionen zu überprüfen.
Die Société Générale hat Herrn _____ signifikante Mängel und Nachlässigkeiten bei der Ausführung seiner Aufgaben vorgeworfen, insbesondere, was die Überwachung, Beaufsichtigung und die Kontrollaufgaben anbetrifft, die dieser hätte übernehmen müssen.
In Anbetracht dieser Sachverhalte, die laut Einschätzung der Société Générale die reibungslosen Abläufe des Unternehmens beeinträchtigen, hat sie beschlossen, gegen Herrn _____ ein Kündigungsverfahren einzuleiten.
Sie hat Herrn _____ folglich per Schreiben vom 22. April 2008 zu einer Voranhörung im Hinblick auf eine mögliche Kündigung eingeladen, diese Anhörung fand am 5. Mai 2008 statt.
Per Einschreiben, das am 26. Mai 2008 zugestellt wurde, wurde Herr _____ aufgrund unzulänglicher fachlicher Leistungen entlassen.

2/ Stellungnahme von Herrn _____
Herr _____ hat der Société Générale mitgeteilt, dass er diese Kündigung aufgrund eines Formfehlers für unrechtmäßig halte, außerdem handle es sich um eine ungerechtfertigte Entlassung, die sein berufliches Image stark gefährde.
Er hat die Gründe für seine Entlassung bestritten, da er der Ansicht ist, er habe die ihm übertragenen Aufgaben stets erfolgreich beendet, insbesondere in Anbetracht der ihm zur Verfügung stehenden Mittel; er vertrat den Standpunkt, er könne für die Vorwürfe, die ihm gemacht wurden, in keinem Fall allein verantwortlich gemacht werden.
Herr _____ hat somit geltend gemacht, dass die Unregelmäßigkeiten und Missstände, die in der Aktivität Delta One Listed Products aufgedeckt wurden, insbesondere auf die fehlende Organisation und fehlenden Mittel zurückzuführen seien, die nichts mit seinen Entscheidungen zu tun hätten, ganz im Gegenteil, er habe dies mehrfach bemängelt.
Er hat in dieser Hinsicht nachdrücklich auf das fehlende Personal, die laufenden Abgänge aus den verschiedenen Abteilungen und die unzureichenden Führungsinstrumente hingewiesen. Er hat klargestellt, er habe dem Verantwortlichen der Aktivität Delta One Listed Products präzise

Anweisungen erteilt, er habe ihn aufgefordert, an Schulungen teilzunehmen und im Übrigen auch die Aktivität regelmäßig zu kontrollieren.

Er hat die Tatsache hinzugefügt, dass ihn sein Vorgesetzter im Januar 2008 aufgefordert habe, die Aktivität Delta One zu erhalten und weiterzuentwickeln, so habe er selbst die unzulänglichen fachlichen Leistungen widerlegt, die Herrn _____ vorgeworfen werden.

Er hat schließlich geltend gemacht, dass er durch die Kündigung besonders benachteiligt wurde, insbesondere angesichts der brutalen Bedingungen und des Zusammenhangs, in dem diese Kündigung ausgesprochen wurde, sowie der daraus resultierenden finanziellen Konsequenzen, insbesondere im Hinblick auf die »aufgeschobenen Bonuszahlungen«.

Folglich hat er die Société Générale aufgefordert, die Schäden, die er seiner Ansicht nach erlitten hat, zu ersetzen, insbesondere im Hinblick auf die unrechtmäßige Kündigung, für die es keinen realen und guten Grund gab, den beruflichen, materiellen und ideellen Schaden; diese Entschädigung soll durch eine Schadenersatzzahlung erfolgen.

3/ Stellungnahme der Société Générale

Die Société Générale ist der Auffassung, dass die Kündigung von Herrn _____ gerechtfertigt sei, insoweit, als die Vorwürfe, die ihm gemacht werden, zweifelsfrei erwiesen sind.

Sie macht geltend, der Betroffene habe sich signifikanter Unzulänglichkeiten und Mängel bei der Kontrolle und Überwachung der Aktivität schuldig gemacht, für die er verantwortlich war; diese seien anhand von objektiven und nachprüfbaren Sachverhalten eindeutig erwiesen.

Sie wirft ihm somit vor, er habe nicht die nötigen Kontrollen und Prüfungen vorgenommen, sondern habe sich vielmehr mit äußerst unzulänglichen Belegen des Berichtswesens zufriedengegeben und nicht auf Warnzeichen reagiert, die auf verdächtige Sachverhalte hingewiesen hätten.

Die Société Générale hat darauf hingewiesen, diese Sachverhalte seien unzumutbar und würden die reibungslosen Abläufe des Unternehmens gefährden.

Angesichts dieser Bedingungen ist sie der Ansicht, dass die vertragliche Beziehung nicht fortgeführt werden kann; es wird darauf hingewiesen, dass sie nachdrücklich den Vorwurf bestritten hat, die Kündigungsmaßnahme sei einzig und allein auf die Ereignisse zurückzuführen, die zu Jahresbeginn aufgedeckt wurden.

Sie hat darüber hinaus klargestellt, dass Herr _____ keinen Anspruch auf eine Bonuszahlung hat und insbesondere die aufgeschobenen Bonuszahlungen nicht geltend machen kann, da die Regeln, die für solche Zahlungen gelten, Regeln, von denen auch Herr _____ Kenntnis hatte, ausdrücklich die Präsenz des Betroffenen vorsehen, um einen Anspruch auf eine solche Zahlung zu begründen.

Sie hat präzisiert, dass sie in der Lage sei, alle aufgeführten Sachverhalte auch zu beweisen.

Schließlich hat die Société Générale auch die völlig überzogene Höhe des Schadenersatzes, den Herr _____ für den Schaden fordert, der ihm seiner Ansicht nach entstanden ist, bestritten.

Letztendlich haben sich die Parteien angenähert und mit Unterstützung ihrer jeweiligen Berater nach wechselseitigen Zugeständnissen die Bedingungen und Konditionen des vorliegenden Vergleichs vereinbart.

1/ Modalitäten für das Ausscheiden

1.1. Die Parteien erinnern daran, dass die Kündigungsfrist von Herrn _____ am Abend des 27. August 2008 geendet hat.

Herr _____ wurde während dieser Zeit von der Ausübung seiner Tätigkeiten freigestellt, er erhielt weiterhin sein reguläres Gehalt, das ihm ohne Abzüge zu den üblichen Bedingungen ausgezahlt wurde.

1.2 Die Société Générale zahlt Herrn _____ als Abschlusszahlung folgende Summe:
- eine Ausgleichszahlung für bezahlte Urlaubstage, die dem erworbenen, aber nicht in Anspruch genommenen Urlaub bis zum 27. August 2008 entspricht, d.h. ein erworbener Urlaubsanspruch von 26 Tagen Jahresurlaub; dies entspricht einer Bruttoausgleichszahlung von 8.171,50 €.
- eine Ausgleichszahlung für erworbene Gleittage bis zum 27. Mai 2008, d.h. 12,5 Gleittage; dies entspricht einer Bruttoausgleichszahlung von 3.994,08 €;
- einen Bruttobetrag von 4.480,71 €; dieser entspricht 19,74 Tagen, die im Zeitsparkonto angelegt wurden;
die darauf anfallenden Sozialabgaben werden abgezogen,
- eine vertraglich vereinbarte Kündigungsabfindung, deren Höhe endgültig auf 49.035 € festgelegt wird (Nettobetrag).
1.3 Es wird daran erinnert, dass Herr _____ __ als Gegenleistung an ein Wettbewerbsverbot gebunden ist, diesbezüglich erhält er ab dem 27. August 2008 eine pauschale monatliche Abfindung in Höhe von 6.923 € (brutto). Dieses Wettbewerbsverbot und die Zahlung der dazugehörigen Abfindung enden am 27. Oktober 2008.
1.4 Zur Beendigung jedweden Rechtsstreits bezüglich des Abschlusses,

der Ausführung oder der Kündigung seines Arbeitsvertrags und zum Ersatz des entstandenen Schadens, der von Herrn _____ geltend gemacht wird, insbesondere hinsichtlich der Umstände seiner Entlassung, und als Pauschalabfindung für jedwede Summen, auch für Beträge, die in den oben aufgeführten Beträgen nicht enthalten sind, willigt die Société Générale ein, ihm im Rahmen eines pauschalen und endgültigen Vergleichs eine Bruttoentschädigung in Höhe von 750.000 € (siebenhundertfünfzigtausend Euro) zu zahlen.

Von dieser Abfindungssumme werden der Beitrag zur Tilgung der Sozialschuld, der allgemeine Sozialbeitrag sowie die fälligen Sozialabgaben abgezogen.

Diese Abfindung über einen Nettobetrag von 678.600,59 € (sechshundertachtundsiebzigtausendsechshundert Euro und neunundfünfzig Cent) wird Herrn _____ mit der Unterzeichnung des vorliegenden Vergleichs ausgezahlt.

2/ Pflichten von Herrn _____ und Pflichten der Société Générale

2.1 Herr _____ erklärt, er habe alle Unterlagen und Materialien jeglicher Art, die Eigentum der Société Générale sind, an diese zurückgegeben.

2.2 Herr _____ stellt fest, dass er mit den Zahlungen, die in Artikel 1 des vorliegenden Vergleichs aufgeführt sind, alle Summen oder Leistungen erhalten hat, auf die er im Rahmen seiner Mitarbeit bei der Société Générale oder den übrigen Gesellschaften des Konzerns Anspruch erheben kann.

Er verzichtet unwiderruflich darauf, von der Société Générale oder sonstigen Gesellschaften des Konzerns, dem die Société Générale angehört, sonstige Sach- oder Geldleistungen aller Art zu fordern (Gehalt, unabhängig davon, wie dieses Gehalt bezeichnet wird, Bonus, Prämienzahlungen aller Art, Erstattungen, Option auf die Zeichnung von Aktien, Gratisaktien, Entschädigungszahlungen aller Art: Abfindung wegen Nichteinhaltung der Kündigungsfrist, Abfindung für bezahlten Urlaub, Kündigungsabfindung, Schadenersatzzahlungen ...).

2.3 Vorbehaltlich der Zahlung der Summen, die in Artikel 1 aufgeführt sind, verzichtet Herr _____ auf jedwede Rechte sowie auf jegliche Prozesse oder Klagen, unabhängig vom Rechtsgrund, gegen die Société Générale oder eine andere Gesellschaft des Konzerns, dem die Société Générale angehört, oder ihre Geschäftsführer.

Er verpflichtet sich außerdem, sich weder direkt noch indirekt (insbesondere durch Zeugenaussagen) an Klagen oder Prozessen gegen die Société Générale oder eine der übrigen Gesellschaften des Konzerns, dem die Société Générale angehört, oder gegen deren Geschäftsführer zu beteiligen.

Im Gegenzug verzichtet die Société Générale auf jedwede Rechte, Klagen und Prozesse gegen Herrn _____, die mit dem Abschluss, der Durchführung oder der Kündigung seines Arbeitsvertrags zusammenhängen, sofern der Betroffene seinen Verpflichtungen nachkommt.

2.4 Herr _____ verpflichtet sich gemäß den Bestimmungen der vorliegenden Vereinbarung, die Interessen der Société Générale, der übrigen Gesellschaften des Konzerns und deren Geschäftsführer nicht zu schädigen.

Er verpflichtet sich insbesondere:

- die Vertraulichkeit der Informationen zu wahren, die sich auf die Tätigkeit der Société Générale und deren Zweigstellen und Partner beziehen, die ihm während der Ausübung seiner Tätigkeit bekannt geworden sind;

- keinen Kommentar und keine Erklärung hinsichtlich der Bedingungen für sein Ausscheiden aus der Gesellschaft und die Ausübung seiner Aufgaben innerhalb der Société Générale abzugeben;

- nichts zu tun, zu sagen, zu suggerieren oder zu unternehmen, was das Image, den Ruf und das Ansehen der Société Générale oder der übrigen Gesellschaften des Konzerns sowie von deren Angestellten, Geschäftsführern und Aktionären schädigen könnte.

Im Gegenzug verpflichtet sich die Société Générale, den Interessen von Herrn _____ nicht zu schaden.

Es wird darauf hingewiesen, dass die vorstehend aufgeführten Bedingungen eine entscheidende Bedingung für die Unterzeichnung des vorliegenden Vertrags durch die Parteien darstellen. Jeglicher Verstoß gegen diese Verpflichtungen führt dazu, dass der vorliegende Vergleich in Frage gestellt wird.

3/ Vergleich und Geheimhaltung

3.1 Die Parteien verpflichten sich, den Inhalt der vorliegenden Vereinbarung nicht offenzulegen, sofern sie zu einer solchen Offenlegung nicht gesetzlich verpflichtet sind. Beide Parteien verzichten außerdem darauf, sich öffentlich zum Ausscheiden von Herrn ____ zu äußern, um das Image oder den Ruf der jeweils anderen Partei nicht zu schädigen.

Die Parteien kommen überein, dass die hier beschriebene Geheimhaltungspflicht eine wesentliche Bedingung für die vorliegende Vereinbarung darstellt, die ohne diese Geheimhaltungspflicht nicht geschlossen werden kann. Jedweder Verstoß gegen diese Pflicht führt dazu, dass der vorliegende Vergleich in Frage gestellt wird.

3.2 Bei der vorliegenden Vereinbarung handelt es sich um einen Vergleich im Sinne von Artikel 2044 ff. des französischen Bürgerlichen

Gesetzbuchs, es gelten insbesondere die Bestimmungen von Artikel 2052, in denen Folgendes festgelegt ist:
»Die Vergleiche haben zwischen den Parteien die Wirkung eines letztinstanzlichen, rechtskräftigen Urteils. Sie können weder wegen Rechtsirrtums noch wegen Verletzung angefochten werden.«

Erstellt in Paris
am 03.09.2008
in zwei Originalexemplaren

Gelesen und genehmigt,
Belegschein für Vergleich

Verzicht auf Klage oder
Prozess jedweder Art

Gelesen und Genehmigt,
Belegschein für Vergleich

Verzicht auf Klage oder
Prozess jedweder Art

Dokument 4

Société Générale
Corporate & Investment Banking

Zu Händen Herrn ____
Einschreiben mit Rückschein

Paris, den 19. Mai 2008

Sehr geehrter Herr _____,
im Anschluss an die vorausgehende Anhörung, die am Dienstag, dem 29. April 2008 stattgefunden hat, möchten wir Sie hiermit darüber informieren, dass die Société Générale beschlossen hat, Ihren Arbeitsvertrag zu kündigen.
Wir sind aufgrund unzulänglicher fachlicher Leistungen zu dieser Entscheidung gekommen.
Sie waren innerhalb des Delta-One-Teams als Wertpapierhändler tätig.
In diesem Zusammenhang hatten Sie die Aufgabe, insbesondere bei der Verwaltung Ihrer Portfolios und der Durchführung der geplanten Transaktionen eine besondere Gründlichkeit und Wachsamkeit zu beweisen. Dies haben Sie jedoch nicht getan.
Sie haben zugelassen, dass am 19. Dezember 2007 Transaktionen auf eines Ihrer Portfolios gebucht wurden, obgleich diese eigentlich auf das Portfolio eines Ihrer Kollegen (im vorliegenden Fall auf das von Jérôme Kerviel) hätten gebucht werden müssen.
So haben Sie das Angebot von Herrn Kerviel angenommen, das Ergebnis (Gewinn-und-Verlust-Rechnung), das sich auf eine beträchtliche Summe belief (1 Million €) in Ihrem Portfolio zu belassen, obgleich dieses eigentlich Herrn Kerviel hätte zugeordnet werden müssen.
Die Erläuterungen, die Sie angeblich für diese Vorgehensweise von ihm erhalten haben (»Valorisierung« nicht erforderlich und falsch verstandene Anweisungen aus dem Middle Office), sind absolut unzureichend.
Sie haben sich jedoch damit zufriedengegeben und Ihren Vorgesetzten nicht informiert, Sie haben sich folglich fahrlässig gezeigt und zumindest bewiesen, dass es Ihnen an kritischem Urteils- und Entscheidungsvermögen fehlt.
Ebenso haben Sie zugelassen, dass Provisionen am 20. Dezember 2007 auf eines Ihrer Portfolios verbucht wurden, die anschließend am 24.

Dezember 2007 in zwei Schritten storniert wurden; hier zeigt sich erneut eine Vorgehensweise, die von Nachlässigkeit geprägt ist.

Sie haben außerdem am 3. Januar 2008 eine bestimmte Anzahl Transaktionen mit Wertstellungsdatum 28. Dezember 2007 durchgeführt oder erfasst, was dazu geführt hat, dass das Ergebnis für 2007 auf das Jahr 2008 übertragen wurde, laut Ihren Angaben im Hinblick auf ggf. fällige »Gebühren«.

Damit haben Sie einen offensichtlichen Mangel an Zuverlässigkeit gezeigt.

Darüber hinaus haben Sie zu keinem Zeitpunkt Ihren Vorgesetzen informiert und allein schon dadurch die erforderliche Transparenz, die für die Ausübung Ihrer Aufgaben unumgänglich ist, vernachlässigt.

Dieser Mangel an Professionalität ist eine Quelle von Komplikationen und Konflikten, da er dazu führt, dass der Beitrag des Einzelnen nicht mehr ersichtlich ist, außerdem wird die Lesbarkeit der Transaktionen gefährdet.

Dies ist nicht vereinbar mit der Ausübung Ihrer Funktionen, die insbesondere Zuverlässigkeit und Transparenz erfordern.

In diesem Zusammenhang ist die Société Générale gezwungen, gegen Sie ein Kündigungsverfahren aufgrund unzulänglicher fachlicher Leistungen einzuleiten, und hat Sie vorab zu einer Anhörung eingeladen.

Bei dieser Anhörung, die am 29. April diesen Jahres stattfand, haben wir Ihnen die Gründe dargestellt, die uns dazu veranlasst haben, eine Kündigung Ihres Arbeitsvertrags in Betracht zu ziehen, und haben Ihre Erläuterungen dazu gehört. Diese haben es uns jedoch nicht ermöglicht, unsere Sichtweise der Fakten zu ändern.

Folglich sehen wir uns gezwungen, Ihnen hiermit Ihre Entlassung mitzuteilen.

Die Kündigung Ihres Arbeitsvertrags tritt folglich mit Ablauf Ihrer 3-monatigen Kündigungsfrist in Kraft, die am Folgetag des Tages beginnt, an dem das vorliegende Schreiben erstmalig zugestellt wurde, vorbehaltlich des Ergebnisses eines möglichen Revisionsantrags, den Sie uns entweder direkt oder über die Personalvertreter oder die Vertreter der Gewerkschaftsorganisationen innerhalb von 10 Tagen ab der ersten Zustellung dieses Schreibens zusenden können.

Wir entbinden Sie während der Dauer der Kündigungsfrist von der Ausführung Ihrer Aufgaben. Sie erhalten jedoch bis zu dem Tag, an dem die Kündigung Ihres Arbeitsvertrags wirksam wird, weiterhin Ihr Gehalt; als Basis dient Ihr Grundgehalt.

Nach Ablauf dieser Kündigungsfrist erhalten Sie eine Abschlusszahlung, außerdem ein Arbeitszeugnis und eine ASSEDIC-Bescheinigung.

Wir möchten Sie außerdem darüber informieren, dass Sie zum Kündigungszeitpunkt Ihres Arbeitsvertrags in Anwendung von Artikel L933-6 des französischen Arbeitsgesetzbuchs ein individuelles Recht auf Weiterbildung (DIF) im Umfang von 80 Stunden erworben haben.

Sie haben diesbezüglich die Möglichkeit, an einer Schulung, Feststellung der Kompetenzen oder Anerkennung erworbener Kenntnisse teilzunehmen; dies muss jedoch zwingend vor Ablauf Ihrer Kündigungsfrist geschehen.

Die Mitteilung, die im Anhang beigefügt ist, erläutert die Modalitäten für die Inanspruchnahme Ihres individuellen Rechts auf Weiterbildung.

Mit freundlichen Grüßen

Vergleich

Zwischen den unterzeichnenden Parteien

Der Société Générale,
Aktiengesellschaft mit einem Kapital von 738.409.055 Euro,
im Handels- und Gesellschaftsregister von Paris unter der Nummer B 552 120 222 geführt,
mit Gesellschaftssitz in 29, boulevard Haussmann, 75009 Paris, Frankreich,
vertreten durch _____, in seiner Eigenschaft als Direktor der Personalabteilung der SGCIB, der zu den Zwecken des vorliegenden Rechtsgeschäfts ordnungsgemäß bevollmächtigt ist

und

Herrn

Vorbemerkungen
1/ Sachverhalt
Herr ___ wurde am 11. Januar 2001 von der Société Générale als Wertpapierhändler eingestellt.
Zuletzt war er als Wertpapierhändler im Team Delta One tätig.
Die Société Générale hat Herrn _____ fehlende Sorgfalt und Transparenz sowie Nachlässigkeiten bei der Ausführung seiner Aufgaben vorgeworfen, insbesondere, was die Verwaltung seines Portfolios und die Realisierung der durchgeführten Transaktionen anbetrifft.
In Anbetracht dieser Sachverhalte, die laut Einschätzung der Société

Générale die reibungslosen Abläufe des Unternehmens beeinträchtigen, hat sie beschlossen, gegen Herrn _____ ein Kündigungsverfahren einzuleiten.

Sie hat Herrn _____ folglich per Schreiben vom 21. April 2008 zu einer Voranhörung im Hinblick auf eine mögliche Kündigung eingeladen; diese Anhörung fand am 29. April 2008 statt.

Per Einschreiben, das am 23. Mai 2008 zugestellt wurde, wurde Herr _____ aufgrund unzulänglicher fachlicher Leistungen entlassen.

2/ Stellungnahme von Herrn _____

Herr _____ hat der Société Générale mitgeteilt, dass er diese Kündigung aufgrund eines Formfehlers für unrechtmäßig halte; außerdem handle es sich um eine ungerechtfertigte Entlassung, die sein berufliches Image stark gefährde.

Er hat die Gründe für seine Entlassung bestritten, er bestreitet, sich nachlässig gezeigt zu haben, auch bestreitet er den Vorwurf, es mangele ihm an Professionalität.

In dieser Hinsicht weist er darauf hin, dass ihm bisher niemals Vorwürfe gemacht worden seien. Die Tatsache, dass die Bank ihm die Verantwortung übertragen habe, allein an seinem »Buch« zu arbeiten, beweise vielmehr seine Kompetenz.

Er machte geltend, dass selbst wenn er einen Fehler gemacht haben sollte, indem er zuließ, dass Transaktionen, die über das Portfolio eines Kollegen abgewickelt wurden, in seinem Portfolio verbucht wurden, er dies sicherlich nicht zu privaten bzw. lukrativen Zwecken getan habe; er weist diesbezüglich darauf hin, dass seine Bewertung zu diesem Zeitpunkt bereits fertiggestellt war.

Er fügte hinzu, dass keinerlei Risiken für die Struktur vorhanden gewesen seien, da alle Umbuchungen innerhalb derselben Einheit durchgeführt wurden, und er weist ferner darauf hin, dass sein Vorgesetzter die »Bewertung« zum Jahresabschluss freigegeben habe.

Er behauptete ferner, die Praktiken, die ihm vorgeworfen wurden, seien innerhalb der Bank üblich, und die Kündigung seines Arbeitsvertrags sei allein auf die Ereignisse zurückzuführen, die zu Jahresbeginn entdeckt wurden.

Er hat darüber hinaus geltend gemacht, er sei durch seine Entlassung besonders benachteiligt worden, angesichts des Zusammenhangs, in dem die Kündigung ausgesprochen wurde, und der Schwierigkeiten, die er zwangsläufig bewältigen musste, um einen neuen Arbeitsplatz zu finden.

Er hat schließlich betont, es habe keinen Grund gegeben, ihm den Bonus für das Jahr 2007 zu verweigern, obwohl diesbezüglich eine Zahlung in beträchtlicher Höhe angekündigt worden sei. Er hat darauf hingewiesen, er sei in jedem Fall in der Lage, alle hier aufgeführten Sachverhalte zu beweisen. Folglich hat er von der Société Générale die Zahlung eines Bonus sowie einen Ersatz für die Schäden, die er seiner Ansicht nach erlitten hat, gefordert, insbesondere im Hinblick auf die unrechtmäßige Kündigung, für die es keinen realen und guten Grund gab, den beruflichen, materiellen und ideellen Schaden; diese Entschädigung soll durch eine Schadenersatzzahlung erfolgen.

3/ Stellungnahme der Société Générale

Die Société Générale ist der Auffassung, dass die Kündigung von Herrn _____ gerechtfertigt sei, insoweit, als die Vorwürfe, die ihm gemacht werden, zweifelsfrei erwiesen sind.

Sie macht geltend, der Betroffene habe sich offensichtlich eines Mangels an Zuverlässigkeit und Transparenz bei der Erfüllung seiner Aufgaben schuldig gemacht. Dieser sei anhand von objektiven und nachprüfbaren Sachverhalten eindeutig erwiesen.

Diesbezüglich hat sie ihm neben der Tatsache, dass er es zugelassen hat, Transaktionen auf sein Portfolio zu buchen, die eigentlich auf das Portfolio eines Kollegen hätten verbucht werden müssen, außerdem vorgeworfen, ein beträchtliches Ergebnis aus diesen Transaktionen auf seinem Portfolio belassen zu haben.

Ebenso hat sich die Société Générale darauf berufen, es sei nicht normal, dass Zahlungsströme aus Provisionen in beträchtlicher Höhe geflossen seien, die man anschließend in mehreren Schritten storniert habe, oder dass die Ergebnisse eines Jahres auf das darauffolgende Jahr übertragen worden seien.

Sie hat sich mit Nachdruck darauf berufen, dass Herr _____ zu keinem Zeitpunkt seinen Vorgesetzten verständigt hat, obgleich die betroffenen Transaktionen Grund genug gewesen wären, den Vorgesetzten zu verständigen.

Die Société Générale hat darauf hingewiesen, diese Sachverhalte seien unzumutbar und würden die reibungslosen Abläufe des Unternehmens gefährden.

Angesichts dieser Bedingungen ist sie der Ansicht, dass die vertragliche Beziehung nicht fortgeführt werden kann. Es wird darauf hingewiesen, dass sie nachdrücklich den Vorwurf bestritten hat, die Kündigungsmaßnahme sei einzig und allein auf die Ereignisse zurückzuführen, die zu Jahresbeginn aufgedeckt wurden.

Sie hat darüber hinaus klargestellt, Herr _____ könne keinen Anspruch auf Zahlung eines Bonus geltend machen, da diesbezüglich kein erworbener Anspruch existiere. Die Sachverhalte, die Anfang Januar 2008 berücksichtigt wurden, um eine Zuteilung in Erwägung zu ziehen, hatten sich sämtlich als unzutreffend und fehlerhaft erwiesen. Sie hat angegeben, dass sie in der Lage sei, alle aufgeführten Sachverhalte zu beweisen.

Letztendlich haben sich die Parteien angenähert und mit Unterstützung ihrer jeweiligen Berater nach wechselseitigen Zugeständnissen die Bedingungen und Konditionen des vorliegenden Vergleichs vereinbart.

1/ Modalitäten für das Ausscheiden

1.1. Die Kündigungsfrist von Herrn _____ endet am Abend des 24. August 2008.

Herr _____ wird während dieser Zeit von der Ausübung seiner Tätigkeiten freigestellt. Er erhält weiterhin sein reguläres Gehalt, das ihm ohne Abzüge zu den üblichen Bedingungen ausgezahlt wird.

1.2 Die Société Générale zahlt Herrn _____ als Abschlusszahlung folgende Summe:

eine Ausgleichszahlung für bezahlte Urlaubstage, die dem erworbenen,
- aber nicht in Anspruch genommenen Urlaub bis zum 24. August 2008 entspricht, d. h. ein erworbener Urlaubsanspruch von 33,5 Tagen Jahresurlaub; dies entspricht einer Bruttoausgleichszahlung von 7.491,15 €.

eine Ausgleichszahlung für erworbene Gleittage bis zum 24. Mai 2008, d. h. 2,5 Gleittage; dies entspricht einer Bruttoausgleichszahlung von 579,41 €;
- einen Bruttobetrag in Höhe von 4.978,73 €; dieser entspricht 30,24 Kalendertagen, die im Zeitsparkonto der SG angelegt wurden;

einen Bruttobetrag in Höhe von 3.595,10 €; dieser entspricht 15,5 Werktagen, die im Zeitsparkonto der SGOE angelegt wurden;
- einen Bruttobetrag in Höhe von 5.608,67 € als Pauschalausgleich für 22 Erholungstage für leitende Angestellte
- eine Ausgleichszahlung, die dem anteiligen 13. Monatsgehalt entspricht, dies entspricht einer Bruttoausgleichszahlung von 3.251,65 €; die darauf anfallenden Sozialabgaben werden abgezogen,
- eine vertraglich vereinbarte Kündigungsabfindung, deren Höhe endgültig auf 16.312 € festgelegt wird (Nettobetrag).

1.3 Es wird daran erinnert, dass Herr _____ als Gegenleistung an ein Wettbewerbsverbot gebunden ist, diesbezüglich erhält er ab dem 24.

August 2008 eine pauschale monatliche Abfindung in Höhe von 5.022 € (brutto). Dieses Wettbewerbsverbot und die Zahlung der dazugehörigen Abfindung enden am 24. Oktober 2008.

1.4 Zur Beendigung jedweden Rechtsstreits bezüglich des Abschlusses, der Ausführung oder der Kündigung seines Arbeitsvertrags und zum Ersatz des entstandenen Schadens, der von Herrn _____ geltend gemacht wird, insbesondere hinsichtlich der Umstände seiner Entlassung, und als Pauschalabfindung für jedwede Summen, auch für Beträge, die in den oben aufgeführten Beträgen nicht enthalten sind, willigt die Société Générale ein, ihm im Rahmen eines pauschalen und endgültigen Vergleichs eine Bruttoentschädigung in Höhe von 599.160 € (fünfhundertneunundneunzigtausendeinhundertsechzig Euro) zu zahlen.

Von dieser Abfindungssumme werden der Beitrag zur Tilgung der Sozialschuld, der allgemeine Sozialbeitrag sowie die fälligen Sozialabgaben abgezogen.

Diese Abfindung über einen Nettobetrag von 541.575,51 € (fünfhunderteinundvierzigtausendfünfhundertfünfundsiebzig Euro und einundfünfzig Cent) wird Herrn _____ mit der Unterzeichnung des vorliegenden Vergleichs ausgezahlt.

1.5 Schließlich willigt die Société Générale ein, einen Bruttobetrag in Höhe von 15.000 € für eine Outplacement-Maßnahme in einer von Herrn _____ zu wählenden Kanzlei zu zahlen.

2/ Pflichten von Herrn _____ und Pflichten der Société Générale

2.1 Herr _____ wird alle Unterlagen und Materialien jeglicher Art, die Eigentum der Société Générale sind, spätestens bis zum 24. August 2008 an diese herausgeben.

2.2 Herr _____ stellt fest, dass er mit den Zahlungen, die in Artikel 1 des vorliegenden Vergleichs aufgeführt sind, alle Summen oder Leistungen erhalten hat, auf die er im Rahmen seiner Mitarbeit bei der Société Générale oder den übrigen Gesellschaften des Konzerns Anspruch erheben kann.

Er verzichtet unwiderruflich darauf, von der Société Générale oder sonstigen Gesellschaften des Konzerns, dem die Société Générale angehört, sonstige Sach- oder Geldleistungen aller Art zu fordern (Gehalt, unabhängig davon, wie dieses Gehalt bezeichnet wird, Bonus, Prämienzahlungen aller Art, Erstattungen, Option auf die Zeichnung von Aktien, Gratisaktien, Entschädigungszahlungen aller Art: Abfindung wegen Nichteinhaltung der Kündigungsfrist, Abfindung für bezahlten Urlaub, Kündigungsabfindung, Schadenersatzzahlungen ...).

2.3 Vorbehaltlich der Zahlung der Summen, die in Artikel 1 aufgeführt sind, und der Erfüllung ihrer Pflichten durch die Société Générale verzichtet Herr _____ auf jedwede Rechte sowie auf jegliche Prozesse oder Klagen, unabhängig vom Rechtsgrund, gegen die Société Générale oder eine andere Gesellschaft des Konzerns, dem die Société Générale angehört, oder ihre Geschäftsführer, die sich auf den Abschluss, die Durchführung oder die Kündigung seines Arbeitsvertrags beziehen.

Er verpflichtet sich außerdem, sich weder direkt noch indirekt (insbesondere durch Zeugenaussagen) an Klagen oder Prozessen gegen die Société Générale oder eine der übrigen Gesellschaften des Konzerns, dem die Société Générale angehört, oder gegen deren Geschäftsführer zu beteiligen.

Im Gegenzug verzichtet die Société Générale auf jedwede Rechte, Klagen und Prozesse gegen Herrn _____, die mit dem Abschluss, der Durchführung oder der Kündigung seines Arbeitsvertrags zusammenhängen, sofern der Betroffene seinen Verpflichtungen nachkommt.

2.4 Herr _____ verpflichtet sich gemäß den Bestimmungen der vorliegenden Vereinbarung, die Interessen der Société Générale, der übrigen Gesellschaften des Konzerns und deren Geschäftsführer nicht zu schädigen.

Er verpflichtet sich insbesondere:

- die Vertraulichkeit der Informationen zu wahren, die sich auf die Tätigkeit der Société Générale und deren Zweigstellen und Partner beziehen, die ihm während der Ausübung seiner Tätigkeit bekannt geworden sind;

- keinen Kommentar und keine Erklärung hinsichtlich der Bedingungen für sein Ausscheiden aus der Gesellschaft und die Ausübung seiner Aufgaben innerhalb der Société Générale abzugeben;

- nichts zu tun, zu sagen, zu suggerieren oder zu unternehmen, was das Image, den Ruf und das Ansehen der Société Générale oder der übrigen Gesellschaften des Konzerns sowie von deren Angestellten, Geschäftsführern und Aktionären schädigen könnte.

Im Gegenzug verpflichtet sich die Société Générale, den Interessen von Herrn _____ nicht zu schaden und insbesondere:

- keinen Kommentar und keine Erklärung hinsichtlich der Bedingungen für sein Ausscheiden aus der Gesellschaft und der Ausübung seiner Tätigkeit innerhalb der Société Générale abzugeben;

- nichts zu tun, zu sagen, zu suggerieren oder zu unternehmen, was das Image, den Ruf und das Ansehen von Herrn _____ schädigen könnte

Es wird darauf hingewiesen, dass die vorstehend aufgeführten Bedingungen eine entscheidende Bedingung für die Unterzeichnung des vorliegenden Vertrags durch die Parteien darstellen. Jeglicher Verstoß gegen diese Verpflichtungen führt dazu, dass der vorliegende Vergleich in Frage gestellt wird.

3/ Vergleich und Geheimhaltung

3.1 Die Parteien verpflichten sich, den Inhalt der vorliegenden Vereinbarung nicht offenzulegen, sofern sie zu einer solchen Offenlegung nicht gesetzlich verpflichtet sind, insbesondere auf ausdrückliche Aufforderung von Justizbehörden, Steuerverwaltung oder Sozialeinrichtungen hin. Beide Parteien verzichten außerdem darauf, sich öffentlich zum Ausscheiden von Herrn ____ zu äußern, um das Image oder den Ruf der jeweils anderen Partei nicht zu schädigen.

Die Parteien kommen überein, dass die hier beschriebene Geheimhaltungspflicht eine wesentliche Bedingung für die vorliegende Vereinbarung darstellt, die ohne diese Geheimhaltungspflicht nicht geschlossen werden kann, jedweder Verstoß gegen diese Pflicht führt dazu, dass der vorliegende Vergleich in Frage gestellt wird.

3.2 Bei der vorliegenden Vereinbarung handelt es sich um einen Vergleich im Sinne von Artikel 2044 ff. des französischen Bürgerlichen Gesetzbuchs, es gelten insbesondere die Bestimmungen von Artikel 2052, in denen Folgendes festgelegt ist:

»Die Vergleiche haben zwischen den Parteien die Wirkung eines letztinstanzlichen, rechtskräftigen Urteils. Sie können weder wegen Rechtsirrtums noch wegen Verletzung angefochten werden.«

Erstellt in Paris
am __ (unleserlich) Oktober 2008
in zwei Originalexemplaren

Gelesen und Genehmigt,   Gelesen und Genehmigt,
Belegschein für Vergleich   Belegschein für Vergleich

Verzicht auf Klage oder   Verzicht auf Klage oder
Prozess jedweder Art   Prozess jedweder Art